西政文库·博士篇

类别股法律制度研究

郭青青 著

商务印书馆
创于1897 The Commercial Press

图书在版编目(CIP)数据

类别股法律制度研究/郭青青著. — 北京：商务印书馆，2021
（西政文库）
ISBN 978-7-100-18792-3

Ⅰ.①类… Ⅱ.①郭… Ⅲ.①股份制－公司法－研究－中国 Ⅳ.①D922.291.914

中国版本图书馆CIP数据核字（2020）第130741号

权利保留，侵权必究。

西政文库
类别股法律制度研究
郭青青 著

商 务 印 书 馆 出 版
（北京王府井大街36号 邮政编码 100710）
商 务 印 书 馆 发 行
三河市尚艺印装有限公司印刷
ISBN 978－7－100－18792－3

2021年1月第1版　　开本 680×960 1/16
2021年1月第1次印刷　　印张 19 1/4
定价：128.00元

西政文库编委会

主　任：付子堂

副主任：唐　力　周尚君

委　员：（按姓氏笔画排序）

龙大轩　卢代富　付子堂　孙长永　李　珮

李雨峰　余劲松　邹东升　张永和　张晓君

陈　亮　岳彩申　周尚君　周祖成　周振超

胡尔贵　唐　力　黄胜忠　梅传强　盛学军

谭宗泽

总　序

"群山逶迤，两江回环；巍巍学府，屹立西南……"

2020年9月，西南政法大学将迎来建校七十周年华诞。孕育于烟雨山城的西政一路爬坡过坎，拾阶而上，演绎出而今的枝繁叶茂、欣欣向荣。

西政文库以集中出版的方式体现了我校学术的传承与创新。它既展示了西政从原来的法学单科性院校转型为"以法学为主，多学科协调发展"的大学后所积累的多元化学科成果，又反映了学有所成的西政校友心系天下、回馈母校的拳拳之心，还表达了承前启后、学以成人的年轻西政人对国家发展、社会进步、人民福祉的关切与探寻。

我们衷心地希望，西政文库的出版能够获得学术界对于西政学术研究的检视与指引，能够获得教育界对于西政人才培养的考评与建言，能够获得社会各界对于西政长期发展的关注与支持。

六十九年前，在重庆红岩村的一个大操场，西南人民革命大学的开学典礼隆重举行。西南人民革命大学是西政的前身，1950年在重庆红岩村八路军办事处旧址挂牌并开始招生，出生于重庆开州的西南军政委员会主席刘伯承兼任校长。1953年，以西南人民革命大学政法系为基础，在合并当时的四川大学法学院、贵州大学法律系、云南大学法律系、重庆大学法学院和重庆财经学院法律系的基础上，西南政法学院正式成立。中央任命抗日民族英雄、东北抗日联军第二路军总指挥、西南军政委员会政法委员会主任周保中将军为西南政法学院首任院长。1958年，中央公安学院重庆分院并入西南政法学院，使西政既会聚了法学名流，又吸纳了实务精英；既秉承了法学传统，又融入了公安特色。由此，学校获誉为新中国法学教育的"西南联大"。

20世纪60年代后期至70年代，西南政法学院于"文革"期间一度停办，老一辈西政人奔走呼号，反对撤校，为保留西政家园不屈斗争并终获胜利，为后来的"西政现象"奠定了基础。

20世纪70年代末，面对"文革"等带来的种种冲击与波折，西南政法学院全体师生和衷共济，逆境奋发。1977年，经中央批准，西南政法学院率先恢复招生。1978年，经国务院批准，西南政法学院成为全国重点大学，是司法部部属政法院校中唯一的重点大学。也是在70年代末，刚从"牛棚"返归讲坛不久的老师们，怀着对国家命运的忧患意识和对学术事业的执着虔诚，将只争朝夕的激情转化为传道授业的热心，学生们则为了弥补失去的青春，与时间赛跑，共同创造了"西政现象"。

20世纪80年代，中国的法制建设速度明显加快。在此背景下，满怀着憧憬和理想的西政师生励精图治，奋力推进第二次创业。学成于80年代的西政毕业生们，成为今日我国法治建设的重要力量。

20世纪90年代，西南政法学院于1995年更名为西南政法大学，这标志着西政开始由单科性的政法院校逐步转型为"以法学为主，多学科协调发展"的大学。

21世纪的第一个十年，西政师生以渝北校区建设的第三次创业为契机，克服各种困难和不利因素，凝心聚力，与时俱进。2003年，西政获得全国首批法学一级学科博士学位授予权；同年，我校法学以外的所有学科全部获得硕士学位授予权。2004年，我校在西部地区首先设立法学博士后科研流动站。2005年，我校获得国家社科基金重大项目（A级）"改革发展成果分享法律机制研究"，成为重庆市第一所承担此类项目的高校。2007年，我校在教育部本科教学工作水平评估中获得"优秀"的成绩，办学成就和办学特色受到教育部专家的高度评价。2008年，学校成为教育部和重庆市重点建设高校。2010年，学校在"转型升格"中喜迎六十周年校庆，全面开启创建研究型高水平大学的新征程。

21世纪的第二个十年，西政人恪守"博学、笃行、厚德、重法"的西政校训，弘扬"心系天下，自强不息，和衷共济，严谨求实"的西政精神，坚持"教学立校，人才兴校，科研强校，依法治校"的办学理念，推进学校发展取得新成绩：学校成为重庆市第一所教育部和重庆市共建高校，入选首批卓越法律人才教育培养基地（2012年）；获批与英国考文垂大学合作举办法学专业本科教育项目，6门课程获评"国家级精品资源共享课"，两门课程获评"国家级精品视频公开课"（2014年）；入选国家"中西部高校基础能力建设工程"院校，与美国凯斯西储大学合作举办法律硕士研究生教育项目（2016年）；法学学科在全国第四轮学科评估中获评A级，新闻传播学一级学科喜获博士学位授权点，法律专业硕士学位授权点在全国首次专业学位水平评估中获评A级，经济法教师团队入选教育部"全国高校黄大年式教师团队"（2018年）；喜获第九届世界华语辩论锦标赛总冠军（2019年）……

不断变迁的西政发展历程，既是一部披荆斩棘、攻坚克难的拓荒史，也是一部百折不回、逆境崛起的励志片。历代西政人薪火相传，以昂扬的浩然正气和强烈的家国情怀，共同书写着中国高等教育史上的传奇篇章。

如果对西政发展至今的历史加以挖掘和梳理，不难发现，学校在教学、科研上的成绩源自西政精神。"心系天下，自强不息，和衷共济，严谨求实"的西政精神，是西政的文化内核，是西政的镇校之宝，是西政的核心竞争力；是西政人特有的文化品格，是西政人共同的价值选择，也是西政人分享的心灵密码！

西政精神，首重"心系天下"。所谓"天下"者，不仅是八荒六合、四海九州，更是一种情怀、一种气质、一种境界、一种使命、一种梦想。"心系天下"的西政人始终以有大担当、大眼界、大格局作为自己的人生坐标。在西南人民革命大学的开学典礼上，刘伯承校长曾对学子们寄予厚望，他说："我们打破旧世界之目的，就是要建设一个人民的新世界……"而后，从化龙桥披荆斩棘，到歌乐山破土开荒，再到渝北校区新建校园，几代西政人为推进国家的民主法治进程矢志前行。正是在不断的成长和发展过程中，西政见证了新中国法学教育的涅槃，有人因此称西政为"法学黄埔军校"。其实，这并非仅仅是一个称号，西政人之于共和国的法治建设，好比黄埔军人之于那场轰轰烈烈的北伐革命，这个美称更在于它恰如其分地描绘了西政为共和国的法治建设贡献了自己应尽的力量。岁月经年，西政人无论是位居"庙堂"，还是远遁"江湖"，无论是身在海外华都，还是立足塞外边关，都在用自己的豪气、勇气、锐气，立心修德，奋进争先。及至当下，正有愈来愈多的西政人，凭借家国情怀和全球视野，在国外高校的讲堂上，在外交事务的斡旋中，在国际经贸的商场上，在海外维和的军营里，实现着西政人胸怀世界的美好愿景，在各自的人生舞台上诠释着"心系天下"的西政精神。

西政精神，秉持"自强不息"。"自强不息"乃是西政精神的核心。西政师生从来不缺乏自强传统。在 20 世纪七八十年代，面对"文革"等带来的发展阻碍，西政人同心协力，战胜各种艰难困苦，玉汝于成，打造了响当当的"西政品牌"，这正是自强精神的展现。随着时代的变迁，西政精神中"自强不息"的内涵不断丰富：修身乃自强之本——

尽管地处西南，偏于一隅，西政人仍然脚踏实地，以埋头苦读、静心治学来消解地域因素对学校人才培养和科学研究带来的限制。西政人相信，"自强不息"会涵养我们的品性，锻造我们的风骨，是西政人安身立命、修身养德之本。坚持乃自强之基——在西政，常常可以遇见在校园里晨读的同学，也常常可以在学术报告厅里看到因没有座位而坐在地上或站在过道中专心听讲的学子，他们的身影折射出西政学子内心的坚守。西政人相信，"自强不息"是坚持的力量，任凭时光的冲刷，依然能聚合成巨大动能，所向披靡。担当乃自强之道——当今中国正处于一个深刻变革和快速转型的大时代，无论是在校期间的志愿扶贫，还是步入社会的承担重任，西政人都以强烈的责任感和实际的行动力一次次证明自身无愧于时代的期盼。西政人相信，"自强不息"是坚韧的种子，即使在坚硬贫瘠的岩石上，依然能生根发芽，绽放出倔强的花朵。

西政精神，倡导"和衷共济"。中国司法史上第一人，"上古四圣"之一的皋陶，最早提倡"和衷"，即有才者团结如钢；春秋时期以正直和才识见称于世的晋国大夫叔向，倾心砥砺"共济"，即有德者不离不弃。"和衷共济"的西政精神，指引我们与家人美美与共：西政人深知，大事业从小家起步，修身齐家，方可治国平天下。"和衷共济"的西政精神指引我们与团队甘苦与共：在身处困境时，西政举师生、校友之力，攻坚克难。"和衷共济"的西政精神指引我们与母校荣辱与共：沙坪坝校区历史厚重的壮志路、继业岛、东山大楼、七十二家，渝北校区郁郁葱葱的"七九香樟""八零花园""八一桂苑"，竞相争艳的"岭红樱"、"齐鲁丹若"、"豫园"月季，无不见证着西政的人和、心齐。"和衷共济"的西政精神指引我们与天下忧乐与共：西政人为实现中华民族伟大复兴的"中国梦"而万众一心；西政人身在大国，胸有大爱，遵循大道；西政人心系天下，志存高远，对国家、对社会、对民族始终怀着强烈的责任感和使命感。西政人将始终牢记：以"和衷共济"的人生态度,以人类命运共同体的思维高度,为民族复兴,为人类进步贡献西政人的智慧和力量。这是西政人应有的大格局。

西政精神,着力"严谨求实"。一切伟大的理想和高远的志向,都需要务实严谨、艰苦奋斗才能最终实现。东汉王符在《潜夫论》中写道:"大人不华,君子务实。"就是说,卓越的人不追求虚有其表,有修养、有名望的人致力于实际。所谓"务实",简而言之就是讲究实际,实事求是。它排斥虚妄,鄙视浮华。西政人历来保持着精思睿智、严谨求实的优良学风、教风。"严谨求实"的西政精神激励着西政人穷学术之浩瀚,致力于对知识掌握的弄通弄懂,致力于诚实、扎实的学术训练,致力于对学习、对生活的精益求精。"严谨求实"的西政精神提醒西政人在任何岗位上都秉持认真负责的耐劳态度,一丝不苟的耐烦性格,把每一件事都做精做细,在处理各种小事中练就干大事的本领,于精细之处见高水平,见大境界。"严谨求实"的西政精神,要求西政人厚爱、厚道、厚德、厚善,以严谨求实的生活态度助推严谨求实的生活实践。"严谨求实"的西政人以学业上的刻苦勤奋、学问中的厚积薄发、工作中的恪尽职守赢得了教育界、学术界和实务界的广泛好评。正是"严谨求实"的西政精神,感召着一代又一代西政人举大体不忘积微,务实效不图虚名,博学笃行,厚德重法,历经创业之艰辛,终成西政之美誉!

"心系天下,自强不息,和衷共济,严谨求实"的西政精神,乃是西政人文历史的积淀和凝练,见证着西政的春华秋实。西政精神,在西政人的血液里流淌,在西政人的骨子里生长,激励着一代代西政学子无问西东,勇敢前行。

西政文库的推出,寓意着对既往办学印记的总结,寓意着对可贵西政精神的阐释,而即将到来的下一个十年更蕴含着新的机遇、挑战和希望。当前,学校正处在改革发展的关键时期,学校将坚定不移地以教学为中心，以学科建设为龙头，以师资队伍建设为抓手，以"双一流"建设为契机，全面深化改革，促进学校内涵式发展。

世纪之交，中国法律法学界产生了一个特别的溢美之词——"西政现象"。应当讲，随着"西政精神"不断深入人心，这一现象的内涵正在不断得到丰富和完善；一代代西政校友，不断弘扬西政精神，传承西政文化，为经济社会发展，为法治中国建设，贡献出西政智慧。

是为序。

西南政法大学校长，教授、博士生导师
教育部高等学校法学类专业教学指导委员会副主任委员
2019 年 7 月 1 日

序 一

分类有别 和而不同

青葱年少,城市变迁,从高中至博士求学十余载,我一直是郭青青的同窗学姐。仍然记得,青青的大一,我的十九岁,带青青和她母亲在食堂的第一顿晚餐,川式炝炒青菜的花椒麻味,夹杂着异乡将分别的落泪,感同身受。从江南到雾都,一起穿行过充满各种机遇和挑战的二十岁,友谊,甚至超越友谊的情分,根深蒂固,无须言表。

我相信,人生一步一步地踏实积累终会通向奇迹。相处多年,青青一直尽力学习,保持着勤勉求学的状态,并时时自我鞭策。我们的许多同窗校友,以为我们肯定是姐妹。毕业后,我和青青分别在不同城市各自忙碌,我在高校商法教学领域深耕育人,青青转向实践操作领域,从事资本市场投行业务相关工作。2019年的春末夏初,青青告诉我她的博士论文将作为她的第一本著作出版,我由衷地为她感到欣喜!多年情谊,更无法拒绝她自小以来对我的"黏腻崇拜",于是欣然答应郭青青博士的写序邀请。

青青在博士学习期间,进行过的跨境双重上市法律制度等专题研究,均显示出她逻辑严谨、论证实效的要求,以及关注商事实践的视角。她的写作,从提纲结构到定稿措辞,都能折射出她写作阶段的艰苦打磨。类别股的理论与实践在世界范围内一直是热门话题,商人们凭借自己的聪明才智推着法律前进。郭青青博士在本书中谈到,立法的缺位，催生出比照类别股权内容，借由纯粹契约自治拟制的"准类别股"实践安排。考察发达国家的经济发展史，制度性因素对经济增长起着决定性作用，制度框架中所内含的激励结构导引边学边做的进程以及默认知识的发展。正如道格拉斯·诺斯认为的那样，有效率的组织需要将个人的经济努力变成私人的收益率，并使其接近社会收益率。公司本身是法律拟制技术运用的产物，需要通过特殊的行为方式和行为目标证明其存在的形式和意义。良好的公司治理结构至少能在如下方面体现有效性：一是优化股权结构；二是降低代理成本；三是加强内部控制。这些通过类别股的设计皆能在一定程度上有效实现，从而解决可调和以及不可调和的利益冲突。

对此，以公司股东志趣各异为出发点，郭青青博士从应然视角盘点类别股种类资源，分析类别股的双重权利属性，并梳理类别股立法分别映射于合同法、公司法两大私法的制度价值，提出"对封闭公司宽泛授权，对公众公司谨慎干预"的区分公司形态的类别股立法建议。同时，就类别股设置引发的股东间"横向利益冲突"及股东与管理层间的"纵向利益冲突"，分别提供类别表决制度、合同治理方式、表决权复活制度、异议股东回购请求制度以及信义义务拓展等应对措施。从整体到个体，层层递进且细致入微的论证分析，恰到好处地诠释了公司法的实质理性，以规则性、现实性、时代性作为基本内核，并经此逻辑品质上达法律的伦理品质，在五彩的公司实践中体味到强烈的立法期盼。

意思自治是公司存在的精髓，合理规制是公司发展的要义。公司契约论的观点能够支持股东基于自身的考量精准计算权利的内容，但公司组织论的观点提醒商人们要有合作者的态度和社会责任感。分类有别，和而不同，正是本书带给我的阅读体验。

生活长青！是为序。

赵吟

2019年6月15日于杭州西子湖畔

序 二

郭青青博士在其新书即将出版之际，嘱咐我写几句话。开始觉得奇怪，我既非专门的民商法研究者，也非其新书所涉领域的从业者，且资历尚浅，为何会找我呢。仔细想来，原因或许有二，一是从青青读硕士研究生开始，我是看着她"长大"的，二是我是这本书最早的读者之一。虽然这可能并非真正的原因，但我相信她既然做此决定，定有充分的理由。作为她的"兄长"和读者，我欣然答应。

硕士毕业后，青青开始从事律师工作，并在短期内取得了很好的成绩。繁忙的工作之余，青青没有停止思考实践中遇到的问题，更可贵的是，仍笔耕不辍，撰写了不少高质量的研究论文。她先后荣获第三届和第四届浙江律师论坛论文一等奖，这充分证明了她的研究和写作能力。我原以为，在律师行业快速成长的青青会成为一名优秀的律师，但她没有满足于此，经过精心准备，她顺利考取了母校的博士研究生。读博期间，青青潜心研究类别股相关的法律问题，本书就是她的研究成果之一。博士毕业后，青青进入证券行业从事法律工作，同样，很快成为业务骨干。在接下来的三年时间里，青青不断地修订完善书稿，最终形成了呈现在读者诸君面前的这本专著。

所谓"文如其人"。青青是浙江杭州人，成长于美丽的西子湖畔，是典型的江南女子，接触过她的人都会对她的温婉和热情印象深刻，但在我看来，她不是文弱女子，她的性格中有坚毅和果敢的一面。虽然"类别股法律制度"是一个复杂的问题，但青青用平实的语言，条分缕析，解读制度、剖析观点、引进域外经验、破解实践难题。在行文的背后，是青青敏锐的观察和深邃的思考，最重要的是，坚毅地面对问题，果敢地探寻解决之道。这是青青一贯的风格和性格的本色。

阅读青青的著作还让我想起了一篇演讲，即胡适先生1932年6月27日在北大毕业典礼上的讲话。胡适先生提出，学生毕业后，除了极少数人继续从事学术研究之外，其余的同学都将走入社会，这些人都有堕落的危险，即容易抛弃学生时代的求知识的欲望，容易抛弃学生时代的理想的人生的追求。为了防御这两种堕落，胡适先生开出了三个药方，其中第一个便是："总得时时寻一两个值得研究的问题。"我们身处的时代与八十多年前胡适先生演讲时已经发生了翻天覆地的变化，但不变的是我们被时代裹挟向前，同样面临着两种堕落的危险，我们甚至堕落得更快，且无暇反思。这是个人的堕落，更是时代的堕落。因此我们仍然需要警惕这危险，并且需要防止堕落。青青对于类别股法律问题的研究便是胡适先生开出的防止堕落的药方。青青在法律职业的道路上不断进取，取得的成绩已经超越了很多同龄人，她仍然不忘"寻一两个值得研究的问题"，并且给出了出色的研究报告。青青是我们的榜样！

我们欣喜地看到，青青书中的部分内容已经在实践中实行了。例如，青青遵循股权平等和利益平衡的理念，综合考虑公众公司和封闭公司的不同影响，提出将双层股权结构的适用限制为创业板和"新三板"中的部分企业。根据证监会2019年1月发布的《关于在上海证券交易所设立科创板并试点注册制的实施意见》，上交所设立的科创板允许特殊股权结构企业上市。随后，《上海证券交易所科创板股票上市规则》对上市公司表决权差异安排作出了详细规定。可以看出，我国类别股法律制度正朝着青青书中建议的方向不断完善和发展。

这是青青的第一部书，我相信不会是最后一部。希望青青继续研究值得研究的问题,并出版更多优秀的著作。"成功不必在我,而功力必不唐捐。"

是为序。

汪海涛

2019年6月15日于杭州

目　录

引　言 1
　　一、研究背景与目的 1
　　二、研究现状综述 7
　　三、研究进路与创新 17
　　四、研究对象与说明 19

第一章　类别股的形成基础 30
第一节　类别股的种类界分 30
　　一、类别股的范畴界定 30
　　二、类别股的传统归类 34
第二节　类别股的权利性质 37
　　一、合同法框架下的契约性权利 38
　　二、公司法视域下的法定化权利 40
第三节　类别股的归类创新 42
　　一、子权利的抽象推演 42
　　二、子权利的实证组合 56

第二章　类别股的法律需求与供给路径..........64

第一节　类别股创设对合同法的法律需求..........64
一、划定类别股契约自治的边界..........64
二、提供类别股合同示范的模板..........67

第二节　类别股实践对公司法的法律需求..........71
一、更新资本配置表决权的股权结构理念..........71
二、拓展类别股股东之间的信义义务关系..........75

第三节　类别股立法的路径选择..........88
一、英美法系的章程自治式体例..........89
二、大陆法系的法定主义式体例..........91
三、我国类别股的立法模式选择..........94

第三章　类别法定的公众公司类别股制度..........99

第一节　公众公司类别股的种类甄选..........100
一、上市公司类别股之通用选择..........101
二、创新型公司类别股种类筛选..........104
三、非上市公众公司类别股供给..........114

第二节　公众公司类别股的种类扩展..........115
一、控制权领域的类别拓展..........116
二、财产权界域的股权延伸..........120

第三节　公众公司控制权强化类类别股的规范..........121
一、控制权强化的效益评析..........123
二、各国立法例的规范路径..........128
三、控制权强化的本土规范..........133
四、控制权强化的路径设计..........140

第四章　种类自治的封闭公司类别股制度 142

第一节　封闭公司类别股的种类设置 142
一、模板类别股的创设方式 142
二、从类别借鉴到种类创新 148

第二节　封闭公司股东冲突下的类别股种类选定 151
一、股东间利益冲突的类型化分析 151
二、普通股与优先股间的典型冲突 157
三、类别股种类选定的优化建议 161

第三节　股权解释对封闭公司类别股种类的续造 165
一、类别股权解释的三条路径 166
二、股权解释续造类别股的归因 169
三、股权解释续造类别股的步骤 174

第五章　类别股权架构下股东保护的特殊机制 180

第一节　事前治理机制 181
一、类别表决制度：决议事项的遴选框定 181
二、合同治理方式：类别股合同解释与条款设计 192

第二节　事后救济机制 196
一、异议评估权：适用范围与估值确定 197
二、表决权复活：恢复时点的具体设计 202

第三节　信义义务的特殊性 204
一、信义义务之灵活拓展 204
二、董事对类别股股东的信义义务 206
三、类别股股东之间的信义义务 211

第六章　完善我国类别股法律制度的建议...................222

第一节　类别股法律制度的设计思路...................222
一、设计理念：股权平等与利益平衡...................222
二、设计步骤：立法划界与契约选定...................231
三、设计载体：循序渐进的法律规范...................234

第二节　类别股法律制度的适用推进...................239
一、我国类别股设置的种类扩展...................239
二、我国类别股适用的主体扩张...................243
三、我国类别股适用的组合实例...................248

参考文献...................265

引 言

一、研究背景与目的

公司法律制度为利导资本聚合而生，股权乃其公司治理及架构之根基。公司股东志趣各异，故生发行偏离传统普通股的类别股之必要。其更新公司股权结构，助力新拓融资来源，衡平内部权利分配，决定收益、风险及控制权在各经营、投资或投机股东之间的配比。类别股种类衍生之精髓，在于突破并重构传统普通股涵摄下财产权与表决权等比配置的格局，其乃雕琢资本市场投融资之利器，亦可厘清公司治理控制权之归属。实则，类别股早已繁盛于域外现代公司的股权结构。在中国，孕育类别股的土壤已然成熟，公司法中却长存留白之缺憾。

如何在单维普通股制度下灵活自济，以回应多元化融资、差异化投资偏好及灵活自主公司治理的强烈诉求？立法的缺位，催生出比照类别股权内容，借由纯粹契约自治拟制的"准类别股"实践安排。[1]诚然，股东通过投资协议，可对公司的财产类及控制类股权内容进行灵活安排，然其性质为合同法框架下的契约性权利，无法得到公司法的荫庇。况且投资协议中涉及的"特殊性条款"有违反监管法规的风险，

---

[1] 准类别股或曰"准股权"，该称谓源自 2005 年 11 月国家发改委等十部门联合出台的《创业投资企业管理暂行办法》。该办法第十五条明确："经与被投资企业签订投资协议，创业投资企业可以以股权和优先股、可转换优先股等准股权方式对未上市企业进行投资。"

致使协议实效难以确保，同时也因合同相对性原理下约束力不及于第三人，产生交易转让效率贬损、信息披露困难等局限。

潜在投资者与被投资公司或原股东签订的投资协议，通常围绕财产分配、表决权配比、控制权争夺等方面进行条款设置。然而，这些特别条款的内容或因抵触公司法的强行性规定而归于无效。在中国，可能发生的情形是，当特别条款约定拟投资人对目标持股公司享有剩余财产分配优先权，会因抵触中国公司法关于清算的规定而导致无效。① 当特别条款约定于目标持股公司未能按约定进程成功上市时，融资方应承担回购投资方股权或股份的义务，会因抵触公司法有关股份回购的限制性规定而导致无效。② 又如，特别条款约定董事人选时，又因违反董事选任由公司股东（大）会决定这一强行法而无效。

域外法中，同样存在对公司管理层选任安排契约效力的否定性评价案例。在"Kantzler v. Bensinger"案及"Fauld v. Yates"案中，涉及当事人在一定时期内被选为公司管理层的股东协议内容，法院均认定，若无证据显示将身为董事的合同当事人安排到固定公司职位上构成一种意图损害公司利益的不良交易，那么该项合同合法。但是，在马奎德（下文简称为D）诉斯通海姆（下文简称为S）与麦克格雷（下文简称为M）案（McQuade v. Stoneham & McGraw）中，纽约州上诉法院驳回了原告的诉讼请求，最终认定涉案股东合同不合法。③ 本案被告S是国家展览公司的大股东，在大股东许诺股票受让人会被选为公司董事及公司官员的背景下，S分别向D和M各转让了70股股份。三方订立的股票交易合同部分条款如下：本合同当事人将尽最大努力以

---

① 根据《中华人民共和国公司法》（2013年修正版，以下简称《公司法》）第186条，依法按顺位扣除各项费用后，公司所余清算财产，有限公司按出资比例分配，股份公司按持股比例分配。

② 《公司法》第142条第1款："公司不得收购本公司股份。但是，有下列情形之一的除外：（一）减少公司注册资本；（二）与持有本公司股份的其他公司合并；（三）将股份奖励给本公司职工；（四）股东因对股东大会作出的公司合并、分立决议持异议，要求公司收购其股份的。"

③ 薄守省主编：《美国公司法判例译评》，对外经济贸易大学出版社2008年版，第1—8页。

确保 S、M、D 分别持续担任公司董事长、副董事长及财务执行官职务。大股东 S 有权安排他认为合适的人占据董事会的剩余四个席位。1928 年 5 月 2 日，董事会选举财务官，S 和 M 放弃了投票权，D 投票自身，其他四名董事投了利奥 J. 邦迪的票。因此，D 在 S 及 M 的默许下被解职，最终由邦迪替换 D 担任财务官。原告诉请按照合同恢复其职务，被告则基于"董事有责任根据其最佳判断处理公司事务，任何强迫董事投票以确保某人职位和固定薪酬的合同均不合法"的理由，主张被诉合同无效。雷曼法官不支持该合同能够强制执行。他认为案涉合同意图赋予股东以权力运用的方式，在一个狭窄的领域内限制公司行为。合同规定按照事先约定的政策，将作为董事的合同当事人安排至公司特定官员职位，且并无证据表明这种安排意图损害公司利益，因此这并不属于一种不良交易，合同应属有效。而庞德首席法官与雷曼法官的意见相左，他对本案的核心判决理由为：股东不得凭借其间的协议，剥夺董事根据自身最佳判断而选举或改换公司官员的决定权。具言之，股东不能以合同方式约定某人永久担任公司的某种职务，因为这样会损害董事会的权力及后来股东的权利。因此，案涉合同不合法，无法被强制履行。由此可见，不同法官对于约定某人担任公司特定职务的股东合同的效力存在分歧。

股东往往可以透过表决权约束契约，约定将选举特定人士出任董事，达到与复数表决权股赋予持股股东控制权的类似效果，但此类表决权拘束契约很可能被认定为违法而无效。[①] 在伊利诺伊州最高法院盖勒诉盖勒案（Galler v. Galler）的股东合同中，两位兄弟股东将向其家人提供持续稳定的经济支持以维持生活作为合同目标，构造了指定人选担任公司特定职务的系列条款。该等封闭式公司股东通过合同来约

---

① 方嘉麟、林郁馨：《CEM 之经济分析与管制模式——港台引进复数表决权股之介绍》，载清华大学商法研究中心：《21 世纪商法论坛第十五届国际学术研讨会论文集》，2015 年，第 433 页。

定某人担任公司董事、官员的合同效力如何？是否会构成对董事会权力的侵犯或对公司法的违反？案涉家族式封闭公司由两兄弟平均共有。1955年7月，艾玛·盖勒（以下简称A）、其丈夫本杰明·盖勒（以下简称B）、其丈夫的兄弟伊萨多·盖勒（以下简称C）、伊萨多·盖勒的妻子露丝（以下简称D）四人签订了一份合同，以保障两兄弟中任何一位去世后其遗属对公司的控制力及经济利益。B过世后，A要求执行上述合同遭C拒绝，故诉之于法院。本案中，关涉控制力的争议内容主要围绕董事席位保障条款。其一，股东将会投票选举上述A、B、C、D四人为公司董事。其二，在两兄弟中任何一位去世后，他的妻子有权任命一名董事以替代死者。其三，如果因为公司购买继承人的股份导致继承人持股的减少，进而减少了其分得的股利，在这种情况下，合同当事人仍拥有董事的选举权，赋予继承人与原来一样的代表权限（即使合同当事人所持的股份减少，仍要从四个人中选出两位董事）。关涉经济利益的争议内容则包括，首先，根据分层次的留存收益及税后年净利润，公司每年应公布一定的股利数额。其次，在本杰明和伊萨多其中一个或者两人死后，公司应该签署一项持续支付工资的合同，此合同将授权公司在本杰明和伊萨多其中一位或者两人过世后，五年内继续按月向其遗属支付两倍于其生前工资数额的款项。再次，两兄弟过世后，公司将购买其继承人所持的公司股票。由此导致继承人的股份减少，并不影响按原份额可获取的股利数额。

　　上述合同约定实现合同目标的方式是否违反了商业公司法？各级法院对盖勒案所涉合同效力的认定并不相同。上诉法院认为，案涉合同要求在一定年限内将某些人选为公司特定的官员，约定股利分配以保障家人生活，以及股东过世后持续支付工资的条款，这些特殊条款使合同看起来具有明显干涉公司事务的不良或危险趋向，构成无效的约定。伊利诺伊州最高法院推翻了上诉法院的判决，认为封闭式公司股东通过合同来约定某人担任公司官员、董事，约定一定股利分配，只要未损及小股东及债权人的利益，合同即为有效。安德伍德大法官细述审判理由，就公司管理，持股董事承诺将会投票选举某人作为公司的官员，看似构成董事会对管理公司权利的僭越，但应当注意本案中股东与董事人员构成实质重叠的特殊情形，因此并不存在股东合同侵犯董事会权力的问题，合同如此安排应属有效。

此外，旨在捍卫公司控制权的一类常见股东协议内容涉及"毒丸[①]计划"。以外资财务型投资者凯雷徐工（以下简称"K公司"）并购国企上市公司徐工机械（以下简称"J公司"）案为例，涉及两项"准类别股"契约安排：其一，为防范遭受恶意并购，徐工集团（实时J公司的大股东）推出一项"毒丸计划"。与一些出于顾虑国家有关部门审批态度而自动放弃的对赌协议安排不同，本案中"毒丸计划"的提出，源于2006年6月国家发改委要求提供防范外资恶意并购措施的介入。当K公司在二级市场上以公开股份转让的方式退出J公司，任何与J公司构成商业竞争的潜在投资者一旦获得逾15%的J公司股份，J公司将启动毒丸计划的操作。即以每股一分钱的对价，向除潜在收购方外的其他股东按比例增发新股，从而实质上挫败潜在产业竞争者的收购计划。[②]实际上，"毒丸计划"进行的反并购操作依赖于特定法律环境。美国公司法广泛包容各种类别股，"毒丸计划"在美国广泛流行即适其例。在中国，"花式或变式毒丸计划"的效力并不稳定。其二，为将最终成交条件关联未来的一项对赌协议。K公司为控制并购风险所

---

① 所谓"毒丸"（poison pills），又叫"股权摊薄反收购措施"，是一种被广泛应用于美国等国家的反收购措施。最常见的"毒丸"是，一旦未经认可的一方收购了目标公司一大笔股份（一般是10%—20%），"毒丸"即被启动。被收购公司会向公司其他股东以低价发行新股，这使得被收购方的股权大大稀释，由此提高的收购成本有利于阻遏恶意收购。该措施属于公司内部防御策略中的最有效方法之一。

② 李雨龙、陈景云主编：《投资并购经典案例法律评析》，法律出版社2008年版，第21—22页。

商定的保护条款，未适用常见的双向对赌，即根据对目标企业的估价，在交易中先行约定基本对价，事后再依被并购公司绩效进行多退少补调整的双向对赌，而启用单项对赌的内容：K公司对J公司的支付款中存有0.6亿美元的不确定性。若J公司2006年达到约定目标，增资的2.42亿元中，K公司承诺出资1.2亿美元，反之，仅出资0.6亿美元。为使并购方案获国家有关部门审批通过，外资妥协取消了该对赌协议，其中或有对该协议效力存疑的因素。

在股东间表决权约束契约的运用中，即使该"准类别股"特别条款内容有效，却无法对公司及其他第三方股东产生普遍拘束力。纵令一方股东挣脱协议约束而行使表决权，就公司层面，该等表决权行使行为仍属有效。契约其他方不得以股东违反协议而主张其表决权行使无效或决议有瑕疵应予撤销，亦不得向法院申请要求股东应依约进行表决的强制执行，而仅得对违反股东协议的权利行使行为，基于债务不履行的理由主张损害赔偿。至于黄金股股东的否决权，一般亦可由章程提高特定重大事项表决权门槛（例如需逾90%同意）达到类似效果，同样的，此类章程设计亦可能被认为除法条明文允许提高表决权数，否则并不为法律所许可。

实际上，就上述效力存疑的"准类别股"股东协议安排，公司可将这些特殊出资条款以创设类别股的方式记载并登记于章程，形成董事选任股、特殊表决权股等类别股形态，在约束公司、股东及高管同时保护投资者，更有制度优势。譬如，为使股东之间的出资条件得以对抗第三人，实务中经常采用将出资条件的一部分作为种类股向风险投资基金发行。

历经长久消弭类别股立法留白的期盼，2014年，公司群体对类别股权架构的垂青与法规修缮于股权结构的革新实现强势汇合，孕育了中国类别股制度建构之动力：自下而上，中国背景优质企业赴境外上市寻募融资的峰值现象[1]，导致中国支持特别股权结构安排的类别股倡议声如雷动；自上而下，行政规章首度对类别股中的卓越分支优先股予以正面确认[2]，担先行探索中国公司法设置类别股制度之重任。至此，公司法对类别股正名之议程，终于指日可待。类别股立法干涉的从无到有，将如何影响"准类别股"现状下的契约商谈氛围，使之过渡为通过法律规范强制或引导的，并契合中国资本市场需求的类别股新秩序，进而推动公司治理及融资制度的演进？

二、研究现状综述

借鉴域外类别股立法，梳理其实践运用，剖析所涉司法判例，研读理论研究著述，学界现已形成一些探讨类别股法律制度的高水平研究成果。以下仅就代表性文献简要介绍，大量研究成果将于后文予以展示。

（一）设置类别股法律制度的价值

中国资本市场对类别股法律制度存在需求，赵万一、汪青松教授（2011）对股东同质化到股东异质化的演进研究，充实了类别股制度的基础。然现行公司法尚未为"类别股"正名，因此，现有关于类别股的文献研究，普遍性地呼吁中国立法尽快构建类别股法律制度。而这种呼吁，正是建立在对类别股法律制度价值充分梳理的基础之上。典型如任尔昕（2010）指出，建立种类股制度能拓宽融资渠道，提供多种股权结构以吸引不同投资需求的投资主体，充分实现公司的融资功

---

[1] 2014年，中国背景科技创新企业中的行业领先者，如阿里巴巴、京东、聚美优品等，纷纷远赴支持双重股权结构的美国证券市场寻求上市融资。

[2] 2013年《国务院关于开展优先股试点的指导意见》与2014年3月21公布的《优先股试点管理办法》相继出台。

能,是私法自治在公司法领域的具体实现,有利于对股权平等原则的科学理解。沈朝晖博士(2011)指出,类别股满足不同投资者的投资意图及利益,并具有保持控制权等制度价值。刘小勇、周朴雄(2011)及于莹(2011),从类别股制度相对于"准类别股契约安排"的制度优越性角度进行探讨。刘俊海教授(2012)从国有上市公司控制权治理角度,探讨类别股制度移植的价值。[1]朱慈蕴教授(2013)主张,类别股的创设不仅可满足公司融资多样化与投资偏好差异,而且会深刻影响我国公司制度的整体演进,更可促进商事组织法层面的制度创新与完善。在股东异质化基础上,叶勇(2014)就剩余索取权及控制权分离的类别股,尤其是不同表决权股份的发行,从法经济学角度进行研究,指出其存在的经济合理性。[2]关璐(2014)则从公司融资角度、投资者需求角度、公司法现代化和资本市场建构角度论证了类别股承载的多元价值。总体上,现有文献对类别股法律制度之建构具有的重要价值,已达成共识。

(二) 类别股的概念界定

类别股的概念界定关系到类别股法律制度的规制对象,以及类别股契约的权利创设范围,但是,对类别股的概念界定并未达成一致意见。早期对类别股的研究倾向于通过多项差异标准衡量定义类别股。如韩灵丽(2005)主张类别股是指在公司股权结构中,设置两种以上种类、性质、权利义务关系、利益效果殊异的股份。耿胜先(2005)对类别股的界定,强调因认购方、认购时点、交易对价、交易场所的区别,而在流通性、价格、权利义务上存在的差异。新近文献对类别股的定义,出现以股份的权利内容是否相同为界分标准的趋势。如沈

---

[1] 刘俊海:《优先股将根治国企、VIE 难题》,《董事会》2012 年第 3 期,第 43—44 页。
[2] 叶勇、徐秋子:《"一股一权"的法经济学反思》,《中国外资》2014 年第 1 期,第 216—217 页。

朝晖（2011）援引美国《标准公司法》教科书作出的定义，当某些股份承载的权利，区分于其他股份承载的权利时，即构成类别股份。蒋雪雁（2006）援引英国公司法教科书及司法判例归纳的通说，指明当附着于某些股份上的权利，区别于附着于其他股份上的权利时，即构成类别股份。

即使对构成一个"类别"存在以上共性标准，对类别股包含的股权种类范围仍然存在分歧。以是否将普通股纳入"类别股"的范畴，细分为两类观点。第一类观点将普通股纳入类别股的范围。如任尔昕（2010）主张，种类股包含普通股种类和特别股种类，相对于普通股而言，特别股是指具有特别权利或特别限制的股份。第二类观点将普通股剔除出类别股的范围。如朱慈蕴（2013）认为类别股是相对普通股而言的，指股东权利在某些方面扩张或限制的股份类型。两种观点的区别在于，是否将普通股纳入"类别股"的范畴。于莹（2014）认为种类股是指相对普通股而言，在盈余分配、剩余财产分配、公司控制性权利、高管任免等方面，相应扩增或限缩权利内容的股份。

尽管将普通股剔除类别股范围的观点更多见于文献，笔者认为第一类观点更为可取，而第二类观点所划定的"类别股"范围，用"特别股"的概念进行界定更为妥当。这与郭富青（2002）使用的"特别股"概念相一致：特别股是普通股之外股份存在的一种特殊形式。对类别股囊括公司股本中所有不同类别股份的主张的支持理由主要有：其一，与立法适用的术语保持一致。无论是《香港公司条例》，抑或中译版的日本《公司法》，针对公司股本区分为不同内容股份的描述，均适用了"类别的股份"的表达，并未剔除普通股。此外，在美国《标准公司法》及引领美国公司法发展的《特拉华州普通公司法》中，相应采用了"classes or series of shares"（股份的种类或系列）的概念，规定每家公司均可发行一个或以上种类的股票，每个种类中还可发行一个或以上系列的股票。针对股份多元化并存的状态，上述立法均采纳了一种集合的概念，并未将普通股予以单独列分。其二，普通股的多元衍生，使其难以作为参照标准进而界定其他股份。普通股不再囿于传统标准化的一种普通股，而存在各种"变式的普通股"类型。这些股份附带的特殊性，并不劣于除普通股之外的其他股份，其多样化同样增加了"以普通股为参照标准"的不确定性。其三，类别股制度逻辑体系的需求。需要一项术语，以挈领股权各项子权利相互分离、重新组合后的股权多样状态。实无舍近求远，摒弃惯用的"类别股"措辞，而新创概念的必要。第二种观点中界定的"类别股"范围，实际上可用我国台湾地区公司法规相关规定中关于"特别股"（special stock）的概念替代。由此，类别股，或曰种类股，应涵盖普通股种类及特别股种类。其中，后者相对于前者而言，系指附有特别权利或特殊限制的股权。

（三）类别股的权利性质

传统普通股主要由法律所规定，很少由章程所创设，而公司和类别股股东之间的相对权利义务关系"来自及依赖于各类股份赖以发行和购买的组织章程及决议"，因此，许多学者赞同股东权利被认为在本质上是合同性的。持该种观点的学者有 Lawrence E. Mitchell（1996）、何美欢（1999）、侯东德（2008）、任尔昕（2010）等。与此相左，除了强调类别股的法定化权利性质，朱慈蕴（2013）还主张类别股权的保护具有绝对性，可对抗一般人，并对两者的联系作出阐释。类别股权具有绝对权、对世权的属性，或设计不确定的第三方利益，故而类别股必须法定化以确保其正当性。相比而言，笔者更为赞同 William W. Bratton 和 Michael L. Wachter（2013）及刘胜军（2015）等综合了上述两类主张的观点，即明确类别股的双重属性：就类别股合同记载的类别权利，应置于合同法的框架下分析；就类别股投资者的股东身份所涉内容，应受公司法的规范。换言之，在合同法的框架中，类别股是契约性权利，公司章程中明确设定了类别股的权利与义务。在公司法视域下，类别股是法定化权利，类别股股东可援引公司信义义务，扩增甚至替换任何他们意图在公司契约中确定的权利或义务。

（四）类别股的多样化类型

现有文献对类别股的种类梳理通常经由列举介绍、知识科普的方式进行。典型如郭富青（2002）阐释了特别股中较为常见的几种类型：优先股、后配股、混合股、可回赎股、多数表决权股与无表决权股、转换股。

这种列举式存在不周延的特性，对于类别股的多样化类型，新近研究成果引入了股东权"子权利"的构造工具。任尔昕（2010）指出，影响种类股设置的股权内容有：盈余分配事宜、剩余财产分配事项、表决权事宜、转换权事项、偿还权事项。沈朝晖（2011）指出，股东权的各项子权利可相互分离并再组合。汪青松（2014）介绍了境外公司实践中的优先股形态，提出创制优先股具体形态的两个基本维度：股份的收益权及股份的处分权。前者又细分为是否可累积分红及是否可参与分红两个子维度，而后者则细分为回购权及转换权两个子维度。其所称"子维度"的概念，实质上即指"股东权的各项子权利"。

引入"股权的子权利"概念，可以借鉴域外立法的规定。日本《公司法》列举了九类可以发行种类股份的事项，正是对"法定允许的股权之子权利"的梳理。我国台湾地区公司法规相关规定也存在类似对"股权子权利"的归纳。对比两项立法，其子权利内容展开的前三项存在重合，囊括了股权的三项基本权利：利润分配权、剩余财产分配权及表决权。剔除这三项"常规的股权子权利"，剩余便是用于构造"混合股"的部分原材料——"特殊的股权子权利"。与日本公司法所采的周全列举方式不同，我国台湾地区公司法规相关规定应用了"特别股权利、义务之其他事项"的笼统规定，为"特殊的股权子权利"

实践运作预留了充足的空间。

随着实践中股权种类的繁衍创新，附有表决权的优先股及附有优先权的普通股，皆在现代各国公司法许可创设之列。这种混合经济利益优先及表决权的"混合股"（hybrid shares）越来越普遍，普通股与优先股之间的界限日趋模糊。鉴于此，修订后的美国《标准公司法》避免使用"普通股"及"优先股"的术语，并未确认两者之间存在任何法律区别。从优化公司资本结构的角度，对普通股、优先股、混合股等的界分，核心意义在于将林总各异的股权归为各个类别，而具体逻辑名目的划分作用，实际居于其次。正如于莹（2011）主张，这种公司创设各式类别股突破概念称谓束缚之现状，成就了公司融资极大的灵活弹性及适应性。

（五）类别股的立法路径选择

单纯介绍、援引各种类别股种类，既达不到体系化梳理的作用，也没有抓住我国类别股法律制度构建的核心。关键在于，如何构建类别股制度的立法理念及相应的法律规则性质。在确定的类别股立法路径之下，创设具体种类的类别股应当是水到渠成的过程。

各主要发达国家的公司法立法实践都明确规定了种类股制度。任尔昕（2010）、王欣新（2010）等对美、英、德、法、日等国公司法中的种类股制度作了简介。然而，授人以渔型的类别股立法路径选择，应当建立在对立法路径的类型化区分基础上。笔者认为，类别股的立法路径可分为合同主义及强制性两种方式，而后者可进一步细分为强制性规范下的子权利法定及强制性规范下的类别法定两种路径。

美国公司法推崇种类股的自由设置，其种类股的规定采用了授权式的立法体例，系典型的合同主义的类别股立法路径。傅赵戎（2015）从欣欣向荣的美国私募股权投资中优先股的高频适用，推导出这种繁荣的根源，在于美国公司法尊重当事人意思自治和赋予公司尽可能行为自由的主基调,因此主张将不同种类股份设立的权利回归私法自治。任尔昕(2010)亦主张对种类股的股权内容予以自治性配置。宋伟(2009)对优先股的论述可类推至类别股:鉴于各公司治理情况千差万别,优先股的种类设置不宜由法律统一规定,而应授权予公司章程。

合同主义的类别股立法路径根基于"意思自治"的市场理念,而强制性的类别股立法路径则基于维护公共利益,对类别股契约自治进行一定程度的立法干涉。

董新义(2012)强调立法应明确公司可发行种类股的类型及其内容,建议在《公司法》及《证券法》等基本商事法中,明确规定利润分配、表决权、否决权、高管选任权、转换权、回赎权方面的类别股设置及行使程序。任尔昕(2010)的主张有异曲同工之处,但更为简约:我国公司法层面规制种类股时,应明确列举组成种类股之特别股股权的内容事项。这两者的主张,均可划入"强制性规范下子权利法定"的立法路径。此外,朱慈蕴(2013)主张对类别股采纳类别法定的立法方式。根据董新义(2012)的陈述,2012年韩国修订商法之前,公司只能根据股份平等原则发行法定的股份(包括个别种类股)。因此,韩国旧商法上规定的种类股发行,采用的正是此种"法定"限制的方式。

(六)类别股股东权利的保护

类别股权多元化语境下的公司资本联合,须于权利内容各异的类别股股东间寻求平衡点,以衡平各类别股股东间内在的、不可避免的利益冲突。在类别股制度下,典型的利益冲突存在于优先股与普通股之间。公司资本结构中不同类别主体间"横向冲突"的升级,对公司治理提出更高的要求。刘胜军(2015)指出,优先股等类别股与普通股之间存在利益冲突,前者的类别权容易受普通股股东机会主义行为的侵害。任尔昕(2010)提出,对种类股股权的保护,是种类股制度得以顺利实施的关键。如何对类别股股东权利进行保护？借鉴域外法的制度经验，郭富青（2002）提出对类别股的权利更改做出法律限制，以及无表决权股权益可能受到损害时恢复其表决权的对策。沈朝晖（2011）则提出采用类别表决制度及无表决权类别股的表决权复活制度的方式。刘胜军（2015）亦肯定了类别表决权对优先股保护的重要意义，强调类别表决权为类别股股东提供了对不完全的类别股合同进行事后补充和重新缔约的机会，对类别股股东保护具有重要价值。

此外，公司法上的信义义务不应缺位类别股保护机制的有机构成。朱慈蕴（2013）指出，类别股的创设，将使得控股股东对中小股东的信义义务，演进到不同类别股股东之间的信义义务。尽管国内学者已经认识到，传统以忠实义务及注意义务为核心的公司信义义务已无力化解类别股的创设带来的利益冲突复杂化，但是，公司法上的信义义务范围应当做出何种拓展的回应，鲜有论及且尚无定论。如葛伟军（2012）注意到类别股之间的权利、义务平衡问题，但并未给出解决方案。龚博（2012）则主张建立以保障优先股股东权益为中心的制度。刘胜军（2015）与龚博的观点不同，将优先股股东的利益保护置于保护公司行为自由之后，他注意到类别股引入公司资本结构伴生的正义与效率价值之争。对利益冲突中的类别股股东与普通股股东进行平等保护，彰显正义价值；而将保护公司行为置于优先顺位，则表征力求社会财富最大化的效率价值。他主张，效率价值优先的公司法应优先保护公司行为自由（代表普通股股东的利益），类别表决权适用范围应根据此价值判断合理确定。与上两种观点不同，朱慈蕴（2013）提出，股份的类别化与股东平等原则要求公平对待不同类别的股东。

笔者认为，在多元类别股并存的公司资本结构中，董事会常由普通股股东所控制。这种优势的滥用，将导致普通股股东侵夺优先股股东的应得利益，或迫使优先股股东做出自损性的让步。因此，在默认的状态下，普通股股东应当对优先股股东负担信义义务。但是，该项信义义务的分配存在例外。丰富的经验、强势的谈判能力及高超的缔约技巧,使频繁运用优先股对创业企业进行投资的风险资本与一般的优先股股东存在本质差异,故持有优先股的风险资本仅应求诸优先股契约提供的权益保护,而无须受到信义义务的庇护。

在与类别股股东的力量对比中,普通股股东表现出常态化的优势,使优先股股东控制力强于普通股股东的情形未受到足够的关注。实际上,风险投资优先股股东在创业企业中的控制力强于普通股股东的情形并不罕见。此时,优先股股东应当对普通股股东负担信义义务。

就优先股股东与普通股股东之间存在的信义义务,笔者赞同Charles R. Korsmo(2013)的观点:擅定具体标准的信义义务来揣度当事人预期的规则是困难的,也是武断。凭借信义义务新增甚至推翻股东契约中的明确的安排,不仅可能违背当事人的合意预期,而且更容易造成对私法自治秩序的破坏。因此,应当在尊重股权契约明定权利安排的情形下,根据个案中当事人的具体合同预期,使用信义义务衡平普通股股东与优先股股东之间的利益冲突。

(七)为国企改革提供参考思路的种类股制度设计

回应本土改革的社会需要,一直有观点认为优先股在国企改革中大有作为。刘俊海(2012)认为,若将国有股转化为优先股,既可确保国有资产的保值增值,亦有利于中小股东参与公司治理,还可减轻国家股东的负担。曾智(2014)赞同优先股对于我国国有资产深化改革有着独特的功能。张志坡(2015)认为,将国有股转优先股有利于实现国有股权的保护。

相反的观点认为,当国有股转换为优先股,对公司的运营不再具有实际操控权,可能将国有资产置于一个非常危险的境地。如任尔昕(2010)指出,将国有股转化为累计参与优先股的方法是否可行,尚待进一步考证。龚博(2012)提出,国有持股人失去了集中持股这一自我保护屏障后，应考虑设置提高对其保护水平的制度。

类别股法律制度的建构并非一劳永逸，类别股制度中的立法干预与公司自治存在互动。一方面，类别股立法决定了类别股契约自治的边界。另一方面，类别股契约自治承载着来自实践的需求，以一种自下而上的回应力量，促进类别股法律制度的持续突破，推动中国公司法的现代化。

既有研究成果从不同角度切入，以研讨类别股法律制度问题，但仍然存在诸多缺憾：

第一，从立法论的角度，重复论证我国设置类别股法律制度的必要及裨益。类别股法律制度的设置诚有价值，早期成果就此方面的论述已显充沛，后续研讨多有重复、少有新意。并且，当下行政规章层面对优先股的正面确认，正系我国推行类别股法律制度之先行探索。立法对于确立类别股法律制度的态度既已明朗，实无必要耗费精力着重论述该已不存疑的命题。

第二，基于比较法的考察，偏重于对具体类别股种类的介绍，缺乏类别股类型化建构的方法论深究。

第三，就我国类别股立法的路径设计，强调域外既定模式对中国的启示，而非立足于我国国情"量体裁衣"。更未注意到区分公司形态，确立殊异类别股立法路径的必要。

第四，针对日趋复杂的类别股股东间的"横向利益冲突"，以及各类别股股东与管理层间的"纵向利益冲突"，现有的研究成果集中于类别股利益冲突样态的梳理，缺乏基于深入系统分析，就类别股设置引发的利益冲突的具体治理机制。

第五，多限于就某一具体公司形态中的类别股法律问题进行研讨，缺少宏观抽象类别股法律制度构建的基本理念、设计思路及发展趋势。

三、研究进路与创新

类别股法律制度的构建，发轫于对类别股权本体的研析，夯实于对类别股权的周全保护，落定于类别股权的实践运用，三方重心不可偏废。故本书依循"类别股权本体研析、类别股权法律保护、类别股制度整体建构"的顺序进行论证。

具体类型的类别股乃类别股制度之奠基。第一至四章围绕"类别股权本体研析"展开。

第一章从基础理论的视域，奠基类别股的形成基础。首先，借由类别股逻辑推演下的子权利排列组合，构建类别股的类型化体系，从应然视角盘点类别股种类资源。其次，从法社会学选择的角度，分析类别股双重权利属性，取决于类别股权配置的主导力量，偏向国家强制或私人自治的不同倾向。最后，从逻辑分类谬误、政策立场偏差两方面，指出传统类别股归类之不足。进而从实践"准类别股"契约安排中，汲取类别股的实证创新灵感。

在第一章微观研讨类别股权结构的前提下，第二章从宏观立法论的视野，探究立法筛选类别股素材的允洽路径。首先，梳理类别股立法分别映射于合同法、公司法两大私法的制度价值。其次，归纳类别股双重性质分别对应的章程自治式及法定主义式类别股立法体例。在此基础上，最后提出"对封闭公司宽泛授权，对公众公司谨慎干预"的区分公司形态的类别股立法建议。

在第二章梗概介绍我国类别股立法路径的基础上，第三章专就公众公司的法定类别股制度进行研究。首先甄选了适宜类别股制度构建初期，为公众公司所用的类别股种类。其次，从控制权及财产权两方面，发掘公众公司类别股设置的扩展空间。再次，聚焦公众公司运用类别股形成控制权强化机制的典型情形，设计我国对应的规范路径。

第四章同样基于第二章的铺垫，斟酌封闭公司的自治类别股制度。首先，契合封闭公司采用开放的类别股立法模式的特质，以弹性设计为纲，提出封闭公司类别股种类设置的方法。其次，对封闭公司中尤为凸显的类别股股东间的利益冲突，分门别类。最后，考据类别股权内容解析的方法，提供针对封闭公司类别股股东的冲突处理思路。

类别股法律制度之构成，不仅重在类别股的设置，保护类别股股东权益的配套治理机制同为其重要组成部分。因此，第五章从权利保护层面，梳理多重并行的类别股法律保护机制，防范或化解类别股制度运行中的利益冲突。首先，分别提供公司法及合同法上类别股股东利益冲突的事前治理机制。其次，从事后救济的角度，归纳出两种类别股损害发生后的救济方式。最后，从"董事对类别股股东"的纵向层面及"类别股股东之间"的横向层面，深入分析公司法上信义义务的拓展，对类别股股东提供的法律保护。

第六章整合延伸前述研究成果，整体提供我国类别股法律制度循序建构的完善建议。首先，从设计理念及设计步骤两方面，提炼出类别股法律制度的设计思路。其次，基于上述设计理念，将国家强制及章程自治糅合注入类别股法律制度，推演出类别股法律规则的设置现状及发展趋势。最后，将类别股法律规则的授权或约束进一步落定于实证运用。从客体类别股的种类扩展、类别股适用主体的范围扩张，以及类别股组合运用的实例分析三方面着手，总结出类别股适用的实践推进。

通过研究，本书力求在下述方面进行创新：

其一，新创类别股的类型化建构方法。类别股的逻辑分类，可借由股权子权利排列组合获得。其中，子权利可从常规与特殊、财产类与控制类两个维度进行划分。

其二，区分公司形态，设计我国类别股的立法路径。上市公司采"类别法定式"，非上市公众公司用"子权利法定式"，封闭公司取

"章程自治式"。

其三，针对公众公司运用类别股形成的控制权强化机制，提供本土化的规范路径建议。

其四，对封闭公司的类别股权内容提供独到的解析方法，并就类别股股东之间的利益冲突提供详尽处理思路。

其五，就类别股设置引发的、日趋复杂的类别股股东间"横向利益冲突"，以及各类别股股东与管理层间的"纵向利益冲突"，系统构建多重并行的利益冲突预防、治理机制以及类别股的法律保护制度。

其六，宏观抽象类别股法律制度构建的基本理念、设计思路及发展趋势，以期为架构我国类别股法律制度提供全局思路。

四、研究对象与说明

（一）从契约安排演进至类别股权

长久以来，在中国公司法层面，公司股权类型化制度缺位的短板，在各类公司就灵活治理结构及多样融资渠道、各类投资者对多元化投资工具的需求面前，尤为彰显。企业融资实践中为克服这种制度缺憾，形形色色"事实上的类别股"在制度缝隙中应运而生、层出不穷。常见为存在个性设定需求的投资者，运用公司章程或股东协议的方式设定特殊权利。最为典型的即私募股权投资（含风险投资）领域广为运用的"对赌协议"，或曰估值调整机制。

实则，"对赌协议"脱胎于企业的股权融资偏好行为。换言之，类别股系对赌协议的基础。[1]在孕育"对赌协议"的英美法系资本市场，私募股权投资者常用各种优先股投资目标企业。因受限于未有相关法

---

[1] 李有星、冯泽良：《对赌协议的中国制度环境思考》，《浙江大学学报（人文社会科学版）》2014年第1期，第165页。

律及实施细则对"对赌协议"涉及的类别股（此处指代优先股的上位概念）进行明确规范及调整，投融资双方只能以纯粹契约工具，承载拟设定的优先股权利内容。具言之，私募股权投资基金与融资方商谈投资条款时，倾向于加入优先分红权、优先购买权、优先认购权、清算优先权、估值调整条款（对赌条款）、重大事项表决权等特殊条款，以保障己方的股权利益。鉴于我国公司法领域类别股制度的空缺，此类协议实际上肩负了投资者应对不利法律环境的风险控制功能。但是，此类非典型的"投资协议"绝非臻于完美，其效力在中国法律情境中普遍存疑、争议未定。

以撼动私募股权投资界的"世恒案"为例[①]，就该案所涉对赌协议的法律效力，最高人民法院肯定了投资方与融资公司原股东间条款的法律效力，但否定了融资公司己方参与部分的对赌条款效力。至2014年1月，中国国际经济贸易仲裁委员会作出投资人与公司对赌有效的仲裁裁决，被视为"世恒案"后首例"逆转"裁决。[②] 此外，由私募股权投资实践观之，部分对赌协议乃盈余分配特殊约定的替代机制，易于被法院认定为抵触了"企业间不得借贷"的强制性规定而判无效。[③] 公司上市申请时审查监管部门对该类协议的严格态度，也折射出此类协议具有效力不确定的风险。依据现有监管政策，诸如对赌协议、优先购买权、优先清算权、回赎权等可能影响公司股权结构的条款，应

[①] 参见最高人民法院（2012）民提字第11号判决，甘肃世恒有色资源再利用有限公司、香港迪亚有限公司诉苏州工业园区海富投资有限公司联营合同纠纷案。此系国内首个对赌协议无效案。2007年，江苏海富公司与甘肃世恒公司、世恒公司的唯一股东香港迪亚公司、迪亚公司实际控制人陆某共同签订了一份《增资协议书》后，2009年甘肃世恒公司与苏州海富公司就私募股权投资估值调整机制产生了纠纷。该案的争议焦点便是投资者海富公司与目标公司世恒公司的对赌条款的效力问题。该案经过一审、二审，最高人民法院再审，历时逾三年，在私募股权投资界产生深远影响。

[②] 郑佩雯：《私募股权投资估值调整机制的法律风险防范》，《甘肃金融》2016年第1期，第38—41页。

[③] 冯威：《优先股市场实践与理论定位的背离及其制度完善》，《清华法律评论》2015年第2期，第195页。

在公司公开上市前予以清理，此种"不稳定因素"不允许出现于上市公司章程或股东协议之中。①

我们的需要不止契约性的优先股，更需要制度性的优先股。② 在我国，固有企业外部融资"非股即借"的法律逻辑，司法裁判常见引据"名为投资、实为借贷""名为联营、实为借贷"而否定"投资合同"的效力。运用涵纳灵活变式的权利附加条款以设置特定类型的类别股，可排除相应投资协议效力不稳定的隐患。并且，即便以契约为载体已能满足投资者对财产类及控制类权利的特殊定制需求，但由于公示性的欠缺，难以实现面向不特定对象的融资。此外，出于保护债权人利益，最佳衡平各类投资者间的利益，明确高管信义义务，提高缔约效率的考量，公司法层面的类别股制度供给，将协议内容从契约安排进化为公司股权以更新风险投融资工具，价值卓著。

（二）股权类别化或股份类别化辨析

究竟是用"股份类别化"还是用"股权类别化"③来概括类别股的适用状态更为允洽？

类别股系公司股权结构中，包含了两种以区别性质、不同权利义务关系、差异利益效果的股份的观点颇受推崇。有学者从股东异质化的现实出发，指出在公司股权结构中为此殊异的类别股份设置，乃客观要求所致。④ 该观点体现的类别股制度适用范围核心，在于"类别股权应依附于股份之上"⑤。

---

① 北京道可特律师事务所、道可特投资管理（北京）有限公司编著：《外资 PE 在中国的运作与发展》，中信出版社 2011 年版，第 109 页。
② 张志坡：《优先股的立法、实践与启示》，《金陵法律评论》2012 年第 1 期，第 92 页。
③ 任尔昕：《关于我国设置公司种类股的思考》，《中国法学》2010 年第 6 期，第 100 页。
④ 冯果、李安安：《金融创新视域下公司治理理论的法律重释》，《法制与社会发展》2013 年第 6 期，第 68 页。
⑤ 王东光：《类别股份法理研究》，《科学经济社会》2013 年第 3 期，第 121 页。

借鉴大陆法系公司类型的分类体系，我国法定的公司组织形态为有限责任公司及股份有限公司。除却实践惯用导致"股份"概念混入有限责任公司的谬误，前者的股权描述常采比例式，而后者则将资本等额股份化，可精确计量具体的持股数额。遑论这一区分是否流于形式而缺乏实益，逻辑牵强致难以信服，我国《公司法》确将有限责任公司的股权客体称为"出资"，对应股份有限公司的股权客体"股份"，前者禁用"股份"（share）一词。[①]是否由此可推，类别股限用于股份有限公司，而无法惠及有限责任公司？

观点一支持"股份类别化"，论据主要源于两方面。一为受到中国资本市场上优先股适用经验的影响。20世纪80年代，深发展、万科、金杯汽车、天目药业等股份有限公司都曾发行过优先股。1992年国家体改委发布的《股份有限公司规范意见》也允许公司设置优先股。[②]二是参酌资本市场发达地区公司制度中有关类别股制度的规定。在英美法系，2006年修订后的英国《公司法》，将"股份种类和类别权"的内容置于第九章。美国《标准公司法》在6.01条"公司章程授权发行的股票"及第6.02条"由董事会决定的各类股票或各系列股票的条款"中，集中规定了类别股的设置发行。就大陆法系而言，德国《股份公司法》中详细呈现了优先股制度的规定。法国《商事公司法》在第二编第八章"可以发行股票的公司发行的有价证券"中，涉及了优先股制度的各种特殊问题。日本《公司法》第二编"股份有限公司"第二章"股份"中，包含了不同类别股份的规定。[③]

然而，中国公司法层面上类别股的建构从未展开，故既往零星运

[①] 李建伟：《公司组织形态重构与公司法结构性改革》，《财经法学》2015年第5期，第6—7页。

[②] 俞广君：《事实上的类别股与"同股同权"的理解偏差》，《金融法苑》2015年第2期，第55页。

[③] 梁胜、易琦：《境外优先股法律制度比较研究》，《证券法苑》2013年第1期，第429—440页。

用的优先股经验,不宜作为反推类别股适用范围的决定性依据。至于域外法上涉及股份类别化的规定,应进一步区分法系、公司类型划分的迥异进行考量。以公众性的实质差异为界分,英美法系存在封闭公司(closed corporation)①与公众公司(public corporation)相对的二元分类体系。这两类公司同属股份有限公司(limited company by shares)的单一体制。因此,类别股制度可以普遍性地为英美法系各类公司所用。大陆法系阵营的日本受英美法系影响,彻底废止有限责任公司形态并归入股份有限公司,继而根据股份转让受限与否及规模大小两项标准,在公开、非公开股份有限公司的基础上区分大公司与中小公司。②然此四种公司类型,均一统于"股份有限公司"的类目下。

上述法域,其类别股制度实质宽泛覆盖各种公司形态。对比我国境况,反思囿于现行立法既定的公司分类模式,而忽略资本市场的真实需求,将占比公司数量更重的有限责任公司剔除出类别股制度适用界域的设计,是否允洽?

观点二赞同"股权类别化",肯定有限责任公司对股权多元化存在的需求,主张根据现有公司法规范,有限责任公司设置优先股已无障碍。③在"安徽康辉药业有限公司(以下简称"A公司")诉深圳市南方盈金投资有限公司(以下简称"S公司")等股权转让纠纷案"的实例中,S公司从A公司控股股东Z公司处受让了A公司5%的股份,Z公司保证S公司该项投资享有15%的年利润率,不足部分由其补足。

---

① 封闭公司,或称私人公司(private company),以股份移转限制及缺乏股份交易市场为其本质特征。
② 刘小勇:《论股份有限公司与有限责任公司的统合——日本及其他外国法关于公司类型的变革及启示》,《当代法学》2012年第2期,第109页。
③ 持这种观点的有:张志坡:《优先股的立法、实践与启示》,《金陵法律评论》2012年第1期,第92页;任红:《优先股股东权保护的法律适用问题研究》,《理论与改革》2014年第3期,第172页;俞智渊、柏立团:《优先股重启路线图》,《董事会》2013年第9期,第80—81页;魏现州:《论优先股股东的权利保护》,《辽宁师范大学学报(社会科学版)》2011年第3期,第25页。"优先股发行通常采取私募方式,只要投资方、投资人谈判协商达成优先股协议就可以发行。"

后 A 公司修订公司章程，将公司盈余分配条款更新为 S 公司优先享有不低于出资额 15% 的年分红利率。该案被认为 A 公司通过公司章程，创设了两类盈余分配顺位、份额相异的两类股份。①

即便现行《公司法》未明示有限责任公司能否设置优先股，根据《公司法》第 34 条②及 42 条③的规定，有限责任公司在股利分配及表决权事项上具有自主空间，可以以约定突破法定默认的按比例形式规则，然此是否足以产生"优先股"？笔者认为，观点二亦有失偏颇，落实现金流权与表决权、剩余索取权比例不呈正比的特殊协议条款，仅构成"准类别股"安排。

学术研究本无定式及定论。那么，股权类别化或股份类别化，究竟如何取舍？

（三）有限责任公司与创新融资交汇

在各类公司运作实践中，投资者就回报方式、权利配置的偏好及目标日趋多样。类别股在公司治理结构灵活安排、资本结构更新优化等诸多方面意义重大。多元化的股权结构，只为股份有限公司所独享，而弃置数量巨大的有限责任公司于不顾，似有不妥。即便现有研究多围绕"股份类别化"开展，亦无法阻挡公司在创新融资过程中的推陈出新：

首先，创新融资的实践，反馈出有限责任公司运用"准类别股"

---

① 俞广君：《事实上的类别股与"同股同权"的理解偏差》，《金融法苑》2015 年第 2 期，第 53 页。此外须注意，此处涉及有限责任公司，却适用"股份"概念描述该公司股权情况，折射出实践中于有限责任公司混用"股份"的乱象。

② 《公司法》第 34 条："股东按照实缴的出资比例分取红利；公司新增资本时，股东有权优先按照实缴的出资比例认缴出资。但是，全体股东约定不按照出资比例分取红利或者不按照出资比例优先认缴出资的除外。"

③ 《公司法》第 42 条："股东会会议由股东按照出资比例行使表决权；但是，公司章程另有规定的除外。"

安排的蓬勃发展。深交所创业板上市公司乾照光电在 2008 年时，尚属有限责任公司。为获取红杉资本注资，乾照光电在公司章程中规定，赋予投资人红杉资本以重大事项否决权及财务副经理提名权。此系在有限责任公司情境中，经由"准类别股"变式，呈现类别股控制类子权利之"否决权"及"高管选任权"的典型案例。在我国近年来高速发展的私募股权投资领域[1]，作为被投资方的有限责任公司，频繁适用包含可转债、优先股、回购条款、对赌协议内容的投资条款，由此引发的一众股权纠纷，譬如"浙江省宁波正业控股集团有限公司与上海嘉悦投资发展有限公司与公司有关的纠纷上诉案——私募股权投资中股东承诺投资保底收益的效力"[2]等案即适其例。此外，在"湖南德顺鑫创业投资有限公司与长沙市红星建筑工程有限公司"[3]间的纠纷案中，尽管法院将案涉《创业投资协议书》定性为"名为投资实为民间借贷"，但可由此一窥协议各方拟于有限责任公司中设置"优先股"的本意。

其次，定位于中小企业的有限责任公司形态，具有承载创新融资拓展的应然属性。在大陆法系的公司法理论中，"规模定位于中小型公司"系有限责任公司的特质描述之一。如此可由公司形态发展的脉络寻根溯源，有限责任公司乃因应中小企业的现实需要，而从股份有限公司形态中析出。既为契合中小企业发展而生，有限责任公司的制度安排尤应关注中小企业的发展需求。

私募股权投资，尤其是其中风险投资领域的繁荣，依托于抵御高风险的法律制度保障。萌芽创业企业的勃兴，依仗于及时顺畅注入资金的融资推动。我国的创业生态环境持续变迁，各种优惠政策激励创

---

[1] 在私募股权投资（private equity，简称 PE）领域，私募基金对企业进行的权益性投资中，一般含有股权价格调整条款或估值调整机制（adjustment valuation mechanism）。

[2] 参见（2012）闵民二（商）初字第 1832 号；（2013）沪一中民四（商）终字第 574 号。

[3] 参见（2009）雨民初字第 57 号。

业者与资本的联结。历经资本市场实践砥砺并形成行业惯例，种类衍生的"准类别股"在各式融资手段中脱颖而出，成为连接风险投资与创业企业需求的优选投资工具。反观资本市场运用类别股助推新兴创业企业的需求，众所周知，在中国公司法域内，以有限责任公司形态存立者，占公司总数的极大比重。这其中，又基本涵盖了"新兴设立，规模尚未成气候"的创业企业之绝大多数。优先股，或更广范畴的其上位概念类别股，能否适用于我国的有限责任公司，不仅微观上攸关私募股权投资者的利益保障，关涉被投资目标公司的成长发展，更联动着中国资本市场的活跃兴盛。资本市场的更新需求，足以构成公司制度变迁的强大推动力。因此，公司法应顺应时代发展，为创新融资提供包容更广阔的类别股制度。

再次，从规章层面观之，为鼓励创新、推动创业，我国近年来推出了系列利好的政策环境。其中，国家发改委等国务院下属的十个部委，于2005年11月15日联合发布的《创业投资企业管理暂行办法》颇受关注。根据该办法第15条的规定[①]，风险投资家可以借助优先股工具，对未上市的有限责任公司（相对居多）或股份有限公司进行投资。十年前的该办法在表述上采用了"准股权"的措辞。然而，在构建现代公司法制度不可或缺的类别股法律制度之进程中，《公司法》完全没有必要在优先股问题上继续限制有限责任公司。应当明确许可有限责任公司创设各种类型的优先股，在回赎权、否决权、董监事选任等方面作出特殊规定。[②]

最后，根据中国证监会于2014年3月21日发布的《优先股试点管理办法》，现阶段仅限公众公司（包含上市公司及非上市公众公司）

[①]《创业投资企业管理暂行办法》第15条："经与被投资企业签订投资协议，创业投资企业可以以股权和优先股、可转换优先股等准股权方式对未上市企业进行投资。"

[②] 李有星、冯泽良：《对赌协议的中国制度环境思考》，《浙江大学学报（人文社会科学版）》2014年第1期，第165页。

可发行特定类型的优先股。根据试点的实践操作，优先股试点的发行人多为金融类资本密集型上市公司。实践中，为数众多的私募股权投资者虑及中国公司法并未明确有限责任公司中设置优先股的合法性，倾向于在离岸公司中设置优先股以规避中国监管法规，并未出现障碍。由是观之，在有限责任公司设置优先股的理论和实践障碍已被清除。①

出于试验期探索运用优先股的谨慎，从最为成熟的公开市场推行试点确属稳妥。然试点期过后，对优先股制度的完善，应当考虑纵深拓宽优先股的发行范围。具言之，今后正式出台的优先股指导意见，或于公司法下一轮修订时，宜放宽对优先股发行人的限制，鼓励一些优质的有限公司发行优先股。② 特别应注意将迫切运用优先股等类别股权的创业企业纳入许可的发行人范围之内，发挥优先股的效用，鼓励创业企业与风险投资相结合。③

（四）公司形态变革与类别股分类规制原则

对"股权类别化"的赞成，应置于我国公司法律形态二元分野的背景下酌量论证。主张"类别股法律制度应荫庇及于有限责任公司"的根本，不在于有限责任公司形态本身与类别股权的本质关联，而在于"有限责任公司"担纲着中国中小企业主流选用的公司形态之重任。中国类别股制度建构的一项重要原因，正系裨益中小企业的繁荣发展。若类别股制度的适用范围未涵盖中小企业所采公司形态，皮之不存，毛将焉附？彼时，类别股法律制度之于中国公司法、资本市场及微观经济主体的正面推动价值，将大打折扣。

---

① 李有星、冯泽良：《对赌协议的中国制度环境思考》，《浙江大学学报（人文社会科学版）》2014年第1期，第160—165页。
② 俞智渊、柏立团：《优先股重启路线图》，《董事会》2013年第9期，第80页。
③ 冯威：《优先股市场实践与理论定位的背离及其制度完善》，《清华法律评论》2015年第2期，第190页。

当然，基于对现有公司类型划分合理性的质疑，主张公司组织形态设置革新的呼声渐高，亦不容忽视。尤其是公司组织形态的科学设置，影响着类别股法律规范的合理安排。我国公司法上就有限责任公司与股份有限公司的划分，大致沿袭了大陆法系公司形态的分类传统。大陆法系此种二元区分，不仅存在固有逻辑的缺陷，还有立法逻辑预设与社会经济现实脱离的问题，故此种既定划分的合理性频遭质疑。特别是相较于英美法系封闭公司与公众公司对应的概念体系，大陆法系的这种制度设计缺憾更为明显。[①]

在典型大陆法系国家，对公司组织形态的变革已经展开。日本《公司法》经2005年的重大修订，直接废止了"有限责任公司"的名目，并将其实质归入"股份有限公司"。德国《有限责任公司法》于2008年推出重大改革的修正案德国《有限责任公司法现代化及反滥用法》，同样为反思我国有限责任公司法律形态的改革提供了有益的思路借鉴。这些改革的共通之处在于，均围绕着有限责任公司存废重构这个核心。

有限责任公司源起于德国为满足中小企业对公司形态需求的"立法创造"，这一公司形态对中国经济发展的推动可谓功勋卓著。然而，愈来愈多的观点认为，大陆法系就有限责任公司与股份有限公司的区分不具有本质性，英美法系就封闭公司、公众公司的分类更为合理。故应以封闭性与公开性的实质差异为区分标准，在公司法内部将封闭性公司的制度资源进行有机地整合，探讨并重构我国公司的分类格局。

探索我国公司形态合理分类的建议，主要可归为三类：其一，摒弃有限责任公司的组织形态，在股份有限公司的框架内重构我国的公司体系。[②] 其二，将封闭性股份有限公司并入有限责任公司。其三，根

---

① 李建伟：《公司组织形态重构与公司法结构性改革》，《财经法学》2015年第5期，第13—14页。

② 李润生：《有限责任公司废除论》，《安徽大学法律评论》2014年第1期，第65页。

据公众性与封闭性的程度区分，将股份有限公司内部裂分为不同种类的公司。三种方案的共通之处为：公司类型被实质性地分归封闭公司及公众公司阵营，仅在公司类型的名目及归类体系上有所差异。其中，在第一种情形中，重构后的所有公司类型将通用"股份"的基础概念。在均保留"有限责任公司"类目的第二、三种情况，笔者赞同打破有限责任公司与股份有限公司以等额股份区分的形式壁垒。届时，有限责任公司股东的"出资"，因资本的等额而通用股份有限公司"股份"的术语[①]，二者在立法上的区别更重于公众性的梯级设置。"股权类别化"或"股份类别化"辨析背后，隐含的"类别股制度是否可普遍适用于包含有限责任公司的所有公司形态"的命题，也将迎刃而解：类别股制度可适用于各种公司形态，无论立法对其名目如何描述。

鉴于我国现行公司法就有限责任公司与股份有限公司资本单元构成[②]的规定确存分野，将有限责任公司与类别股制度直接关联或存歧义可能，兼之我国公司形态更新的大势所趋，且公司分类乃实现分类规制的前提与载体，笔者倡导，就类别股的规范设计，前瞻性地适用公众、封闭公司的划分标准，即在上述公司组织形态重新整合的基础上，进一步适用分类规制的原则。

[①] 李建伟：《公司组织形态重构与公司法结构性改革》，《财经法学》2015年第5期，第17页。

[②] 股份有限公司的基础单元构成为"股份"，有限责任公司对应存在"出资"的概念，但不属公司资本的基础构成单元。

第一章 类别股的形成基础

类别股法律制度的构建，发轫于对类别股权本体的研析。类别股系公司股权结构中权利内容各异的股权，借由逻辑推演下的子权利排列组合而获得。类别股的双重权利属性，取决于股权配置的主导力量，偏向国家强制或私人自治的不同倾向。根据公司合同理论及自治精神，类别股乃合同法框架中的契约性权利。在公司法视域下，类别股为法定化权利。普通股与优先股内部的种类衍生、界限模糊，以及糅合财产、控制利益的"混合股"之普遍化，突破了类别股的传统归类，由此提出类型化体系建构的需求。实则，类别股的归类创新机制之精髓，在于凭借类别股子权利，即构成类别股权利内容之特定权利、优先、限制或条件，突破并重构传统普通股涵摄下财产权与表决权等比配置的格局。实践中的"准类别股契约安排"存在诸多缺憾，宜经由类别股立法上升为正统的"类别股"。

第一节 类别股的种类界分

一、类别股的范畴界定

类别股系公司股权结构中权利内容各异的股权。这种内容相异是适应市场和投资者多方面需求而出现的股权（或股份）法律特征上的区别，主要体现在财产权和控制权内容方面，表现为权利的有无、范围的大小、行使顺序先后的差等。

将普通股剔除出"类别股"范畴的观点认为，类别股是相对普通股而言的，指股东权利在某些方面扩张或限制的股份类型，此乃类别股的狭义定义。[1] 实际上，用我国台湾地区公司法规相关规定上相对于普通股而言具有特别权利或特别限制的"特别股"（special stock）概念[2]，替代上述界定的"类别股"范围更为准确，即类别股则应囊括公司股本中所有不同类别的股份，此为广义的类别股定义。其一，与立法适用的术语保持一致。无论是《香港公司条例》[3]，抑或中译版的日本《公司法》[4]，针对公司股本区分为不同内容股份的描述，均适用了"类别的股份"之表达，并未剔除普通股。并且，美国《标准公司法》[5]及引领美国公司法发展的《特拉华州普通公司法》相应采用了"classes or series of shares"（股份的种类或系列）的概念，规定每家公司均可发行一个或以上种类的股票，每个种类中还可发行一个或以上系列的股票。针对股权多元化并存的状态，上述立法均采纳了一种集合的概念，并未将普通股予以单独列分。其二，普通股的多元衍生，使其难以作为参照标准进而界定其他股份。普通股不再囿于传统的标准化的一种普通股，而存在各种"变式的普通股"类型。这些股份附带之特殊性，并不劣于除普通股之外的其他股份，其多样化同样增加了"以普通股为参照标准"的不确定性。其三，类别股制度逻辑体系的需求。需要一项术语，以挈领股权各项子权利相互分离、重新组合后的股权

---

[1] 朱慈蕴、沈朝晖：《类别股与中国公司法的演进》，《中国社会科学》2013年第9期，第149页。

[2] 参见我国台湾地区公司法规相关规定（2006年）第157条。

[3] 参见《香港公司条例》第57A条（1）。

[4] 详见日本《公司法》第108条第1款。

[5] 参见 *The Model Business Corporation Act*, § 6.01。

多样状态。实无舍近求远,摒弃惯用的"类别股"措辞,而新创概念的必要。由此,笔者赞同类别股,或称种类股,兼容并蓄普通股和特别股。相对于传统意义上的普通股而言,特别股是指具有特别权利或特殊限制的股份。①

类别权概念中涵摄了类别权保护的价值判断。即使从类别股制度发达的美国公司法实践来看,类别股的类别权利,并未在实践中被作出非黑即白的适用区分。英国《公司法》(2006年)第629条给出了归于一个类别股份的经典定义:如果依附在股份上的所有权利均相同,则这类股份是一种类别股份。是否凡属公司章程规定,依附于股权之上的所有权利均属类别权?这样的宽泛解释并不恰当。类别权可能体现为股东获取股息、参与管理和剩余财产分配,甚至股份发行、转让和持有时享有的各种特殊权利。然而,并非依据《公司法》和公司章程规定所享有的、从公司获取经济利益和参与公司治理的股权内容,即类别股权利体系中的任一权利都被称为类别权。在确定类别权时,类别股权中与传统普通股共享的权利不属类别权。譬如,典型应从股权中剔除默认共享型权利:股东会计账簿查阅权、派生诉讼权、知情权、质询权、股东诉权等。并非类别股份上权利体系中的任一权利均可归并为类别权。本质上,类别权应为特定类别股股东所享不同于传统普通股之特别权利。② 这种特别权利,既可能表现为对普通股传统股权权利体系中的某一具体权利内容的不同安排,也可拓展为普通股权利内容体系之外的一项新权利。从表现形态的独有性考察,类别权可能为特定类别股股份所独享,也可能为几类或系列类别股份所共享、同时异于传统普通股涵纳的子权利构成。

类别股股东权利的核心在于类别权,类别权以外的股东权利与普

---

① 任尔昕:《关于我国设置公司种类股的思考》,《中国法学》2010年第6期,第100页。
② 丹尼斯·吉南:《公司法》,朱羿锟译,法律出版社2005年,第119页。

通股相同。对类别股股东利益保护宽泛或紧缩的态度，影响着对类别权的解释。从反面观之，对类别权的解释越宽泛，对少数股东的保护也就越多。① 类别权及传统普通股默认权利的此种泾渭分野，使得公司与股东间一旦作出关于类别权的规定，则应按照类别权明确行权。若类别股设计的股权内容未在章程中进行规定，也不意味着类别股上缺乏传统普通股的所有通用性权利，而仍应适用公司法关于股权的默认规则，比照传统普通股的配置方案确定股权内容。

在类别股的实际运用中，类别权的变动，通常意味着类别股股东以不利的方式被变更，故类别权的变更需征得权益受到影响的类别股股东的同意。其法理基础在于，不同类别股股东的利益分化及由此形成的"分社团"。② 判断何种情形下构成"类别权的变更"殊为关键。传统观点采"严格限制说"，只有直接的权利变动，要求取得类别股股东的同意。该等条款，通常围绕表决权、分红权或清算权方面的内容，对类别股的地位做出精准描述。除了变更废除、注销类别股份、降低类别股权益等明确无争议地构成类别权变更的情形之外，仍存在是否构成类别权变更的模糊地带。譬如，由于公司行为造成类别权利在商业上遭受不利影响，可否认定为类别权变更，即存在困难及争议。英国判例法上处理该问题的经验为，对何谓类别权变更采取严格限制性的解释，不将类别权受到的不利影响等同于类别权的变更。与此相对，Barney Reynold 于 1996 年提出"宽泛解释说"的观点，主张类别权构成一个类别股的章程性地位，对该地位的任何变动，涉及该类别权的变动。③ 笔者赞成英国法院的既往做法，应当将对权利享受（Enjoyment

---

① 葛伟军：《论类别股和类别权》，载王保树主编：《商事法论集》第 21 卷，法律出版社 2012 年版，第 336 页。
② 王东光：《类别股份法理研究》，《科学经济社会》2013 年第 3 期，第 121 页。
③ 葛伟军：《论类别股和类别权》，载王保树主编：《商事法论集》第 21 卷，法律出版社 2012 年版，第 337 页。

of Right）与类别权利的影响相区分，并进一步区别法律意义及商业意义上的影响。对于不构成类别权变更的情形，类别股股东无法援用类别表决机制，而是可经由合同路径来保护自身利益，即与公司协商在章程约定一个比法定默示性规则保护程度更高、保护范围更广的变更程序条款。①

二、类别股的传统归类

资产收益权、参与重大决策权及选择管理者权远未涵盖多样化的股东权利。借由公司章程就股权发行条款的权利界定，可将公司股权划分为各种不同类别。此种界分并无统一标准，在"普通股包涵式"的类别股范畴界定下，类别股的传统归类围绕普通股与优先股的界分展开。最初，作为公司根基的传统普通股，基于资本等比配置表决权的股权平等理念而设置，是指具有完整表决权，按比例分享公司剩余索取权且收益额无上限限制的标准股份，其内容由公司法进行规定。

公司设立和运营，发行最为常见的普通股时不设"特权"，股权内容不作调整，而按照公司制度的通行惯例、传统、经验及规则来确定。普通股仅为公司制度之序幕，其标准特征与股息、通过表决而参加公司内部治理等权利息息相关。

并不向投资者承诺现金分红等形态的投资回报，却要求投资者自身承担投资风险，投机性强且价格波动，难以确定其理论价格，从而使普通股获取回报的主要方式，为通过股票买卖差价收益的资本利得。以上市股票为例，一般的普通股的现金分红很少，投资者只得依凭二级市场交易，博取资本利得始能获得较高投资回报。然而，将全体投

---

① 刘胜军：《论类别股东会》，载王保树主编：《商事法论集》第 24 卷，法律出版社 2014 年版，第 65 页。

资者作为整体，二级市场上的交易仅为货币资本在投资者间的再分配，部分投资者的盈利来源于另一部分投资者的亏损，无法靠二级市场创造价值、交易盈利。此种无回报保障的投资，投资者不具有可靠的收益预期，不得不陷入股权反复交易、持续交易、不断交易的泥潭。

传统普通股遵循财产权与控制权禁止分离的原则，通常每股对应拥有一项投票权，如此难以满足投资者的不同投资和风险偏好。持有这类股份的各个股东严格遵循股份平等概念，定其权限多寡。伴随普通股内部的裂变细分，传统普通股不再形单影只，它们对公司控制权市场运作及公司治理机制的扭曲效应，使包罗无表决权、限制表决权及复数表决权普通股等内容的普通股阵营欣欣向荣。

实则，能让投资者获得财产性收入的真正来源，乃投资回报及企业利润、现金分红，优先股一般满足了该种稳定的特质，由发行人从企业利润的资本增值中抽取，稳定给予投资回报，而非投资者间的交易利差。此外，优先股还可捍卫原股东控制权的利好。创办人若对新入股东发行普通股，则因表决权稀释之效果，其在公司掌控的既有控制力，罹于被削弱甚至被摧毁的危险。然新发行优先股，则既可化解公司资本充盈问题，亦可防范公司控制权更迭。

20 世纪 90 年代初，我国资本市场出现了优先股的身影——深圳发展银行、深圳万科股份有限公司、衡阳飞龙实业股份有限公司、杭州天目药业股份有限公司等发行了优先股。然而，这一制度并未由此真正推行。[①] 优先股有一个由发行价乘以股息率确定的固定股息，因而有一个理论价格：股息除以利息率。倘若市场价格偏离理论价格太远，交易中某一方的机会成本过高，它就有回归理论价格的趋势，使市场价格的波动幅度受到一定限制。正是因为存在这样一种市场机制，投

---

① 曹立：《权利的平衡：优先股与公司制度创新》，中国财政经济出版社 2014 年版，第 150 页。

资者参与优先股交易的市场风险一般要小于参与普通股交易的市场风险。典型优先股的特点为拥有股利分配、剩余财产索取等方面的优先权，因而打破了原有契约中的权利平衡。与此同时，优先股在经营决策等方面的权利受到一定限制，而在不能分配股利的情况下可以恢复表决权，这又构造了普通股与优先股之间新的权力平衡格局。

引入种类分化更为细致的优先股，生动、丰富的公司制度才真正开始。普通股及优先股的"枝繁叶茂"，以及混合经济利益优先及表决权的"混合股"（hybrid shares）的普遍化，突破了公司股票非普通股即优先股的传统认识[①]，使得类别股的传统分门别类界限日趋模糊。鉴于此，修订后的美国《标准公司法》避免使用"普通股"及"优先股"的术语，并未确认两者之间存在任何法律区别[②]，而强调不同类别及系列股份的权利差异，能够更灵活地适应公司制度创新发展的需要。至此，相比于普通股，花式繁多的类别股对标准普通股的权利进行扩张或限制，或是对其附加了条件，或是增加了一些普通股中未及的新权利。因此，一项类别股权的构成，由合同性的特别子权利及公司法上默认普通股股东权利合并构成。在与普通股的对比中，特别股兼具普通股的共性及特别股的个性。

但凡普通股享有且未被公司章程针对特别股"去掉"的权利，特别股仍保有该权利。此为德国《股份法》第140条第（1）款关于优先股股东的权利所证明："除表决权之外，无表决权的优先股包含每个股东基于股票应享有的权利。"与此同时，在那些被保留的权利中，针对类别股的特点和操作要求，选择股东股息分红权、累积收益权、股份转换权、特定条件下的表决权等方面予以特殊安排，形成特别股的特定权利。对于普通股拥有而被公司章程针对特别股而"删除"的权利，

[①] 总的来说，公司股票分为普通股及优先股两类。参见 Ohio, Weaver v. Bowers。

[②] The Model Business Corporation Act, § 6.01. Fletcher Cyclopedia of the Law of Corporations, Chapter 58. Stock and Stockholders Official Comment, I. Basic Terms and Concepts.

特别股才不享有。

从架构优化的公司股权结构的角度，类别股不应囿于普通股或优先股等传统标签化类别名目的法律概念表述，而重在实质提供类别股的系统创新机制。公司发行内容异于传统普通股的股权，即为特别股。特别股之二重性体现为，一是与普通股相似的一般股权内容，譬如依公司法或公司章程的规定转让出资或股份、财务信息知情权、股利分配权、对公司的经营提出建议或质询的权利等，二为自身享有的特定股权内容。分归林总各异的特别股群落，其究竟偏向普通股抑或债权一极，须考察类别股的具体权利内容加以分析。参与性、可转换、不可赎回、非累积的特性，均为偏向普通股一极的典型普通股类别特征。不可转换、可赎回性、累积性、不可参与、强制分红、浮动利率性则为偏向债权一极的类别股特性。

第二节　类别股的权利性质

尽管债权人也可能向公司提供长期资本，但其处于可强制执行的、趋于完全的合同规制之下，故一般被认定为公司的外部人，不可求诸信义义务的救助。与债权人相对，根据公司合同理论，作为内部人的普通股股东与公司之间形成不完全合同关系，可由信义义务进行填补。公司内部人传统普通股股东与公司间的关系受公司法规制，而公司外部人与公司间的关系受合同法规制，一道边界区分了他们的法律对待。两者之间的区分，在多数情形下是清楚的。

那么，类别股受到公司法规范还是合同法规范的调整？类别股权内容丰富，涵纳法定及约定民事权利两部分，其兼有的普通股权和债权的特性，导致其受到公司法及合同法双重范式的交叠竞争适用，处于两大私法交叉的模糊边界地带。选择不同的适用规范意味着相异的处理结果，那么，如何处理并协调两大私法对类别股适用规范的竞争和冲突？一个较为简约清晰的区分范式为，涉及类别股与普通股共同的权利，适用公司法范式；涉及类别股的特殊权利的合同权利，适用合同法范式。

一、合同法框架下的契约性权利

新古典主义经济学的公司合同理论，将公司认定为一组合约的联结，认为多方的博弈，将创造出内生性合理秩序的结果。公司与股东之间的权利义务关系，取决于各类别股赖以发行的公司章程文件，股东权利被认为本质上乃合同性的。[1] 英美学界通说及法院判例基于契约理论考察股东权利的配置，主张镶嵌于公司之中的类别股股东，为合约性质的投资者，其特殊利益系于双方约定而非法律规定。基于契约行为的逻辑，类别股乃合同创造产物，类别股股东与公司间系合同关系。[2] 类别股事务应给予公司法律关系主体以充沛选择权，该合同性质的权利，依其意思自治协议解决，依公司章程或股权凭证中的记载来认定。

美国类别股立法宽松，将合同自由原则发挥为顶级模范，其股权极具弹性。各系列、种类的股权，内容之任何条件均可存在差异，前提是此种差别清晰载入公司章程。就类别股的发行，2010 年美国《标准公司法》强调当事人达成协议即可。其 6.01 节为关于授权股份的内容，公司章程可授权一个或更多类别、系列的股份，涉及特别、有限

---

[1] 支持此观点的有：Lawrence E. Mitchell, "The Puzzling Paradox of Preferred Stock (And Why We Should Care about It)," *Business Lawyer*, vol. 51, 1996, p. 444；何美欢：《公众公司及其股权证券》，北京大学出版社 1999 年版，第 298 页；侯东德：《股东权的契约解释》，西南政法大学博士学位论文，2008 年，第 51—56 页；任尔昕：《关于我国设置公司种类股的思考》，《中国法学》2010 年第 6 期，第 106 页。

[2] 刘胜军：《论类别股东会》，载王保树主编：《商事法论集》第 24 卷，法律出版社 2014 年版，第 60 页。

制、附条件、无投票权的股份，据公司、股东抑或其他方，或基于特定事件而回购或转换，涵盖累计、非累计、部分累计等利益分配方式，在利润分配或清算分配时享有特别优先权利。

作为大陆法系标杆的德国，其《股份法》第二十三条第三款同样将股权之创设，托付于公司章程：章程中须规定下列事项，第四项，将基本资本划分为额面股或者无面值股，对于额面股，其面值和每一面值的股票的数量；对于无面值股，其数量，此外，存在数个股票种类的，股票的种类和每一种股票的数量。综合两大法系的做法，公司章程之具体安排构成了公司与股东间和股东之间的合同，股东享有合同上的固有权利。

股东权实际上是一项契约性的权利束。基于公司自治和契约自由的精神，有效解决股东间权力配置的主导力量显然集中在公司内部。于是，章程是类别股股东权形成的契约基础及逻辑原点。股东契约乃公司契约中的根本性契约，蕴含着股东意思自由的价值维度，契约各方可自主地对彼此间的关系进行治理。普通股权利内容可较多依赖于立法规范，特别股的权利界定则主要取决于公司与股东间的谈判与博弈。

各法域一般均要求公司须于公司章程中明确记载类别股的具体权利内容[1]，即对股东权利的界定、限制以及规范。因公司和股东间的相对权利义务关系"来自及依赖于各类股份赖以发行和购买的组织章程及决议"，股东权利自然地被认定为在本质上是合同性的。以傲居世界公司法改革重要风向标的美国特拉华州为例，其公司法判例一贯将类别股权定义为契约性的。[2] 在合同法的框架中，类别股系契约性权利，

---

[1] 参见日本《公司法》第 107 条第 2 款、第 108 条第 2 款；The Model Business Corporation Act, § 6.01；《中华人民共和国优先股试点管理办法》第 8 条。

[2] 如 Gaskill v. Gladys Belle Oil Co. 案（1929 年），Judah v. Delaware Trust Co. 案（1977 年），Matulich v. Aegis Commc'ns Grp. 案（2008 年），In re Trados Inc. Shareholder Litigation 案（2013 年）等。虽然这些公司法案例是对"优先股"权利性质的定性，然而由于类别股体系内的权利创设方式相同，可类推对类别股权利性质的剖析对优先股权利性质进行探讨。

作为市场主体"意思自治"的产物,以私人契约为基石,同"私法自治"根本品格一脉相承。

不同于主要由法律规定而很少由章程创设的普通股权,类别股合同记载的特别性权利——类别权的设计遵循意思自治原则,乃合同性权利。公司章程应重于股权形式设计与选择的作用,披露各种类别股份及其承载的权利描述、义务内容及所占比例,从而明示不同系列类别股间权利的差别,这是公司和其成员合同自由安排、个性化定制条款的结果。

二、公司法视域下的法定化权利

现代公司理论研究充分证明了公司法中存在强制性规范的正当性。[①]即使在公司契约论者主张的合同框架下,公司法的强制性规范亦获包容。[②]比照普通法传统树立的、贯穿于公司制度的合同自由精神及开放态度,在类别股的权利定性中,原则坚守法定主义的大陆法系,是否应秉持约束的态度?这关系到公司可发行的股份类型。

类别股的法定属性表达,一部分可以包含在《公司法》中直接规定的股权共性的民事权利,如知情权、代为诉讼权等。另一部分包含立法划界,设定的可选用类别股权。譬如,实施盈余分红的条件、内容,有关剩余财产的处理,行使普通股东大会及类别股东会的表决权,转换的股权类别事项,回赎权的各种变式等。

从类别股法定化的视野考察,各国设置的刚性程度各不相同。大陆法系的德国《股份公司法》明确赋予原优先股股东以优先认购权。

---

① 邓辉:《论公司法中的国家强制》,中国政法大学出版社2003年版,第1—3页。
② 罗培新:《公司法强制性与任意性边界之厘定:一个法理分析框架》,《中国法学》2007年第4期,第78—80页。

2005年日本《公司法》明定可予发行的种类股，范围涉及盈余分配、剩余财产分配、表决权行使、转让受公司许可制约、股东主导回赎权、公司依事件主导回赎权、公司依股东大会决议全部回赎权、特定事项类别表决权、董监事选任权。逾此九类之外，无法自由创设。但是，股份公司可以以这些种类股中的数种进行组合发行[①]，因而仍然提供了多样化种类股制度的可能。在对类别股包容度极广的美国，自20世纪80年代起"毒丸计划"即为盛行。而同为普通法系的英国公司法，则明确指出采用"毒丸计划"系董事会人为设置一道阻挡资本自由流通的障碍[②]，其中"类别股"作为反并购手段不合法。

综上，在公司法的视域中，类别股乃法定化权利，由法律直接规定类别股的一部分操作规范，使之成为统一的、强制的社会标准，强调严格性及程式化。其一，在类别股的创设过程中，类别股立法发挥了划定类别股契约自治边界的作用。单有类别股立法或类别股契约安排，均不足以创设类别股，两者协力构建了类别股制度。并且，作为有价证券，股份不仅于形式有严格要求，其种类、发行条件、发行程序等均需立法加以特定规范。其二，中国公司法肩负着为类别股"正名"之使命。明确类别股系公司法上权利的属性，有利于其与既往纯粹契约安排下的"准类别股"相区分。其三，公司法对类别股的持续保护。类别股契约的长期性、不完全性，需要公司法信义义务对其进行漏洞填补。在发展中的中国资本市场，公众投资者对公司法"强制干预"下的利益保护存在需求。

[①] 布井千博、朱大明：《论日本法中的公司种类股与风险金融》，载王保树主编：《商事法论集》第18、19合卷，法律出版社2010年版，第24页。

[②] 曹立：《权利的平衡：优先股与公司制度创新》，中国财政经济出版社2014年版，第86页。

第三节　类别股的归类创新

一、子权利的抽象推演

类别股上承载的股东权利可析为一权利束。类别股究竟能为股权多样化提供多少可能？划分股本类别子权利的标准是什么？基于股权的各项子权利可相互分离、重新组合[1]，首先需对类别股的子权利进行抽象。

实践中的股权子权利纷繁各异，资本市场的持续发展亦将向类别股体系持续注入创新的子权利构件。因此，从已然枝繁叶茂并将处于持续繁衍创新的类别股系统之中，抽象出穷竭类别股所有可能的标准化股权子权利难免有失偏颇，对股权子权利的穷竭列举更加不易。尽管如此，归类典型标准并高频适用的股权子权利之实证样态，有助于公司立法及商业实践对类别股种类衍生的驾驭。

类别股子权利为构成类别股权利内容之特定权利、优先、限制或条件，可从常规子权利与特殊子权利，财产类子权利与控制类子权利两个层次予以区分。首先，日本《公司法》列举了九类可以发行种类股份的事项，正是对"法定允许的股权之子权利"的梳理。[2] 我国台湾地区公司法规相关规定也存在类似对"股权子权利"的归纳。[3] 美国《标准公司法》及各州公司法亦示范性地列举了数项"股权子权利"。[4] 对比诸项立法，重合性地存在利润分配权、剩余财产分配权及表决权

---

[1] 朱慈蕴、沈朝晖：《类别股与中国公司法的演进》，《中国社会科学》2013 年第 9 期，第 155 页。

[2] 参见日本《公司法》第 108 条第 1 款，关于"股份公司可就下列事项发行不同规定为内容的两个以上不同类别的股份"的规定。

[3] 梳理我国台湾地区公司法规相关规定（2006 年）第 157 条规定的公司发行"特别股"之子权利：（1）分红权；（2）剩余财产分配权；（3）表决权；（4）特别股权利、义务之其他事项。

[4] 参见 The Model Business Corporation Act (1969), § 54(f); California Corporation Code, § 202(e); Delaware Code, § 102(a)(4); New York Business Corporation Law, § 402(a).

这三项"常规的股权子权利",其余便是"特殊的股权子权利"。其次,基于股东基本权利的财产权和控制权两项维度延展,作为创设和区分类别股子权利的种类依据。公司资本结构的选择,不仅意味着公司剩余索取权的分配,也规定了公司控制权的分配。[①] 根据类别股分割投资者经济利益及对公司事实治理权的实质,区分为财产类及控制类两大子权利基本类型。在这两个基本类型层级之下,继而区分为各异的子权利类型。各股权子权利被用于构造类别股的频率及必须度有别,提取典型者,前者有如利润分配权、剩余财产分配权、转换权、回赎权、优先购买权、优先认购权等,后者则有表决权、否决权、董事选任权、领售权等(见表1)。

表1 股权子权利组合的类别股种类衍生*

	特殊子权利 (不周全列举)	常规子权利	对常规股权子权利的排列组合							
财产类子权利	转换权 回赎权 优先购买权 有限认购权 估值调整权 改变分配财源权 限制转让权	利润分配权 剩余财产分配权	1	1	1	↗	↘	↘	↗	↘
控制类子权利	否决权 董事选任权 领售权	表决权	1	↘	↗	↘	1	↗	↗	1	↘
子权利组合结果:特定的类别股			标准普股权**	限制表决权普通股	复数表决权普通股	优先股	管理股	金股	混合股	混合股	尚无实例

注:*以传统资本等比配置表决权的普通股为参考标准(标准普通股),将其表决权及财产利益设定为单位"1",考察"表决权"及"财产利益"类别股子权利内容的具体配置情形,分别用"1",↗,↘表示相同、强于、弱于的三种情形。

**标准普通股乃公司股权结构之根基,除公司章程另有规定之外,默认的股权内容配给表现为标准普通股的权利内容。

---

① 张兆国、高芳:《资本结构控制权理论评析》,《中南财经政法大学学报》2006年第6期,第115—116页。

（一）常规子权利的实证样态

1. 利润分配权及剩余财产分配权子权利

利润分配子权利及剩余财产分配子权利对传统普通股内容的偏离，形成特别股中适用最广的一类——优先股。已然成熟的日本类别股制度运行经验，以及正处于探索期的中国类别股制度构建，均佐证了对类别股制度之开疆辟土，始自有关利润分配及剩余财产分配的优先股。[①]

利润分配优先股是指当公司有盈余时，除弥补亏损及提取公积金之外，在普通股获得利润分配之前，可依照章程预先规定的分配比率或定额优先获得股息分配的股权。韩国《新商法》第344条之2第1款的规定为利润分配子权利的实证样态提供了蓝本："关于利益分配，公司在发行内容不同的种类股时，应当在章程中记载向相应种类股股东交付的分配财产的种类、分配财产的价格的决定方式、分配利益的条件等有关利益分配的内容。"

根据不同的标准，利润分配子权利股将演化出不同的形态。作为优先股最突出重点的优先分配股息子权利，分配利益的一般规则条件涉及：其一，需明确股息形式。除常见现金分红，分配财产的种类还可通过发行新股方式进行，此分红相当于现金红利的再投资或红利股。其二，股息率的确定。首先，以是否可累积或浮动为标准，利润分配优先股可进一步细分为可累积、部分累积优先股及不可累积优先股。前两者指公司于特定营业年度的盈余分配未达事先约定的标准时，就未享足额分配的差额部分，可要求顺延累积于之后盈余年份以如数或部分补足的股份。后者则指当年优先分取的红利未达到标准，差额部分亦逐年清零，持有股东不可主张从之后年度的利润分配中予以补足。

[①] 日本在1899年制定的第一部《商法》的第197条，规定了有关利润分配及剩余财产分配的优先股，由此开始了日本的种类股制度。至于中国，国务院对公司法授予其另行规定类别之权限运用，根据2013年颁布的《国务院关于开展优先股试点的指导意见》，同样肇始于典型的优先股制度。

其次，根据股息的浮动标准可区分为可调整或不可调整利率优先股（adjustable rate preferred stock and non-adjustable rate preferred stock）。前者的股息率具有一定弹性，利率可随公司信誉等级、财务状况、银行利率、市场利率变化等相关条件进行调整，股息率的设计应综合考虑转换、回赎等条件的影响，而后者于发行时即予以确定。其三，利润分配的可参与性。以在获得第一轮约定配比的利润之外，能否继续参与第二轮普通股的盈余分配为准，可区分为全部参与、部分参与或非参与的优先股。其四，在公司余有利润的年份，以利润分配优先股股东之期待利益是否可因董事会依托商业判断原则而宣布被"掠过"，可区分为强制或非强制分红的优先股。其五，在利润分配优先股阵营内部，根据利润给付梯级顺位的不同，可进一步区分各股权群落。如递延股（deferred shares）即颇有特色，其持有人常为公司发起人，在普通股分红后始得分配红利。

对利润分配子权利的设计，尚存一些"个性"问题有待拓展：其一，作为股利支付来源的利润，是指包含应收账款而无现金流支持的实现利润，还是没有应收账款、已有现金流入的现实利润为支付股利的标准？其二，行使该利润分配权之时点、频率，是否采用区分于普通股股东的优化方案以吸引投资者？在日本实务中，支持优先股股东一年中获取多次分红的实证操作。[①]

剩余财产分配子权利，是指分配公司剩余财产之时顺位优于普通股的股权子权利。其一，类比利润分配子权利，公司剩余财产分配子权利亦可分支为参加或非参加、多层次受偿顺位的股权构成，同时可于公司章程中，可就取得剩余财产的价格酌定方法、财产类别及其他事宜予以规定。其二，处理积欠的股息可否参与剩余财产分配的细分。法国《商事公司法》支持未支付的股息带有债权属性，应列入剩余财

---

① 董新义：《韩国新商法中的种类股制度及借鉴》，《证券市场导报》2014年第4期，第10页。

产的分配。该法第四百十七条规定:"无表决权优先股股东之清算顺位优于普通股股东,且未全额支付的优先股股息,也应予优先偿还。"与这一思路一脉相承,土库曼斯坦《股份公司法》第二十条强调剩余财产分配"索偿"标准的"已制定但未偿付性":当股份公司解散时,优先股的持有者有权先于其他股东获得已制定但未偿付的红利。

《国务院关于开展优先股试点的指导意见》规定了优先分配剩余财产:"公司因解散、破产等原因进行清算时,公司财产在依照公司法和破产法有关规定进行清偿后的剩余财产,应该优先向优先股股东支付未派发的股息和公司章程约定的清算金额,不足以支付的按照优先股股东持股比例分配。"由此可知,归属于剩余财产分配子权利中的清算优先权,已有法律依据,其实践运行已不存在问题。

2. 表决权子权利

股东表决权的行使,是实现股东民主之关键因素[1],通过对公司运营进行决策以控制公司走向。当股东对现任管理层不满时,可采取召集临时股东(大)会更换董事、进行委托书争夺战挑战现任董事、利用公司收购更替董事等多种应对措施。上述情形之成功,均需依托股东表决权以实现。

借由表决权行使的标准配置、限制或扩张,公司股东能适度监督公司人事布局,影响经营管理决策,争夺继而联结公司控制权,实现剩余价值索取权的风险管理及保障,由此确保自己对公司的投资不致落空且能合法适当地运用。通过向己方、同盟股东、公众股东等发行投票权各异的种类股,可割裂投票权与股东持股数量的关系,锁定公司的控制权,有效抑制恶意收购、代理权之争等不利于稳定经营的行为发生。

其一,突破表决权按资配比默认规则的扩张性需求。对关注公司经营的股东来说,表决权殊为关键。在募集资金的同时,公司内部人

---

[1] 王文宇:《公司法论》,台湾元照出版公司2006年版,第272页。

希冀维持控制权,即生复数表决权股的运用。从股份的发展历史来看,多数表决权股为抵御外资入侵本土界域而生。其发端于第一次世界大战后的德国,允许德国人所持每一股附有数个表决权,达到控制公司运营之目的。近年来,对复数表决权适用态度积极者众。为鼓励长期投资的忠实股东,法国于2014年3月通过的"Florange法案"规定,除经三分之二的股东同意外,持股逾两年之股东得享双重表决权。意大利同于2014年,仿效法国删除了禁止复数表决权的规定。2015年,欧盟在《2007年版股东权利指引》(Shareholders' Rights Directive of 2007)修正案中增加了双重表决权的规定,以奖励长期投资的股东。我国台湾地区亦于2015年7月1日公布闭锁公司专节(第356条之1到第356条之14),首次引进过去不被允许的复数表决权。专节针对特别股,明确规定可以设置"复数表决权或对于特定事项之否决权"(台湾地区公司法规相关规定第356条之7第三款),构成对典型控制权强化机制的支持。然水满则溢,对持股超过一定比例,并且能够有效影响,甚至控制公司经营决策的股东所持表决权进行限制的情形,亦属公司实践中的常见情形。

其二,限制性的非标准表决权股,包含针对部分事项的、含条件的、行使加以特别规定的、限制的或无表决权股。这类限制性表决权类别股意味着持有股东对相应公司控制手段的放弃。此种股权子权利符合无意于参与公司治理中小股东的意旨。虽然股东为公司的实质所有人,但一般大多数股东持股比例相对较少,其表决权在股东(大)会上影响力有限,故普遍采取消极的持股策略,而不愿意积极另觅改变公司的方法。常见用于对分红感兴趣、对公司管理不感兴趣的广大社会公众小股东的需求而设计的一种融资手段。除典型无表决权的优先股之外,无表决权普通股于分取红利或清算时与普通股同一顺位,但其红利水平常高于普通股。此外,许多国家都规定应对发行的无表决权股进行种类上的限制,譬如,无表决权股常为盈余分派特殊的优先股。德国《股份法》第 139 条规定,"对于在盈余分配时应给付优先利益的股票,可以排除表决权",即是其例。融资实践中,公司向公众发行限制或无表决权股时,公众股东预期将来无法凭借股东大会或董事会的公司内部治理机制监督管理层,也难以借由外部控制权市场撼动公司既有管理层的控制地位,并且,逢公司遇有要约收购之情形,公众股东亦无法获得表决权上承载的控制权溢价。上述种种传统监督机制失灵可能引发管理层的机会主义行为,皆为公众股东持有限制性表决权类别股的产物。预期到该系列负面效益,公众股东投资时理所应当期待以折扣价格获取该类别股。然此仅为理论分析,采行双层股权结构的 Google、Facebook 和 Linkedin 以及京东等创新型公司展现的强劲盈利能力及发展前景极其被市场看好,IPO 时股份极受到投资者的热捧,实际上采溢价发行而非折扣发行。

其三,变式性的复数表决权"普通股"。日本《公司法》上的单元股制度,指公司分归不同类别的股份,分别规定不同数量的股份为一单元,对每一单元股份赋予一个表决权,而不满单元数的股份不赋予表决权的制度。从而类别股份的表决权数量取决于单元股的数目,这在实质上产生复数表决权的效果。[①] 假设 A 类股份以百股为一个单元股,B 类股份以十股为一个单元股,此时普通股从功能上看,实质获取了复数表决权的效果。又如福特汽车公司分归股份类别分配表决权的做法。福特公司将股票分为 A 类股票及 B 类股票,其中后者仅由福特家族所持有。只要 B 类股票超过约占公司股份四分之一的 6070 万股,福特家族即可保持公司 40% 的表决权。换言之,无论其余股东持股几何,均难获取超过 60% 的表决权。[②]

---

① 森田章:《公开公司法论》,黄晓林编译,中国政法大学出版社 2012 年版,第 108 页。
② 马一:《股权稀释过程中公司控制权保持:法律途径与边界——以双层股权结构和马云"中国合伙人制"为研究对象》,《中外法学》2014 年第 3 期,第 716 页。

（二）特殊子权利的实证样态

1. 财产类特殊子权利

凭借各类财产类子权利，类别股得以调整公司内部收入分配的格局。下述对典型财产类特殊子权利进行提炼梳理：

转换权子权利的股东享有转换股份种类的选择权。根据数项标准，可对该项子权利进行细化。如股权形式的转换种类、转换触发期限及条件、转换价格或比例、转换选择权等。常见为可转换优先股，当事先约定的条件发生或期日届至，持有者有权依照发行时约定的条件及对价，要求公司将其持有的优先股转换为普通股。优先股的收益相对稳健但股息较低，普通股的风险更大但可能获利的空间较大。转换权的设置，通常为股东提供审时度势，在"鱼与熊掌"间切换选择的自由。这种进退自如的优点，对趋利避害的投资者极富吸引力。有时，公司也倾向运用转换权。譬如，在经营业绩不佳、回赎又乏资金时，经优先股股东表决同意，公司可将优先股转换为普通股。

可回赎子权利或可偿还子权利，指根据公司或股东的选择，在将来的某一时刻，由公司出价赎回并予注销的股权。如何细化该项子权利？韩国《新商法》第345条第3款就偿还股的规定相对缜密，即公司章程中可记载该种类股的偿还内容、价格、请求期间、条件及方法。

赎回股的设立初衷实则多样。其一，稳定股价。针对市场式微、股价低位时的上市公司，投资者难以退出。通过回购股份，可向市场传递管理层认为公司股价被严重低估的信号，有利于解困投资者、发现公司价值、提振市场信心。其二，市场积极时，股份回购可作为公司将盈余资金分配给股东的一种方式。其三，出于改变资本结构的目的，希望以他种类别股代之以待赎回股份，或增加债股资本比例。其四，助力公司从困境中解脱。当出现敌意收购的情形，行使回赎子权利，公司取得该类别股份以加强公司控制权，拯救公司。以"绿色邮件"为例，其又名"溢价回购"或"定向回购"，指目标公司通过私下协商，以高于市场价的溢价，从单个股东或者某些股东手中购回其大量股份。[①]在公司出现经营死结的情形，资产严重缩水以至数额低于注册资本而濒于破产，作为一项公司常用的财务管理手段，境外常见通过回赎并注销股份的方式将股价拉高。其五，调节资金。为减轻分红压力，公司可利用回赎股降低融资成本。此外，该种类别股性质上更趋近于债权，一旦条件成熟，股东选择偿还，公司即须进行回购。如此看来，不失为鞭策、监督公司的另类途径，当然，此非赎回股设置初衷，至多只能算该类股权设置的"副产品"。

从回赎选择权的行使发起，对回赎子权利进行两大类区分：第一类为通常情况下，在法定事项发生时，偿还股股东可请求公司回购手中持有的股权。享有赎回与否的请求权，如日本《公司法》第108条第1款第5项的范例。第二类为特定条件下，公司主动请求回赎的选择权，可进一步细分为附带取得条件或发生一定事由的种类股，以及附带全部取得条件的种类股两种分支。两种模式可在日本《公司法》第108条第1款第7项找到对应模式。

偿还股常用于短期筹资，公司回购股权将减少公司自身净资产，意味着以公司利润形态存在的公司资产流向特定类别股股东。如此，或将引发与普通股股东的利益冲突。并且，公司无法及时、完整偿还债务的风险增加，可能影响更优顺位请求权的债权人利益。同时，由于我国现行公司资本维持原则的约束，现行公司法仅规定了四种股份回购的典型情形，即股份公司仅在减资、合并、奖励职工以及异议股东行使股份回购请求权等有限情形下才能回购本公司股份。这种股份回购严格限制、例外允许的态度与中国公司法奉行的资本维持原则相契合。

从国际趋势来看，资本维持原则在公司法理论中存在制度缓和

[①] 李雨龙、陈景云主编：《投资并购经典案例法律评析》，法律出版社2008年版，第151页。

的趋势①，股份回购的限制在逐步减少。作为与新股发行相反的资本运作方式，可回赎子权利不应缺位于发达融资市场。我国公司法规定的资本制度已显现出放松管制及市场化演进的趋势，主动回应市场需求的时机已然成熟。在下一轮中国公司法修缮时，应推进法定资本制度的软化，原则准予、例外禁止发行包含回赎权子权利的股权。宜启用两项措施，以应对公司发行可回赎股可能伴生的弊端，其一，将公司资本因偿还回赎股而减少的金额转化为储备基金。其二，借鉴"Eisenberg v. Chicago Milwaukee Corp."案确立的判断公司公平回购可赎回类别股的两项标准：公司在回购过程中进行了充分的信息披露，且全部交易是在完全自愿的基础上进行的。②对于上市公司的回购制度，改变规制理念，宜将回购原因、何时回购等决策权交于公司，而将不合理、不公平的回购作为规制的主要目标。如对个别股东实行歧视性回购，将部分股东排挤出公司的排挤性回购，以及操控市场股价性质的操控性回购等必须禁止。

优先认购权增加了原股东对公司的投资权，于股东控制权争夺中意义卓著。因若不依照在公司原持股份额追加投资，势必稀释持股比例致控制权相应削弱。德国《股份法》第186条第1款提供了模板性的规定：经请求，必须向每个股东分配与其在原有基本资本中份额相应的新股份额。对于认购权的行使，应规定至少两个星期的期限。③

对赌子权利包含了基于业绩的股权调整内容，系对企业估值的一种调整机制，常见附着于私募股权投资创业企业时持有的优先股。对赌子权利对于企业发展之利弊难以一言以蔽之，从摩根士丹利对中国

---

① 蔡元庆：《对我国公司分类模式的思考——从法律适用的视角》，载王保树主编：《商事法论集》第21卷，法律出版社2012年版，第49页。
② 官欣荣：《国企混改中引入优先股的"定制"思考：基于利益平衡的视角》，载清华大学商法研究中心：《21世纪商法论坛第十五届国际学术研讨会论文集》，2015年，第497页。
③ 《德国商事公司法》，胡晓静、杨代雄译，法律出版社2014年版，第158页。

创业企业的典型案例来看，其既可能激发公司超常规的快速增长，如摩根士丹利2003年投资蒙牛乳业，2006年投资中国动向两则案例中成就的双赢结果；也可能使企业迫于协议业绩的压力而陷入困境，如该机构2005年对永乐电器的投资，最终成为勒紧企业正常发展的绳索。因此，尽管对赌子权利确保企业价值可信度之设置初衷值得肯定，实践中是否采纳，特定公司尚需三思而行为宜。

股权被稀释的直接后果就是在公司中利益被摊薄，股东在公司中的影响力缩水。反稀释保护子权利用于保护先期投资者，以确保在高风险期进入的投资者不至受到股权稀释并贬值的双重创伤。其实现形态多样，典型如优先认购权或优先购买权的运用。即公司在发行新股之前，须以同等或更优惠的条件征询既有优先认购权股东，根据其持有股份的比例发出对应比例的要约，在该要约期届满或收到拒绝要约后，公司始得向他方配售。除此之外，无偿补给前期投资方以部分股权亦属常见。最后一种方式用于企业经营不善或市场低迷，公司后续发行新股的价格低于前期轮次投资人支付的价格时，前期投资人可启动防稀释条款调整当初的投资价格，按后续新的价格重新计算股份数量，由此产生的股权差额，由创始人股东无偿转让。①

特定分配财源子权利在美国股份公司的运用被称为追踪股（tracking stock），这种类别股收益权仅与子公司或一些部门经营业绩挂钩，而不与整个母公司经营情况挂钩。例如通用汽车曾经根据其两家全资子公司的业绩分别发行E类普通股和H类普通股，即为此例。韩国《公司法》在该类股份上的规定属于先行。根据韩国《公司法》第462条的规定，即便公司自主发行的该类股票之分红资金，来源于特定实业部门或子公司产生的利润，然整体观之，仍以资产负债表上存在可分配利润为前提。此种联动公司某部门或子公司业绩之股份，或能因其独

---

① 苏飞龙：《股权战争》，北京大学出版社2012年版，第112页。

特的针对性，而在将来为融资市场所青睐。

2. 控制类特殊子权利

控制权主要表现在股东对公司高层人事任免、经营决策等重大事宜的决议上，包括但不限于提名、选任、解聘高管，修订公司章程或内部细则，决断出售公司或重大资产，公司形态的合并或分立等。一直以来，争夺公司控制权系公司治理中的突出现实问题。控制类子权利通过对企业内部控制权的配置，来实现各利益主体间的激励平衡。下述对典型控制类特殊子权利进行梳理：

附否决权的股权子权利，亦可称为表决权事项子权利，指公司明确指定事宜由特定类别的股东单方决议。股东会决议的生效，以获得该类别股股东同意为必要条件。日本《公司法》第108条第1款第8项的相关规定为："应在股东大会上决议的事项中，除该决议之外，须依该类别股份的类别股股东组成的类别股东大会决议者。"公司章程中可具体规定，发生特定事项时，除需经普通股股东大会通过，还须由附带拒绝权的类别股股东类别表决通过。常见的"特定事项"有董事选任或公司并购等，于此情境，非控制股东"一言九鼎"，而须有该类股东表决通过。故持有该类权利虽不等同于直接享有对董事会的控制权，却使该特定股东之意愿于约定重要事项上左右了决议的结果，实质可视为对股东大会或董事会法定权限的限制。① 也有将"公司经营方针及投资方向"定位须经类别表决的"特定事项"情形。但是，公司设置此种类别股份应当更为慎重，因涉及公司的发展走向甚至企业形态，运用不当，小则有类别股股东干预公司经营之风险，大至误引公司入困境穷途，故其适用范围应有一定限制，譬如限于国有企业、家族企业等。日本《有价证券上市规定》即明确不允许上市公司发行否

---

① 刘小勇、周朴雄：《创业投资中类别股份的利用与公司法制的完善》，《证券市场导报》2011年第6期，第57页。

决权股份。^① 从理论可能性来看，公司可与股东将其认为合适的各种表决事项定为"特定事项"。总体观之，持有附否决权子权利的类别股股东将在公司经营方面具有更强劲的话语权，既可满足特定股东对公司控制权的特殊需求，也可作为有效的恶意收购防御措施，向公司的友好第三人发行。

如果这类否决权股是一股，少数股东借此可将其意思表示拟制为公司的意思表示，实质相当于早年英国创设的金股。英国政府通过公司章程设置具有超额表决权，但财产利益受限的股份，用以保持对私有化国有企业的控制。日本《公司法》2001 年修正时引入对公司治理具有重要影响的、被称为黄金股份的"附否决权股"[②]，用于以国家利益为出发点，从事天然资源开发的企业发行的特殊类别股。[③] 黄金股制度的适用在维护国家控制权方面的作用不可小觑，在我国国有企业混合所有制改革进程中，已经出现对否决权股的适用初探。中共十八大先行于政策层面开始推动国有传媒企业的特殊管理股试点。[④] 2015 年 9 月 23 日，国务院继发布《关于国有企业发展混合所有制经济的意见》，指示在少数特定领域探索建立国家特殊管理股制度，依照相关法律法规和公司章程规定，行使特定事项否决权，以保证国有资本在特定领域的控制力。自此，特殊管理股制度的试点开启，或构成双层股权结构本土化"破冰之旅"的重要契机。

附董事选任权的子权利，在类别股东会上享有选任董事的权利，属于附人员任免权子权利的分支。美国《标准公司法》7.32 节、《特拉华州普通公司法》第 354 条允许通过公司章程来确定董事人选。持有

---

① 李海燕：《种类股在日本公司实践中的运行》，《现代日本经济》2014 第 2 期，第 71 页。
② 参见日本《公司法》第 108 条第 1 款第 8 项。
③ 崔文玉：《日本公司法精要》，法律出版社 2014 年版，第 91 页。
④ 《中共中央关于全面深化改革若干重大问题的决定》(2013 年 11 月 12 日通过) 第 39 条涉及：对按规定转制的重要国有传媒企业探索实行特殊管理股制度。

该种类股的股东将拥有公司经营上的极大发言权，常为风险资本投资创业企业的情境中所用。风险资本为保障可参与公司的经营管理，甚而取得投资公司的一定控制权，要求由己方委派一定数量的董事。该子权利内容中赋予的董事席位愈多，则持有股东可实现对公司经营权之控制越强。日本《公司法》第108条1款9项授权公司章程赋予特定类别股股东选任一定数量董事或监事的权利。

在"Baltimore and Ohio Railroad Co."法案中体现了该类子权利的实践运用，马里兰州政府拥有每5000股优先股任命一名董事的权利。按照这一法案，马里兰州政府可以拥有董事会三分之一的席位。[①] 也可类比拓展为，发行公司总裁为A类普通股的持有者，而副总裁和财务主管为B类普通股的持有者。这种子权利在恶意并购中发挥的防御效力，往往强于附否决权的股权子权利。此外，软银公司持有阿里巴巴的股份上附着了不同于但类似董事选任权的子权利。阿里巴巴的招股说明书表明，其上市时第一大股东为持有公司34.4%股份的软银公司。只要软银公司持股不低于15%，其即享有提名一名董事的权利。与软银公司同样持有这种可视为附董事提名权特别股的还有包括马云及其团队在内的"阿里巴巴合伙人"。"合伙人"的持股比例总和未到公司的10%，但享有对公司半数以上董事席位的提名权，其使公司的现金流权与控制权呈现高度分离，从而实质上稳固控制了公司。

限制转让子权利的类别股份运用，可有效灵活地防止股权的扩散。一个典型适用情形为，公司发行附带拒绝权或复数表决权股份时，为避免此类"高能"股份落入第三人手中，对这些种类股附加限制转让条件。

领售权子权利适用的典型情境，为拟通过出售公司谋求退出路径的风险投资，与倾向继续维持公司既有法人人格而拒绝并购的普通股股东，就公司前途的路径选择发生冲突时，前者享有强制公司其余股

[①] 曹立：《权利的平衡：优先股与公司制度创新》，中国财政经济出版社2014年版，第64页。

东（主要包含创始人及其管理团队）参与其发起的出售公司行动的权利。此时，原有股东须依风险投资与第三方达成的转让价格和条件，参与到该股权交易中来。作为国际投资中的惯例，伴随中国类别股制度之完善，领售权在私募股权市场的运用将进一步拓展。

二、子权利的实证组合

具体类型的类别股乃类别股制度之奠基。中国公司法对类别股设置的一贯保守态度，造就了普通股对公司股权的单维配置。行政规章层面对优先股的正面确认，冲破了普通股统揽中国公司股权的格局。作为公司根基的普通股，其内涵和外延亦在持续变迁。基于现代各国公司法关于普通股"一股一表决权"的默认规则，中国公司法定义的正是一种具有完整表决权的传统普通股。作为实践中常见的类别股种类，规章先行确立的优先股制度，具有突破单维普通股格局的开拓蕴意。自此，传统普通股垄断公司资本构成中股权形态的时代已经过去。

并非所有投资者期待高额股息，也有人倾向将资本留存于公司谋求发展，等待之后收获更高收益。有的股东是典型风险厌恶者，另一些则尊崇"无风险无利益"的座右铭。[①] 那么，究竟如何将公司股权清晰地分为不同类别？零散无章地"舶来"域外成熟的类别股种类，而疏于体系化梳理其实现样态，可能堆砌出的类别股多元的盛况，却无法抑制因此带来的弊端：于立法，未依循有序的类别股层级体系，存变相抑遏类别股实践创新的可能，或错入与中国资本市场现状不相容的类别股种类；于实践，不熟谙立法划界内有章可循的类别股分类脉络，而折损股权多元化的潜在可能，或误设为立法所不容致效力瑕疵的类别股权。

[①] Helmut Kphl, "Contractual or Legal Rules for Groups of Companies?" 载王保树主编：《商事法论集》第 21 卷，法律出版社 2012 年版，第 253 页。

第一章 类别股的形成基础

盘点类别股种类资源，不应囿于界限趋于模糊的传统类别股名目标签，而应专注于实质区分各类别股权的体系构建。股东间谋求权利平衡的反复博弈，经由长期实践的筛选，逐渐形成内容相对稳定的类别股子权利"模块"。这些"模块"如同搭积木般分离、组合，完成内容丰富的类别股系统化创设机制，于融资实践中已然衍生出丰富的样态。

原则上，类别股权利内容中应明确规定或默认暗含三项常规子权利的具体设置。深入分析类别股种类，以传统资本等比配置表决权的普通股为参考标准（以下简称"标准普通股"）着手。将其表决权及财产利益①设定为单位"1"，分别考察"表决权"及"财产利益"类别股子权利内容的具体配置情形，可能存在与标准普通股表决权内容相同、强于或弱于的三种情形。据此对两项子权利内容进行排列组合，可能衍生出九种形态的类别股（见表2）。

表2 类别股的初级逻辑归类（对常规股权子权利的排列组合）

序号		表决权（累计为控制权）	财产利益（利润分配权或剩余财产分配权）
1	标准普通股	1	1
2	限制表决权普通股	↘	1
3	超级表决权普通股	↗	1
4	优先股	↘	↗
5	管理股	1	↘
6	金股	↗	↘
7	混合股	↗	↗
8	混合股	1	↗
9	尚无实例	↘	↘

注：以传统资本等比配置表决权的普通股为参考标准（标准普通股），将其表决权及财产利益设定为单位"1"。考察"表决权"及"财产利益"类别股子权利内容的具体配置情形，分别用"1"、↗、↘表示相同、强于、弱于的三种情形。

---

① 将上述三项"常规的股权子权利"中的利润分配权、剩余财产分配权合并为"财产利益"进行分析。

其中第一至第三种，分属普通股类别中的传统型普通股、限制或无表决权普通股及超级表决权普通股。公司融资时，可发行各式表决权差异的类别股，由此在公司内部形成双层股权结构。

从实践运用看，这对公司运营者、控制者、投资者皆为福音。其一，有别于传统的代理关系或可提升公司运营效率。双层股权机构下的代理关系，是在信任企业家能力基础上产生的一种特殊代理。公众投资者在为投资决定时，考虑到创始人之负有远见、治理能力超群而对其形成特殊的信任关系。若公司控制权更易，股东可能放弃投资。由此，赋予特定管理团队高级别表决权以维持对公司的控制力，为一项有效的资本结构选择。其二，以令公司内部人持有高级表决权普通股，市场投资者持有低级甚至无表决权普通股而形成的双层股权结构为例。由此可锁定公司的控制权，作为对抗股权稀释的对策，有利于公司治理的稳定及长远利益。经营性股东心系公司经营发展，甚至愿意牺牲部分现金收益换取控制权。在股权表决权和剩余索取权分离的情况下，公司的收购市场及委托书征集制度将无以发挥监督作用，公司管理层的控制权因此得到了锁定。由此降低了控制方掌控公司的成本，亦有利于防范公司竞争中的恶意收购。基于该特质，双层股权结构深受特别重视公司控制权的国有企业、科技创新型企业和家族企业的偏爱。原控制人可寻求外部融资，且不稀释己方的控制权，兼顾了融资和控制权的保持。其三，对公司治理不感兴趣的投资者，因让渡出表决权，更有可能获得高额收益。

运用代理成本理论对双层股权结构进行分析，给予公司控制股东以与其现金流权不对称的控制权，以及由此产生的稳定的公司控制阶层，将增加控制股东侵占的机会及动机，致公司代理成本攀升。但是，借由完善投资者保护的法律制度，对双层股权结构运行适当约束，可提高控制股东的侵占成本，抑制对投资者保护带来的负面影响：其一，基于双层股权结构之设立初衷，超级表决权股原则上转让权受限，对外转让，须以转换成一股一权的普通股为条件。其二，于任何时点，对高级表决权股之最低持股数量进行约束。若公司内部人持有之高级表决权股数量低于特定比例（如5%），则须转为一股一票的标准普通股。其三，为创始人团队设计的双层股权结构公司发展至一定阶段，创始人的角色和作用逐渐淡化，可解除双层股权结构之控制权锁定状态。譬如创办人退休、去世或丧失工作能力或其他控制权变更的情形。其四，基于股东自治的股东决议同意转换。

一面是毗邻东亚新兴资本市场国家开始关注并修改有关双层股权结构的法律规则。韩国《公司法》已于2012年作出修订，允许股份公司发行无表决权股份。新加坡则于2014年修改《公司法》，允许公司发行无表决权股和超级表决权股。[①] 另一面是中国背景的双层股权结构公司在美国大量上市。截至2014年12月31日，在美国上市的152家中国内地公司中，共有35家采用双层股权结构，他们的市值已超过所有美国上市的中国内地公司市值的70%。这促使我国亦开始考量双层股权结构之于中国资本市场的可行性。

第四种属典型的优先股。从历史的视角，优先股发祥于19世纪上半叶西方铁路、运河、港口等耗资巨大的交通基础设施项目建设。其时原有股东已无力填补巨额资金缺口，普通股对新投资者不具吸引力，筹措外债又恐难以偿付本息，作为融资困难时期的应对制度，萌芽期的优先股应运而生。早期优先股大多拥有与普通股无差别的表决权，仅在盈余分配序位上优先于普通股[②]，系脱胎于普通股的临时性融资工具。

1870年俄亥俄州公司法规定优先股不具表决权，之后无表决权优

[①] 高菲、周林彬：《上市公司双层股权结构与投资者权利保护》，载清华大学商法研究中心：《21世纪商法论坛第十五届国际学术研讨会论文集》，2015年，第440页。

[②] Geoge Heberton Evans, "The Early History of Preferred Stock in the United States," *The American Economic Review*, vol. 19, 1929, pp. 46-47.

先股日渐盛行，成为优先股的主流形式。[1] 自此，优先股与普通股间的区别变得泾渭分明。典型优先股在分红权和分配权方面优先，但无对公司事务的决策权。这种权利构造表现为股东经济性权利与参与性权利的彻底分离，股权内容整体体现一种利益平衡的配置，某些具体权利的优先对应着其他权利的劣后。根据世界范围内的普遍实践规则，优先股以放弃表决权为代价，换取优先于普通股得到确定比例之分配资格，其一为优先分配股利，其二为优先分配剩余财产。经不断演化，时至今日，优先股制度日趋发达成熟，衍生出形态各异的优先股。有固定股息率优先股和浮动股息率优先股、强制分红优先股和非强制分红优先股、累积优先股和非累积优先股、参与优先股和非参与优先股、可回购优先股和不可回购优先股、可转换优先股和不可转换优先股等多重区分标准。

优先股运用之裨益。首先，降低企业融资的财务及投资风险。其具有股权融资的一般特性，增加企业的资本金，规避债务融资的财务风险，使公司在资本相对安全的前提下实现扩张。并且，尽管优先股具有部分债权性质，但在资产负债表上归于资本一栏，可美化财务报表从而有助于得到银行贷款。同时，利于提升公司负债能力，进一步扩大企业的资本规模。其次，因优先股股利支付不像债权合同般可予强制执行，即使公司逾期不予支付股利，亦不会引起公司的破产风险。再次，运用优先股既可满足项目发起人融入资金的希冀，又可维持既有控制格局，避免公司控制权的分散。公司运用传统普通股进行融资时，难免会稀释原有股东的控制程度。而优先股则于通常情形不具有表决权，故其发行无碍于公司既有的控制结构。渐次，优化资本市场投资环境。引入优先股，发行人须更慎重考虑对投资者的回报责任，

---

[1] Geoge Heberton Evans, "The Early History of Preferred Stock in the United States," *The American Economic Review*, vol. 19, 1929, pp. 58-59.

一改我国公司股权结构为普通股独占时发行公司只顾圈钱、鲜顾投资回报的融资定势,从而扭转发行人重融资而轻回报的观念,增强投资者信心。并且,优先股的股价波动一般小于普通股的波动幅度,符合倾向获取稳定回报、规避高风险的投资者需求,同时有助于创造交易的投机因素有所减少的市场。

通说认为,法院不宜涉入系公司内部事务的股利分配事宜。在确认因股利不分配而造成的股东间不公平损害时,法院应秉持相当谨慎的态度,不宜越俎代庖做出能否分配及如何分配的替代决定。因此,公司自主决策下对优先股的具体子权利搭配组合尤为关键。实践中,具可转换、可赎回、可参与特质的优先股易被市场追捧。股神巴菲特的高投资收益率,与其购买大量可转换优先股密切相关。此类优先股极具灵活性,看准公司,普通股价格上扬,转换优先股可获更大收益;看错公司,亦可获取固定股息。[1] 在金融困境时,优先股同样可发挥救市优势。以2008年全球金融危机的处理为例,美国、欧元区各国等西方国家多动用巨额资金,广泛采纳购入优先股的方式,为困难企业融资。

在不断发展的中国经济中,优先股发挥潜能的空间巨大。以运用于我国快速增长的社会保障基金、商业保险基金、住房保障基金、信托资金等社会长期资金为例。这些资金规模巨大,且对投资安全存在特别需求,故以往多流向银行存款、购买国债的狭窄、稳妥配置方式。既往的投资品种单一,自然使得此类社会长期资金面临保值增值的巨大压力。基于此长期资金的特质,不能简单将其投入资本市场,而应提供适当的证券品种来对接这些资金,为其寻觅既安全又能实现保值增值的投资渠道。就我国资本市场而言,虑及股市动荡影响,将社保

---

[1] 曹立:《权利的平衡:优先股与公司制度创新》,中国财政经济出版社2014年版,第129—130页。

基金等长期资金一概投资普通股风险过大。从理论上看，以优先股方式将长期资金引入资本市场是一个较为安全稳妥的方式，既拓宽了长期资金的投资渠道，也可以为投资人带来可靠的收入来源。对于资本市场健康稳定发展的裨益，则体现于资本市场可获可靠的资金链供给，投资者结构得以完善，长期投资、理性投资和价值投资的理念得以普及。国际经验亦表明，将相当大比重的社会长期资金投资于资本市场的优先股乃稳妥安排。

第五种为"管理股"。虽不常见，但曾在美国伊利诺伊州的"Stroh v. Blackhawk Holding Corp."一案（1971年）适用。案涉公司向管理人员发行了一种仅有投票权，不拥有财产权但与普通股同一顺位承担公司经营风险的股票。实质上也是一种特殊的普通股。

第六种为"金股"，指附否决权但财产利益受限的股权，可实现持有股东保持公司特别控制权的需求。在域外实践中，常被政府用以保持对私有化国有企业的控制，从而维护公益性、政策性等特殊目标。金股兴起于20世纪80年代的英国国有企业私有化改革。许多国家在本国国有企业私有化过程中均借鉴了金股制度，包括法国、巴西、葡萄牙、比利时等国。为避免对关系国家安全及重要行业的国有企业彻底失去控制，政府持有金股，不代表任何财产权利，但对公司特定行为具有最终否决权。金股制度中股东的经济性权利与参与性权利体现出高度的分离与非比例性配置——仅有象征性的一股，不具有经济属性，却拥有高能量的"一票否决权"。

第七、八种为综合优先股财产优先特质，并配置完整甚至超级表决权的"混合股"。风险投资基金基于其强势的缔约地位及谈判能力，可能获取创业企业发行的这类股份。其中第七种股份，若公司内部人既想以少数股份掌握对公司的控制权，又想在股息分配中给予自我更多优待，一般难以吸引投资者，但是，确可以找到如此特例及个案。如1995年至2002年，1%的美国双层股权结构公司在赋予股东多重表决权股同时，也具有股息优待的"双重特权"。

至于第九种股权，理论上存在，然而单纯的劣后，难以让投资者实现资本的自愿联合，尚未能检索到实践运用案例。

如何实现股东权权利图谱的完整及进一步精致化？在上述九类股权的分类基础上，搭配不同的"特殊股权子权利"，如股东或公司发起的回赎权、类别股东大会的董事监事选任权、转换权、对重大交易事项的否决权等附加条款，重组股权的具体内容，可进一步创造出种类繁多的类别股。

第二章　类别股的法律需求与供给路径

　　类别股立法具有合同法及公司法上的制度价值。其干预之核心，在于恰当设置类别股章程自治的边界。将契约自治或国家强制分置于类别股创设中的本体地位，对应不同的类别股立法体例。如果强调类别股具有合同法框架中的契约性权利性质，则生成章程自治式类别股立法路径；如果着重类别股具有公司法视域下的法定化权利性质，则形成"类别法定"及"子权利法定"两种法定主义式类别股立法路径。在介绍上述两种既有的典型类别股立法模式的基础上，提出我国应区分公司形态，分别采纳不同的类别股立法模式：上市公司采"类别法定式"，非上市公众公司用"子权利法定式"，封闭公司取"章程自治式"。

第一节　类别股创设对合同法的法律需求

一、划定类别股契约自治的边界

　　在企业自治前提下的类别股，其权利义务之内容设计以不得逾越强制或禁止规定，同时亦不得逾越公共秩序或善良风俗为范围，始承认公司如此之自主权限。[1] 将类别股扩展为公司法文本上的调整对象并不困难。立法干预类别股设置之核心，在于恰当设置类别股章程自治之边界。类别股系类别股立法与契约安排协作之产物，在类别股法律规范划定的界域内，公司参与方享有发挥意思自治，自由、自主地设定类别股的权利。通过具体优化的契约安排，类别股制度始能发挥股权结构多样化的优势。那么，如何划定公司法框架内的类别股契约自治边界？

其一，类别股立法勾勒类别股权利轮廓，为公司章程填充权利细节留有自治空间。公司法作为标准契约条款，对股东权的取得、股东权的内容及行使规则等方面的规定只是一种抽象的规定，并不意味着某个具体的股东实际取得了股东权。在具体层面上，股东通过投资契约行为取得某个公司的股东权，其具体的权利内容和行使规则需要在特定的公司章程中进行约定。[2] 例如，类别股股利分配的顺序，剩余财产分配的顺序，类别股股东的权利和义务等，章程条款的这些具体设置，应当在公司法关于类别股的"自治"框架内自由活动。

以日本《公司法》上的规定为例，可设置九种内容不同的法定事项的类别股，而不能逾越设置不同的内容。根据该法第108条第1款但书，就董事、监事选任相关的类别股，只可以在委员会设置公司除外的非公开公司中发行。德国《股份法》第141条第（3）款关于优先股股东于类别股东会上权利内容的强行性规定为："优先股股东应在特别股东会议上作出关于同意的特别决议。该决议需要至少已投表决票的四分之三多数通过。章程既不能规定其他多数，也不能规定其他条件。"[3] 又如，德国《股份法》第23条第五款："公司章程的确定只有在明确允许的情况下，章程才可以作出不同于本法的规定，或者将其记

---

[1] 廖大颖：《调整股东平等原则的约定》，《台湾法学杂志》2009年第4期，第28页。
[2] 侯东德：《股东权的契约解释》，中国检察出版社2009年版，第56页。
[3] 《德国商事公司法》，胡晓静、杨代雄译，法律出版社2014年版，第139页。

名股票转换为无记名股票。"

其二，"私人自治"与"国家强制"的不断博弈，类别股立法与公司章程的相互衔接，使实现自由与强制的衡平并非一成不变，而随时代演进革新发展。实践中，某些强制性规范很可能因本身不够清晰或落后于市场发展而缺乏效率[①]，在积累到一定程度时引发立法者对"自治"与"强制"的边界的不断思考和辨析，最终有可能成为商事法律"诱致性变迁"的内生动力，推动类别股立法的不断革新。由此，应增强法律强制与公司章程自治的良性互动。公司法与公司章程之间的关系实际上就是标准契约与具体契约的关系。有时，这种互动的桥梁嫁接以低于立法层级的规范文件形态出现。譬如，除一些特殊情况外，对上市公司中可否发行附带拒绝权的种类股，日本东京证券交易所等对该问题采取了不许可的方针。[②]

其三，在类别股制度的个性设计中，"个性"的特殊子权利需公司章程予以特别安排。公司章程决定类别股操作的具体事项，与公司法强制性法律规范抵触者无效。公司法中此强制性规范设置的内容及比重，则受制于具体的市场环境。以《法国商事组织法》第228-12条对优先股比例作出合理限制的规定为例，"无表决权优先股不得超过公司资本百分之五十以上，股票进入规范市场交易的公司不得超过百分之二十五，否则将被撤销"。德国公司立法不允许无表决权股的面值总额超过整个基本资本总额的一半。[③]

如果公司法对类别股契约自治进行干预，并不代表类别股的权利设置完全进入了"强制的牢笼"，只是意味着类别股的设立从"纯粹契

[①] 董淳锷：《公司法改革的路径探讨和展望：制度变迁的视角》，《中外法学》2011年第4期，第820—821页。

[②] 布井千博、朱大明：《论日本法中的公司种类股与风险金融》，载王保树主编：《商事法论集》第18、19合卷，法律出版社2010年版，第26页。

[③] 官欣荣：《国企混改中引入优先股的"定制"思考：基于利益平衡的视角》，载清华大学商法研究中心：《21世纪商法论坛第十五届国际学术研讨会论文集》，2015年，第498页。

约自治"转向了"公司法参与";而如果崇尚公司自治,也不是指立法对类别股契约自治不做任何介入,只是其法律规则的任意性比较突出;再如果强调公众投资者的利益保护,则立法对类别股契约自治的限制较多,其法律规则的强制性获得张扬。正视类别股立法的刚性与契约安排的灵活性之间的协调,是摆在公司股权制度革新面前的一项重要议题。

二、提供类别股合同示范的模板

公司法的一项重要功能乃提供一套非强制性的模板条款,供公司参与者从中选择适用。当公司参与者未就相关内容于公司章程中另行细化约定,则公司法条款将直接成为公司参与者间的默认条款。

由私人规则提供者拟定一纸趋于完美的类别股合约几乎不可能。第一,客观困难。从公司合同理论的视角审视,公司合同非传统典型的即时清结的简单合同,而凸显长期关系契约"与生俱来"的不完备特质,这使得纯粹的合同路径依赖,难以保障类别股股东的合理预期。诚然,公司的经营状况时刻更易,投资者难以在初投资时,预见未来可能发生的各种情形,一味强调完备的契约设计困难重重。第二,理性不足。制定完全且无歧义的类别股合同,自然可最大程度避免类别股争议。然由于缔约人理性有限,这事实上并不可能。即使绞尽脑汁涵纳各种意外情况,亦难以拟定完备的条款。第三,成本极高。在人类有限理性的前提下,即使勉为其难地实现制定完美类别股契约之目标,由私人提供或者任由当事人个别谈判、协商,势不可免的要消耗大量的时间和精力且效率低下,所付出的高昂缔约成本也将令人望而却步。第四,私人利益。常见提供类别股合同的发行公司,不愿为类别股股东提供契约条款上的事前保护措施,因为如此做将利于扩大公司的行为自由,提升公司的整体价值、公司财富向己方汇集移转。

从应对上述类别股合约短板出发，公司法以公共产品形态的类别股普适性规范，提供理性的示范规则，引导类别股的设置及运行。首先，从公司契约理论审视，类别股法律规范的重大价值在于为公司提供了一种高效可行的模式，合理分配类别股股东的权利与利益。作为标准契约的公司契约类别股规则，系立法者从契约参与人的实践试错累积或域外经验舶来中汲取的类别股优化设计方案，是常态下趋于效率价值的公司参与者愿意采用的。公司法关注类别股共性问题，提供非强制性的"模范条款"，精简公司参与者设计类别股合同所需花费的成本。如此，类别股设立、行使、保护的各环节均有可参照模式，使当事人免于处处为类别股设置反复推敲之役，同时降低当事人的各项交易成本。其次，精简成本。由于有关契约的谈判和履行总要付出成本，这时，对于那些公司参与者来说，公司法能够为他们之间的关系提供一套他们都可以遵循的规则及实施机制。[①] 公司法通过立法者在经过先验的、固有的公司合同中选择具有普适性的种类加以固定和升华，成为标准的合同使得缔约的成本大大降低。[②] 再次，类别股作为公司资本制度的一部分，为促进商事活动的效率性，公司法对类别股制度中一些具有共性的因素进行设计。譬如对一些常见的类别股种类、权利内容、权力行使方式做出明确的规定，以指引类别股设置的法制化和规范化。渐次，类别股立法对缺乏具体类别股契约条款支持的缝隙进行拾遗补阙，填补了公司参与方的合意空白，凸显出公司法干预之必要性、正当性。

类别股契约自治的漏洞，乃公司自治领域的异化、失灵问题折射，缘起于三方面问题：

其一，类别股股东需要公司法的合同填补机制，补缺不完全的类

[①] 弗兰克·伊斯特布鲁克：《公司法的经济结构》，罗培新、张建伟译，北京大学出版社2014年版，第6页。

[②] 王月、刘倚源：《冲突与衡平》，人民出版社2013年版，第45页。

别股契约。除回赎情形外，比照普通股股东与公司之间的合同逻辑来看，类别股合同系典型的公司长期契约，具有客观固有的不完全性及不确定性。变动不居的商事活动使得公司利益相关者的行为处于一种不可预测、随机性强的状态。因此这些契约不能预知公司经营中遇到的所有事件，而只能以不完全契约的方式，就最重要的方面作出模糊规定。在公司设立之初，投资者可能缺乏对日后各种事项稳妥预见性安排的能力。即使公司参与方殚精竭虑且富有经验并判断精准，仍将有众多意外情况产生于公司运作之中。因此，投资方难以确切评估公司契约的诸项条款，可能使己方面临的风险。故而，公司契约当事人难于订约之初即行签订一项足够完美的合同。然公司契约又须如期成立，自然留下诸多不完备之处。[1]

其二，由于公司参与方主观上的不完全理性，且其为促成交易尽可能减少谈判中的博弈和争论，对于将来可能发生的某些偶然情况或回避不谈，如此便生长期契约之缝隙。可考虑在公司法中设置类别股合同的任意性规范。如果发行公司提供的类别股格式合同中，存在类别股权利约定模糊或故意遗漏的情形，则可以援引该任意性规定，补充而非替代失灵的类别股契约自治之适用。

其三，出于保护类别股股东的需要。首先，类别股合同文义未及涵盖的事实，或由于合同制定者的疏忽，或出于发行公司中控制类别股股东的推动，故意遗漏或模糊化处理将之排除于外。其次，类别股股东对于公司的既定合同请求权，无论是否具有较普通股股东的优先性，始终劣后于债权。由于类别股股东的股东身份，此合同请求权区别于可申请强制执行的债权，受到公司董事会自由裁量权的约束。再次，优先股股东与公司管理层存在利益分野，可能遭到后者机会主义

---

[1] 布莱恩·R. 柴芬斯：《公司法：理论、结构和运作》，林华伟译，法律出版社2001年版，第153页。

行为的侵害。综合此三方面，亟需类别股立法的纠偏补缺机制。

一组赋权性规范的集合，细化提供类别股子权利设置的示范模板，同时也预留了公司章程变通的空间。以德国《股份法》第 134 条关于类别股表决权的规定为例：（1）表决权按照股票的面值行使，对于无面值股，依股票的数量行使。对于一个股东拥有数个表决权的情形，在非上市公司，章程可以通过确定一个最高数量或者阶梯制对表决权进行限制。（2）完全缴纳出资后始享有表决权。章程可以规定，对股票缴纳法律规定的最低出资额或者章程规定的较高的最低出资额时开始享有表决权。于此情形，缴纳最低出资额给予一票表决权；缴纳更高出资额的，表决权比例按照所缴纳的出资数额确定。章程未规定完全缴纳出资后始享有表决权的，并且尚未对任何股票完全缴纳出资的，表决权比例按照所缴纳的出资数额确定；于此情形，缴纳最低出资额给予一票表决权。[①]

《澳门商法典》第 469 条亦为类别股合同示范模板之典型，该条规定："股份有限公司增资而发行新股份时，在此之前已为股东者，有权按其拥有的股份比例享有认购新股份的优先权。部分股东不行使优先权时，盖全应交由其他股东行使，直至满足股东或股份被完全认购为止。持有同一类别股份的人不认购该类别的新股份时，优先权应交由其他股东行使。"从上述规定看，对于公司原股东在认购新股份时是否享有优先权的问题上，《澳门商法典》直接规定公司原股东享有优先认购新股份的权利模式。此条同时规定，公司章程对该模式可予变更的灵活性："公司原股东所享有的优先认购新股份的权利，可由股东会按修改公司章程所需的多数，以决议予以剥夺或限制。"[②]

[①] 《德国商事公司法》，胡晓静、杨代雄译，法律出版社 2014 年版，第 134 页。

[②] 冷铁勋：《澳门公司法论》，社会科学文献出版社 2012 年版，第 398—399 页。

第二节　类别股实践对公司法的法律需求

公司资本结构中类别股的衍生设置，乃投融资机制之创新。在新构类别股股东间权利平衡、更新股权价值理念的同时，伴随着公司治理机制的优化革新，使公司成为结构与功能更趋精巧的组织，拓展公司资本制度的丰富、生动性。

一、更新资本配置表决权的股权结构理念

股东平等原则乃公司法之基石，以资本平等为常态衡量标准。按照出资比例行使表决权，即生一股一权原则。股东平等原则于法体系上之定位属"原则"（Principle），而一股一权则作为前者理念之具体展现，则为"规则"（Rule）。从集团行动的逻辑看，采纳一股一票规则，将多数股权蕴含的意思表示拟制为公司的意思表示，资本多数决顺势而生。

现代公司立法普遍确立了以资本多数决为基本内容的民主制度，使资本多数决制度成为一项统一公司意思的表决方法。[1] 该原则溯源自共同体于决定意思时所遵守的民主议事规则，公司法将之吸收借鉴，基于"人头"的多数决转换成基于"资本"的多数决，终由 1843 年英国枢密院著名的"Foss v. Harbottle"案固定。[2] 后于英美法中不断被援引，亦为大陆法系公司法所借鉴吸收，1807 年法国《商法典》首次比照政治上的民主制度对其明文规定，指股东于股东大会上的表决权与其所持股呈正比。[3] 至此，股权平等原则、一股一权及资本多数决这串

---

[1] 朱慈蕴：《资本多数决与控股股东的诚信义务》，《法学研究》2004 年第 4 期，第 108 页。
[2] 丹尼斯·吉南：《公司法》，朱羿锟译，法律出版社 2005 年版，第 237 页。
[3] 宋智慧：《资本多数决：异化与回归》，中国社会科学出版社 2011 年版，第 4 页。

缠绕伴生概念，贯穿于公司法并被奉为圭臬。

普通股作为公司资本结构的根基，本身与一股一权投票规则、资本多数决定原则相契合。此时，持多数资本者得话语权。现代各国公司法普遍将此种"一股一权"作为表决权设置的默认规则，体现了投资数额、公司影响、风险负担、剩余利益四位一体的比例协调，乃股东平等和股东民主于公司法上的展现。一股一权原则有着严谨的逻辑基础及深刻的经济依据，作为一种决策机制获众支持。伊斯特布鲁克法官（Frank H. Easterbrook）和费希尔教授（Daniel R. Fischer）主张，投票权与剩余索取权的非比例性配置，使股东可能无法借由自身努力带来与投票权比例相应的经营收益，从而发挥激励股东投资创业的参与积极性，亦可能因无须按投票权比例承担经营损失而滋生消极懈怠。[①] 利益和风险机制的匮乏，致公司管理层代理成本增加。Gorden教授同样支持一股一权为一种合理的决策机制，认为股权所享有的控制权须与其所承担的风险呈等比例，因为最终的结果将由其承担，这些权利的持有者最有能力来决定公司的事务。传统公司法股东剩余索取权、剩余控制权之捆绑及比例配置有益于股东福利最大化和股东民主。对股东表决权与剩余索取权等比配置的背离，可能致高昂的代理成本。公司内部人在缺乏股东平等表决权的监督下，可能加剧公司内部人的控制权私利行为。

检视股份平等原则下之资本多数决，尽管难以否认一股一权原则的基本地位，然其难以奠基所有公司通用的完美或最优资本及治理结构。其一，一股一权之履行合力体现为资本多数决，为控制股东提供了一种制度上的利益。资本多数决下的治理结构并不趋于完美，其异化将构成多数人对少数人的暴政，产生侵害中小股东合理权益的非正义

[①] 弗兰克·伊斯特布鲁克：《公司法的经济结构》，罗培新、张建伟译，北京大学出版社2014年版，第8页。

结果。股东拥有的表决权数与其持股呈正比，拥有资本多数者对资本少数者即形成控制上的优势，多数股东的意思被拟制为公司意思，对少数股东产生拘束力。大资本支配中小资本的财富分配机制，提供了前者掠夺后者的空间。大股东通过股东会表决机制，掌控公司经营权并引导公司资产走向，将不公平对待、攫取超额利益之滥权行为覆以公司自治、股东民主正义的旗帜，致其原本确保经济利益分派之原意遭遇吞噬，为剥夺或压迫中小股东利益之诸多行为。其二，来自理论及实证方面的综合研究论证。2006—2007 年，欧洲公司治理研究所（ECGI）、机构股东服务公司（Institutional Shareholder Service）、谢尔曼与斯德琳有限责任合伙公司（Sherman and Sterling LLP）、昆士兰大学（Unversity of Queensland）等机构接受欧盟委员会委托，组织专家对"一股一权"原则从理论和实证两个方面进行了综合研究，最终结论均无法对公司价值与股权结构的关系给出令人信服的结论，一股一权的强制推行最终被搁置。[1] 其三，"一股一权"的股权结构过于僵化，容易成为限制公司发展的桎梏。从公司制度的全球竞争视野来讲，囿于一股一票表决权，将阻碍市场配置资本的决定性作用。此外，控制股东通过表决权中的极端优势，通过践行对公司管理层之直接或间接控制，支配公司事务，使小股东迫于劣势而不得不屈从于大股东的意志，在客观上履行了出资义务却不能宣示自己的意志，却要为别人的意志结果承担风险。[2]

股东平等原则统辖下的"一股一权"运作结果，并非理所当然致同比股权对应的权利义务完全一致。首先，大股东和小股东间实质上的不平等，无法由资本上的形式平等所避免。借由股东大会此种决议方式，依股东表决权的法律性质，股权实质分支为不同性质的两类：

---

[1] 刘胜军：《类别股法律制度研究——以类别股利益冲突为中心》，清华大学博士学位论文，2015 年，第 92 页。

[2] 朱慈蕴：《资本多数决与控股股东的诚信义务》，《法学研究》2004 年第 4 期，第 109 页。

第一类是中小股东作出的意思通知[①];第二类则为控股股东具有的单方法律行为的性质[②]。就前者,效果意思取决于股东大会的决议规则之中。少量甚至单一股东同意或反对之意思通知,仅蕴涵着一种选择倾向,其意思本身不包含效果意思。[③] 至于后者,多数股权凭借资本多数决规则之作用,具有形成决议的能力而具有效果意思。由此,控制股东的表决权具有决定法律效果的单方法律行为之意味。因此,即使信奉股东平等原则为公司法原理,也不意味着不区分情形,同比例股东于所有方面被平等对待。换言之,不应局限于狭隘、形式的"股份"平等。其次,从股权区分原则的视角,亦可为更新资本配置表决权的股权价值理念提供支撑。在公司制度中,股权区分原则与股权平等原则并行不悖。前者重于股权的同一性,同股平权,后者则强调不同类型股权权利义务之差异性。综上,揭示了对相关方面相同的股东予以同等权利,相关方面不同的股东给予差别待遇之合理性。

类别股赋予股权平等以新内涵,其看似股东平等原则的例外,本质则是该原则的深化体现。据此,宜将一股一权原则设置为缺省性规则(default rule),同时允许公司根据自身需求,自由偏离该默认标准。实际上,公司实践中一直存在非资本配置表决权的不对应所有权结构(proportional ownership)。从历史的视角看,在类别股制度发达的美国,股东表决权规则历经从一人一票股东平等向一股一票财阀制过渡的轨迹。除了较一股一权原则更具伦理性、股东民主特质的一人一表决权规则,另有根据股东持股量分段计算表决权数量,或附带拒绝权的种类股等一股一权的偏离机制,符合商法包容性之特质。

---

① 虽同属于表示行为,以是否具备效果意思为区分,意思通知与意思表示存在不同。前者系就特定意思的告知,效果不取决于表达的意思,而受束于法律规定或其他对特定人群具有约束力的决议。后者的法律效果涵纳于包含效果意思的意思之中。

② 张辉:《法律行为框架中的股东表决权制度探析》,《河南社会科学》2006年第7期,第65—68页。

③ 宋智慧:《资本多数决:异化与回归》,中国社会科学出版社2011年版,第136页。

二、拓展类别股股东之间的信义义务关系

普通股统揽公司股权构成的时代已经过去,举手加额之余,亦面临公司治理的新挑战:公司财富的分配,在特定时点是一项零和博弈。不管公司财富的总量如何,增速怎样,一方获取得多意味着另一方获取得少。承载各异投资目标的类别股权,其持有股东之间存在内生性、无可避免的利益冲突。针对公司资本结构中不同类别主体间"横向冲突"的升级,传统以忠实义务及注意义务为核心的公司信义义务已无力化解。① 此外,在法经济学的公司合同理论视野中,公司乃公司参与人间的"合同网"(nexus of contract),信义义务发挥着对不完全普通股合同事后填补空白的效用。类别股的权利定制性,将加重公司契约不完备性因素的特质,因而每位股东的合理预期,难于类别股契约明确固定。那么,公司法上已有的股东信义义务②,是否应当做出拓展的回应?

鉴于在类别股制度下,典型的利益冲突存在于优先股与普通股之间。③ 类别股股东间信义义务之探讨,以优先股股东与普通股股东间信义义务取舍之研讨展开。应从两方面进行:其一,优先股股东是否有权受到信义义务的保护,以抵御来自普通股股东的盘剥?如普通股股东确应承担该信义义务,则优先股股东如何依托该保护机制,以获得优先股契约明定范围之外的保护?有的学者主张应当存在某种公平标准的信义义务,以常态化地约束普通股股东有损优先股股东利益的行

---

① Lawrence E. Mitchell, "The Puzzling Paradox of Preferred Stock (And Why We Should Care about It)," *Business Lawyer*, vol. 51, 1996, pp. 449-450.

② 《公司法》第 20 条:"公司股东应当遵守法律、行政法规和公司章程,依法行使股东权利,不得滥用股东权利损害公司或者其他股东的利益;不得滥用公司法人独立地位和股东有限责任损害公司债权人的利益。公司股东滥用股东权利给公司或者其他股东造成损失的,应当依法承担赔偿责任。"

③ 朱慈蕴、沈朝晖:《类别股与中国公司法的演进》,《中国社会科学》2013 年第 9 期,第 155 页。

为。[1] 这种论断的推导前提是：在割据公司股权的普通股与优先股之力量对比中，普通股股东恒定地占据对公司决策更有影响力的地位，横向利益冲突表现为普通股股东对优先股股东的利益剥夺。由此引发的两个问题为，首先，基于普通股股东掌控公司董事会的事实，对优先股股东本身综合力量之差异不予区分，而一体化地设定普通股股东应对优先股股东承担信义义务是否妥当？其次，尽管普通股股东较优先股股东存在优势地位属于常态，但是否存在优先股股东较普通股股东对公司决策影响力更强的情形？其二，普通股股东是否有权受到信义义务的保护，以驱退来自优先股股东的剥削？如优先股股东应负担该信义义务，则普通股股东在何种情形及范围，得主张优先股股东应受到信义义务的制约？

（一）普通股股东对优先股股东的信义义务

普通股股东常能掌控董事会，使公司董事会主要以大股东代理人的面貌出现。此时，优先股股东是否应当受到信义义务的保护？科斯莫（Charles R. Korsmo）主张，将普通股股东对优先股股东可能负担的信义义务，限定为忠实义务。[2] 忠实义务乃公司法上原生性的强制性规则，不允许通过协议安排对其排除或变更适用，甚至在美国特拉华州这样高度尊重合同自由的区域亦是如此。[3] 关键是，普通股股东对优

---

[1] 持这种观点的有 Lawrence E. Mitchell, "The Puzzling Paradox of Preferred Stock (And Why We Should Care about It)," *Business Lawyer*, vol. 51, 1996, pp. 449-450 及 Jeffrey S. Stamler, "Arrearage Elimination and the Preferred Stock Contract: A Survey and a Proposal for Reform," *Cardozo Law Review*, vol. 9, 1988, pp. 1342-1344。

[2] Charles R. Korsmo, "Venture Capital and Preferred Stock," *Brooklyn Law Review*, vol. 78, 2013, p. 1207.

[3] 参见如 Frank H. Easterbrook, Daniel R. Fischel, "The Corporate Contract: Contractual Freedom in Corporate Law," *Columbia Law Review*, vol. 89, 1989, p. 1417。强调董事忠实义务乃公司法少数的强制性规则之一。并且，公司法信义义务是强制性的，禁止采合同方式对其进行变更。参见 Jesse M. Fried, Mira Ganor, "Agency Costs of Venture Capitalist Control in Startups," *New York University Law Journal*, vol. 81, 2006, pp. 984-986。此外，在美国特拉华州公司法中，注意义务可被公司章程所减免。

先股股东负担强制性的忠实义务是否合理?

哥伦比亚大学法学院教授戈登（Jeffrey N. Gordon）在其经典论作《公司法的强制性结构》一文中提出了五项假说，用以阐释公司法中强制性规则存在的合理性：投资者保护假说、不确定性假说、公共利益假说、创新性假说及机会主义修订假说。[1] 他认为，除了不确定性假说及创新性假说，剩余三项均可用以论证强制性信义义务存在的正当性。

1. 投资者保护假说

对投资者保护假说的阐释可细分为两个版本。第一个版本主张信义义务源于对合同信息不对称的补救。在信息对称的理想状态下，投资者易于洞察任何不利于己方的条款安排，由此降低购买股票愿意支付的对价。除非能成功糊弄投资者，否则启用减损投资者预期的合同条款，发行方将被迫内部消化股价折损带来的成本，这激励发行方避免使用不利于投资者的合同条款。[2] 该假说认为，投资者在处于信息劣势的情形下仍进行了投资。信息的不对称可能表现为，相当多的投资者并未阅读招股说明书，或不一定能完全理解或记得条款的内容，甚至根本未察觉发行人在优先股契约中设置的不利条款。戈登（Jeffrey N. Gordon）主张此时这些不利条款并未反映到股票价格中。[3] 布拉德尼（Victor Brudney）赞同该假说，并主张运用信义义务对优先股股东进行保护。他将优先股股东描述为典型的小股东，对公司治理存在理性淡漠的态度，且可能根本未意识到，一项类别表决权决议或普通股股东推动的公司合并，可能会导致公司拖欠自身的股息

---

[1] Jeffrey N. Gordon, "The Mandatory Structure of Corporate Law," *Columbia Law Review*, vol. 89, 1989, p. 1555.

[2] Frank H. Easterbrook, Daniel R. Fischel, "The Corporate Contract," *Columbia Law Review*, vol. 89, 1989, p. 1430.

[3] Jeffrey N. Gordon, "The Mandatory Structure of Corporate Law," *Columbia Law Review*, vol. 89, 1989, p. 1556.

从此清零。① 斯塔姆勒（Jeffrey Stamler）也明确强调，不同于在信息完备情况下认购股票的精明投资者，信息不足的优先股股东可能并未意识到，尚未收入囊中的股息面临被鲸吞的风险，此时，优先股票的价格决定并未考虑该风险因素。因此，应当对信息不足的优先股股东提供信义义务的保护。②

科斯莫不完全赞同上述观点，他认为，风险投资属于经验丰富的睿智投资者，他们足以洞察并有能力理解优先股契约安排的具体条款，并据此对股票做出定价。相较于持有普通股的创业企业家（以下简称"创业普通股"），持有优先股的风险投资（以下简称"风投优先股"）并不见得处于信息劣势。因此，投资者信息劣势角度切入的投资者保护假说，无法用以论证风险资本持有的优先股应当受到信义义务的保护。③

米切尔提出第二个版本的投资者保护假说，主张信义义务根植于对权力分配中弱势方的救济。在权力分配悬殊的情况下，一方掌控着对另一方利益攸关事物之权力及责任，使弱势方处于其控制。这样的关系一旦建立，受控方事实上失去了对利益攸关事物之控制，而享有权利优势地位的控制方却保有自治的状态。米切尔认为，在普通股股东控制董事会的公司，普通股股东与优先股股东间存在上述权力差异，前者应当对后者负有信义义务。④

尽管第二版本的投资者保护假说能有力论证公开公司的优先股亟

---

① Victor Brudney, "Standards of Fairness and the Limits of Preferred Stock Modifications," *Rutgers Law Review*, vol. 26, 1973, p. 459.

② Jeffrey S. Stamler, "Arrearage Elimination and the Preferred Stock Contract: A Survey and a Proposal for Reform," *Cardozo Law Review*, vol. 9, 1988, p. 1341.

③ Charles R. Korsmo, "Venture Capital and Preferred Stock," *Brooklyn Law Review*, vol. 78, 2013, pp. 1211-1215.

④ Lawrence E. Mitchell, "The Death of Fiduciary Duty in Close Corporations," *University of Pennsylvania Law Review*, vol. 138, 1990, pp. 457-458.

需信义义务的保护,却无法证明创业普通股股东应当对风投优先股股东负担信义义务,即使公司董事会被前者所控制。萨尔曼(William A. Sahlman)认为,风险投资控制创业企业最为重要的机制为分期注资[1],即以跨度较短的间隔期,对创业企业采取分期融资的方式,每期仅投入供创业企业家达至下一分阶段目标的资金。风险投资一旦停止下一轮融资,可能一击摧毁创业企业家之前的所有成果,先期投入的时间、精力及金钱均将付之东流。这种"断供"的潜在威胁,使得创投优先股即使在缺乏对董事会形式控制权的情况下,仍然对企业保有相当的实际控制权。[2] 风险资本这种特有的投资模式,使得风投优先股不受创业普通股的控制。如果信义义务确应适用于对创投优先股股东的保护,应当另存支持理由。

2. 公众利益假说

公司法能否将信义义务设定为任意性规范,任由合同缔约方依其需求将作为任意性规范的"信义义务"援引至合同中?米切尔(Lawrence Mitchell)赞同这种替代做法,他建议优先股股东可以将"类似信义义务"的保护规范设定于合同中。但是戈登(Jeffrey N. Gordon)认为强制性信义义务标准"代表着有价值的公共利益",鉴于合同用语的准则及标准的不确定性,他并不主张适用合同路径替代强制性的信义义务规则。

公众利益假说强化了戈登的主张,从节约缔约成本的角度对信义义务提供支持。起草一项穷竭所有不确定可能的"完美的合同"并不现实,对于优先股契约亦是同理。公司法上的信义义务通过向参与方提供可供选择的一套规则从而减少交易成本,从而交易各方无须就每项合同安排从头开始谈判确定条款细节。伊斯特布鲁克及菲谢尔指出,

---

[1] William A. Sahlman, "The Structure and Governance of Venture Capital Organizations," *Journal of Financial Economics*, vol. 27, 1990, p. 506.

[2] D. Gordon Smith, "Team Production in Venture Capital Investing," *Journal of Corporation Law*, vol. 24, 1999, p. 952.

信义义务填补了公司合同的空白,加入那些缔约方如果预知特定情形发生,即会在合同订立时纳入的条款。[1] 如此,缔约方可依靠事后的信义义务提供的保护,而无须提前事无巨细地进行合同条款设计。而信义义务的缺位,将引发合同条款大量增加,并导致合同不确定性的增加,由此,潜在投资者需详细考察每次股票发行的特殊条款。[2]

从实践中风险投资的优先股契约之长度及详细来看,缔约各方追求"完美的合同"之不遗余力。这种特定化的条款,是创业企业及风险投资根据所处特定环境及实力对比,充分商谈、量体裁衣的成果。合同条款被归于"不公平性"的一项重要因素,为未被完全或准确定价。对此情况下的优先股契约施以信义义务,反而可能增加不确定性,即是否及何时依照优先股契约之字面条款分配利益。如此增加了法律上的不确定性,使对合同条款准确定价更为困难。因此,公众利益假说支持在普通股股东掌控公司的格局下,普通股股东应对优先股股东承担信义义务的通行规则,但是,该假说同样无法用以论证创业普通股应对风投优先股负担信义义务。

3. 机会主义修订假说

戈登认为机会主义修订假说是五项假说中支持信义义务存在的最有利论断。公司合同的不完备性与生俱来,修订机制必须存在。机会主义修订假说认为,控制董事会的一方可能控制或过度影响修订过程,使优先股股东面临着来自普通股股东的利益攫取的风险,而强行法可制约机会主义对修订过程的钳制。[3] 反思信义义务的规则性质,对机会主义修订的制约,可否经由将"信义义务内容"规定于合同的方式实

---

[1] Frank H. Easterbrook, Daniel R. Fischel, "The Corporate Contract," *Columbia Law Review*, vol. 89, 1989, pp. 1444-1445.

[2] Jeffrey N. Gordon, "The Mandatory Structure of Corporate Law," *Columbia Law Review*, vol. 89, 1989, p. 1564.

[3] Jeffrey N. Gordon, "The Mandatory Structure of Corporate Law," *Columbia Law Review*, vol. 89, 1989, p. 1573.

现? 戈登的反驳具有说服力,他认为通过合同路径植入的"信义义务"不具有强制性,同样面临着被后续机会主义修订的危险,因此,对于机会主义修订的移植,应当寄托于强制性的信义义务来完成。

此外,尽管优先股股东可能通过类别表决制度阻碍这种修订,但现代公司,特别是公众公司股东间获取及散播信息存在集体行动的问题,公司内部人的策略性的行为亦会造成经济压迫。因此,优先股股东实质上仍然长期处于劣势,需要强制性的信义义务的保护。

然而,上述论断并不适用于风险投资的情形。其一,风投优先股股东的股权相对集中,其对公司事务未表现出"理性的淡漠",而是带着强烈的最终盈利退出的动机积极参与公司治理。风险投资对公司运行享有相当的控制力,除了来自契约赋予的既定权利,还源于分期融资带来的影响力。其二,普通股的长期性伴随着不可预见的情形,需要信义义务对其不完全契约加以补足。而风投优先股常附带回赎权,持有期限亦并不长久,其较短的生命周期极大地减少了不可预见的情形。[1]而分轮投资伴随着重新谈判的机会,可以用以完善合同之不完全。因此,即使在普通股股东控制董事会的前提下,风投优先股股东也仅能从现有的契约安排中寻求权利保护,普通股股东不应对风投优先股股东负担强制性的信义义务。[2]此时的风投优先股足够强大,凭借自身力量即有效抑制创业普通股机会主义的修订倾向。而信义义务的参与,较好结果是不必要的画蛇添足,而更坏的可能是对自愿契约商谈安排的负面摧毁。

(二)优先股股东对普通股股东的信义义务

尽管优先股股东控制董事会的情形远不及普通股股东控制董事会

---

[1] William W. Bratton, Michael L. Wachter, "A Theory of Preferred Stock," *University of Pennsylvania Law Review*, vol. 161, 2013, pp. 1817-1824.

[2] Charles R. Korsmo, "Venture Capital and Preferred Stock," *Brooklyn Law Review*, vol. 78, 2013, p. 1166.

的情况普遍，前者确实存在。风险投资向创业企业投资时，可利用优先股契约的安排，为其所持优先股附带控制董事会的优先权即为典型。上部分论证了不应赋予持有优先股的风险投资以信义义务的保护，并不意味着风投优先股股东不应向普通股股东承担信义义务。实际上，加上分轮融资伴随的掌控力量，掌控董事会的风投优先股在创业企业中具有不可撼动的强势地位，使得普通股股东与优先股股东的利益分裂更为突出。典型的情形常见于，当公司运行已取得阶段性成果，但创业企业家的目标尚未完全实现，风险投资在该时点谋求盈利退出。或者，在普通股股东希望公司独立运营的情况下，风险资本欲行使清算权或出售公司以实现退出。戈登提出的用以论证强制性信义义务正当性的几项假说，仍将被援用，用论证此时优先股股东对普通股股东承担的信义义务。

1. 投资者保护假说

根据第一个版本的投资者保护假说，设置强制性信义义务最为直接的理由是，保障认知有限且缺乏经验的投资者免受剥削。在优先股股东掌控公司的背景下，其主导起草的股权契约中可能包含了剥削普通股股东的优势性权利。但是，创业企业家在对股票定价时，并不享有IPO市场上承销人、机构投资者及公共二级市场上经验投资者提供的对股票定价的"协助"。诚然，创业企业家群体普遍有高智商，系各自专业领域富有经验的专家。但是相对风险投资，他们在谈判桌上尚显稚嫩。实践中，对大多数创业企业家来说，与风险投资的合作均属首次经验。即使对少量经历数次与风险资本合作的创业企业家，其谈判桌上的对手风险资本家往往身经百战，积累了众多对创业企业的投资经验。相关金融及法律的专业精明度的不足，使得创业企业家在股票定价上具有劣势。对于后续进入，以股票授予或股票期权的形式得到其薪酬的一大部分比例的雇员来说，估价更为困难。虽然那些软件工程师或生化学家具有超高智商，但他们极可能欠缺足够的金融智慧，用以正确评定并估价那些可能造成潜在剥削的章程条款。此时，普通股股东与优先股股东间存在显著的信息不对称。公司章程或股权契约中包含的剥削性条款，并未被普通股股东理解，因此也未正确反映到股价中。

基于权力对比的悬殊，米切尔提出第二个版本的投资者保护假说，主张信义义务对权力分配中的弱势方予以救济。凭借分期投资的方式，风险投资不满意公司的运作方式，即可威胁将停止下一轮融资，这将导致创业企业的难以为继。风险投资所具有的这种特殊影响力，使得其不享有董事会的形式控制权时，仍保有与控制董事会的普通股股东分庭抗礼的能力。当风险投资依照股权契约的安排而掌控董事会时，其权力优势地位更为明显。此时，普通股股东将牢牢受制于优先股股东。

综上，当风险投资处于公司治理中的控制地位，无论是基于信息不对称或权力对比悬殊的事实，均需强制性信义义务的介入，以救济优先股股东与普通股股东之间失衡的利益。

2.机会主义修订假说

根据机会主义修订假说，强制性信义义务具有约束机制的功能，防止掌握董事会控制权的一方将操纵章程修订过程损害弱势方的权益。当风险资本持有优先股掌控董事会时，分轮融资带来频繁的修订机会。在这种修订过程中，普通股股东的利益面临着被优先股股东鲸吞的风险。其一，风险投资擅长合同起草，轻而易举即可设计利于己方的各种条款。普通股股东的金融及法律素养远不及风险投资者，难以探察修订过程中隐藏的不利条款。其二，普通股股东内部可能存在巨大分歧。希冀创业企业长期发展的普通股股东，出于维系后续合作关系的考虑，可能向风险投资做出妥协。而以现金薪酬为收入来源的普通员工股东，面临优先股股东的剥削具有更大的反抗性。其三，依据股权激励计划获取普通股的员工股东人数若干甚至以几百计，即使不存在利益分歧的情形，也可能产生明显的集体行动问题。这些均提供了风投优先股股东以机会主义修订转移普通股股东合法利益的土壤，因此，处于控制地位的风投优先股股东，应当对普通股股东负担信义义务。

总而言之，明确的投资者保护原理及潜在的机会主义修订，均支持对普通股股东赋予强制性信义义务的保护，以抵御来自控制董事会的风投优先股股东的侵害。科斯莫（Charles R. Korsmo）主张，此时优先股股东对普通股股东负担的信义义务实质上应当起到缝隙弥补的作用，当合同有明确规定时则不应予以干涉。因为，我们无法擅断为信义义务内含的任何标准的"公平"，而自信所有理性参与方都乐意选择。因此，当适用股东的信义义务时，应谨慎避免其破坏自愿互惠的合同商谈安排，替换自发性的契约安排。具言之，风投优先股股东之明确合同权利应受到尊重及保障，在此基础上，要求其对普通股股东负担信义义务，遵照为促进普通股股东利益最大化的目标行事。

（三）小股东对大股东的信义义务

公司法上的忠诚义务决定着股东相互之间的法律关系。鉴于大股东或曰控制股东事实上在公司权力结构中的重要地位，对公司运营施加影响时，必然左右小股东的利益。由此，大股东的忠诚义务理所当然获司法界及学术界之一致认同。[1] 通过信义义务限制控制股东的机会主义行为，存在两个判断的层次：首先，当控制股东与董事等管理者身份合一时，则其应如董事般受信义义务拘束。其次，即便股东不具有董事身份，但因其拥有控制性的表决权或其他安排而实质性地控制公司时，此时公司董事会实质上丧失了独立性而成为该股东的代理人。此时，控制股东应为其代理人董事会的行为负责，故而于此层面承担信义义务。

能否类比大股东对小股东负担的忠诚义务，延伸构建小股东对其他股东负担的忠实义务？评判标准、约束程度及具体内容何如？通常来说，小股东之表决权行使行为，不具对公司施加重大影响的能力。但是，若小股东持股足以迫使公司实现某一权利主张，或能有效阻止

---

[1] 高旭军编著：《德国公司法典型判例 15 则评析》，南京大学出版社 2011 年版，第 108 页。

股东大会通过特定决议时，换言之，拥有能够决定其他股东利益的权力时，情况即生变化。此时，应以忠实义务约束审查小股东的行权行为，使其负担兼顾其他股东利益的责任。[1]

在大陆法系，德国联邦最高法院第二民事审判庭审理的"E. Spiegel"案之裁决要旨，同样确认小股东应对其他股东承担忠诚义务，尤其于其行使共同管理权或监督权时，宜适当兼顾其他股东的利益。小股东的这种行权方式，可以群体投票的方式进行。第一种方式为他们形成一致意见而投票表决，集合票数构成否决作用或实现股东权的效果，第二种方式为共同委托同一第三人代为投票。于上述两类情形，股东履行忠实义务对其他股东至关重要。[2]

在英美法系，在"Donahue v. Rodd Electrotype Co."案中，在马萨诸塞州最高法院的报告书中，基于少数股东视角的合理期待原则，确认封闭式公司的所有股东相互间负有信义义务：合伙人相互之间负有的义务标准为"最大真诚和忠实"。笔者认为封闭式公司和股东相互之间负有本质上与合伙人相互之间相同的信义义务，类似地，必须严格按照该真诚标准履行封闭式公司股东间的信义义务。[3]自美国联邦最高法院于1988年审理"Linotype"案件以来，从对人合公司股东相互间密切关系的抽象中，学界开始关注将忠诚义务拓展适用至小股东。随后，该院第二民事审判庭于"Girmes"案中首度确认小股东的忠诚义务，该案进一步指出，所有公司中股东均应承担忠诚义务，而不限于人合特征的公司。当然，人合特征愈明显，股东受忠诚义务约束的程度越强。实则，资合公司中亦通行忠诚义务原则，股东对其他股东负担利益责任的忠诚义务应与其施加影响之程度相适应。基于对忠诚义

---

[1] 高旭军编著：《德国公司法典型判例15则评析》，南京大学出版社2011年版，第108页。
[2] 高旭军编著：《德国公司法典型判例15则评析》，南京大学出版社2011年版，第74页。
[3] 范世乾：《控制股东滥用控制权行为的法律规制：中国公司法相关制度的构建》，法律出版社2010年版，第43—44页。

务之违反，股东应当向相对股东承担损害赔偿责任。

公司股权结构中数种类别股的平行适用，模糊了标准普通股统辖下大股东与小股东传统的界分标准，替换以多数类别股股东与少数类别股股东的角色区分。对股东间信义义务，也更新至类别股股东间信义义务探讨的层次。在"Zahn v. Transamerica Corp."案中，Axton-Fisher烟草公司（以下简称"烟草公司"）发行有两种类别的普通股，其中A类普通股多数为公众股东所持有，B类普通股则几乎通归于Transamerica公司。这两类普通股的股权内容在以下方面有所区别：（1）关于股利。A类普通股享有3.2美元/股的年累积股利，B类普通股的股利为前者折半。（2）关于表决权。B类为遵循一股一权的标准普通股，A类普通股则不享有表决权，但若公司连续四个季度未予支付股利，则据"表决权复活制度"恢复该类股份的一股一票表决权。（3）关于清算权。公司清算发生时，每股A类普通股从公司财产中获得的清算价值，为每股B类普通股的两倍。（4）关于转换权。A类普通股与B类普通股间能以等比例相互转换。（5）公司有权在提前六十天通知的情形下，以每股60美元外加累积股利的对价赎回A类普通股，而B类普通股则不可被强制赎回。Transamerica公司垄断了烟草公司的表决权，进而掌控了该公司董事会。作为公司内部人，持有B类普通股的控制股东Transamerica公司知悉烟草公司所有的烟草库存价值不菲，远高于公司账面价值，然其未对A类普通股披露这一事实。同时，Transamerica公司在未披露A类普通股的转化权及后续清算计划的情况下，以类别股合同约定的条件对A类普通股实施强制回赎。此后，B类普通股股东统揽了公司优厚的剩余利益。A类普通股股东知晓实情后，愤然将Transamerica公司诉至法院。法院认为，控制股东作为受信人，与公司之间的交易应当受到严格司法审查，其有责任举证证明交易出于善意，且从公司角度来看呈现内在公平。本案中，控制股东Transamerica公司通过其控制的董事会回赎A类普通股时，并未披露真实价值等相关信息，构成借由损害 A 类普通股为代价而使己方持股获利的行为。故控制类别股股东 Transamerica 公司并未有善意行为，更毋庸论及"交易公平"，违反了对少数类别 A 类普通股股东的信义义务。

在上则案例中，A 类类别股名曰 A 类"普通股"，然从权利内容观之，特别从与 B 类普通股的比较中，A 类类别股呈现远离普通股而更偏向债权一极的特质。该案例给予的启示为，考量股东的忠诚义务时，不应囿于称谓归于大股东或小股东、普通股股东或优先股股东的称谓归类，而应在综合考量股东实际控制力的基础上，于特定交易中的影响力来认定其是否构成控制股东。如果一位股东能够通过施加其影响力而影响到其他股东的利益，那么，应当要求该股东将其他股东的利益考虑在内，以约束该种影响力。譬如，普通股股东能左右甚至决定股东大会、董事人选或重大财务决策、公司经营管理，或对特定交易条款的影响程度足以使其操控该交易时，该股东在该特定交易场合将被认定为控制股东。作为控制股东有能力影响其他股东的代偿，应该要求该股东行为时考虑其他股东的利益。

（四）结论

不同类别股股东间的利益冲突客观存在，由此衍生公司法上信义义务横向扩张的需求，即由控制股东对中小股东的信义义务，演进至各类别股股东之间的信义义务。股东信义义务为衡平股东间的利益而生，其理论基础在于，对董事会决策有实质影响力的股东，应对其他股东承担信义义务。[①] 对优先股股东与普通股股东间信义义务的取舍，代表着对不同公司利益分配模式的抉择，攸关公司治理优化的实现可能。

---

① 朱慈蕴、沈朝晖：《类别股与中国公司法的演进》，《中国社会科学》2013 年第 9 期，第 155—156 页。

在多元类别股并存的公司资本结构中，董事会常由普通股股东所控制。这种优势的滥用，将导致普通股股东侵夺优先股股东的应得利益，或迫使优先股股东做出自损性的让步。因此，在默认的状态下，普通股股东应当对优先股股东负担信义义务。但是，该项信义义务的分配存在例外。丰富的经验、强势的谈判能力及高超的缔约技巧，使频繁运用优先股对创业企业进行投资的风险资本与一般的优先股股东存在本质差异，故持有优先股的风险资本仅应求诸优先股契约提供的权益保护，而无须受到信义义务的庇护。

在类别股股东的力量对比中，普通股股东表现出常态化的优势，使优先股股东控制力强于普通股股东的情形未受到足够的关注。实际上，风险投资优先股股东在创业企业中的控制力强于普通股股东的情形并不罕见。此时，优先股股东应当对普通股股东负担信义义务。

就优先股股东与普通股股东之间存在的信义义务，擅定具体标准的信义义务来揣度当事人预期的规则是困难的，也是武断的。凭借信义义务新增甚至推翻股东契约中的明确的安排，不仅可能违背当事人的合意预期，更容易造成对私法自治秩序的破坏。因此，应当在尊重股权契约明定权利安排的情形下，根据个案中当事人的具体合同预期，使用信义义务衡平普通股股东与优先股股东之间的利益冲突。

第三节　类别股立法的路径选择

不同资本形成制度的国家，对类别股立法体例之选择有所不同。着重类别股具有公司法视域下的法定权利属性，则采法定主义式类别股立法；强调其类别股具有合同法框架中的契约权利属性，则生章程自治性类别股立法。那么，类别股的立法路径，究竟是采纳类别股的种类法定[①]，还是推崇类别股的章程自治[②]，抑或其他？

一、英美法系的章程自治式体例

类别股的授权式立法体例，以美国最具代表性。美国《标准公司法》及各州公司法文本以契约自由及非禁止即合法为原则，依据契约自由原则设计类别股制度，由公司章程授权公司董事会对类别股进行创设。董事会在类别股的运作中起重要作用。如果公司章程没有明确不同类别优先股的系列，那么，公司董事会有权划分不同类别股的系列，确定各系列类别股之间的相对权和优先权，并命名不同系列的类别股。简言之，对类别权利种类设置及运作采取开放的态度。

作为世界资本市场的中心及公司制度发展的前沿地，美国的类别股制度发展水平最高，推崇类别股的自由设置。其公司章程可以依据公司实际经营需要自行规定类别股的内容等事项，章程大纲亦可授权董事会就未作规定的类别股事宜做出细化。[③] 美国《标准公司法》示范性地规定了数项"股权的子权利"，同时特别强调，对上述子权利的列举及相关概念的表述均是开放性的，与其宽泛授权的精神不存冲突。根据英国2006年公司法第629条和第630条的规定，同样对公司发行附属相异权利的种类股不予限制。

上述即典型的章程自治式类别股立法，指借助授权性、任意性规范，致力于实现最大限度的灵活及弹性，为公司预留了充沛的类别股契约自治空间，将类别股的设置宽泛授权公司自由创设，有利于融资

[①] 朱慈蕴、沈朝晖：《类别股与中国公司法的演进》，《中国社会科学》2013年第9期，第149页。

[②] 任尔昕：《关于我国设置公司种类股的思考》，《中国法学》2010年第6期，第106页。

[③] 参见美国《特拉华州普通公司法》第151条规定，类别股的名称、相关权利、资格、限制条件，由公司章程或其他文件明确规定，或由董事会在公司章程授权范围内通过决议规定。

和公司治理的创新。如此，任由公司根据本身发展的需要以及投资者的不同偏好，设置具体权能不一的股份。美国代表性的《特拉华州普通公司法》、英国 2006 年《公司法》，均是如此。

英美法系盖重实用主义，推行此种类别股立法模式，充分肯定契约自治应居于类别股创设中的本体地位，成就了商事主体对类别股创设的高度自由，将类别股的契约属性演绎得淋漓尽致。尽管如此，界限始终存在。非由类别股法律规则所明定，而是作为公司法上的调整对象，类别股肩负着契合公司制度体系之要求而默示地确定的。[①]

章程自治式类别股立法存在其特有的制度优势。其一，符合资本市场的需求。融资市场对类别股的需求复杂多变，而合同机制恰恰能有效实现类别股的弹性创新。其二，推进私法自治理念在公司法领域的实现。公司的生命力来源于私法自治，公司法应该给私人行动预留足够空间，允许他们自由塑造符合己方利益的行动结构。[②] 私法自治原则赋予类别股股权的具体设计以正当性，类别股的权力配置应当是一种"契约结局"，即公司参与方契约谈判的结果。其三，顺应中国公司法的转型。中国公司法由管制型的强行性法律性质转化为引导型的任意性法律，乃今后统一公司法的走向。作为公司制度有机构成的类别股制度，亦应推动及回应"淡化管制色彩，扩张公司自治"的中国公司法立法与实践趋势，授予公司参与方以更多的选择权。正因为此，支持中国采纳章程自治式类别股立法模式，对股权内容进行自治性配置的倡议不在少数。[③]

美国经济的长久不衰，极大归功于其自由公司制度之激励创新，

[①] 譬如，在中国公司法上采纳章程自治式类别股立法，则即使法条中未明确规定，亦不得设置与现行法定资本制相冲突的包含"回赎权"内容之类别股。

[②] 蔡立东：《公司自治论》，北京大学出版社 2006 年版，第 252 页。

[③] 参见郭富青：《股份公司设置特别股的法律透视》，《河北法学》2002 年第 5 期，第 59—64 页；宋伟、胡海洋：《优先股相关法律问题透析》，《法治研究》2009 年第 9 期，第 25 页；任尔昕：《关于我国设置公司种类股的思考》，《中国法学》2010 年第 6 期，第 106 页。

满足了公司治理结构的需求。其资本市场繁荣的实例，使得借鉴其章程自治式类别股立法模式极具吸引力。然而，首先，因权利缺乏标准化，不易转让这种类别股合同权利，有损类别股权之顺畅流通性。其次，若采类别股章程自治，各公司内容各异的类别股合同，将使不熟谙市场、信息不足且经验缺失的投资者，陷落难以预见、对其不利的类别股章程条款陷阱。再次，美国类别股立法包容的灵活、开放、无定式的类别股契约自治之顺畅运行，与其特有强悍的司法配套制度息息相关。作为传统的判例法国家，美国法院运用娴熟的合同解析方法，对类别股契约进行有效的事后阐释，起到了"弥补合同缝隙""解读隐含公司合同条款"的作用。这项为中国所不具备，且短期内难以培育的核心配套机制，决定了在中国全盘移植美国式的"章程自治式类别股立法"之流弊，非但难以复制其成功的制度运行，更可能带来强烈的水土不服。

二、大陆法系的法定主义式体例

强调公司立法的前瞻性、稳定性及个体的有限能动性，生法定主义的立法模式，为德、日、韩等大陆法系国家所采。将国家的合理强制性干预注入类别股立法，即公司设置具体的股权类型并设定其股权内容，应当限制在法定允许的类别股类型范围之内。换言之，禁止公司在法律规定以外自主决定类别股的类型和权利。

韩国《商法》顾虑类别股被经营者滥用，不允许公司发行有关董监事选任、限制转让方面的类别股。该法第344条第1款规定，"公司可以发行在利益分配、剩余财产分配、在股东大会表决权的行使、偿还及转换等方面内容不同的种类股"。对于特别股的限定具体可分解为：（1）利润分配优先股；（2）利润后配股；（3）剩余资产分配优先股；（4）剩余资产后配股；（5）排除表决权的特殊股票；（6）限制表决权的特殊股票；（7）股东的可赎回股票；（8）公司的可赎回股票；（9）股东的可转换股票；（10）公司的可转换股票。[1] 韩国《商法》中除了以上十个特殊股票之外，没有其他的特殊股票。2005年日本《公司法》的立法基础为股份公司。该法第108条授权，公司可以且只限于，在九种类型的规定内发行权利内容殊异的两种以上类别股，而不能依据股东协议或者公司章程创设法定类型之外的类别股。

上述国家典型采纳法定主义式类别股立法，借助强制性规范，将类别股种类及设置方法限定在立法划定的范围之内。它凸显类别权作为公司法上权利的属性，强调公司自治的限度，可进一步分为强制性规范下的类别法定及强制性规范下的子权利法定两种类型。第一种要求类别股设置必须采用法律划界范围内的特定种类，对应的类别权利内容已经由公司法明定，严格限制新类型股权设计发展之空间。以德国法上的规定为例。早期德国公司法允许公司发行复数表决权股份，用于防御敌意收购或企业被外来势力所控制，后此种股份被滥用，由最初赋予每股以两三倍的表决权膨胀至数年后的百倍甚至千倍表决权，导致了资本参与与控制的严重分离，使股东权利遭受广泛剥夺。[2] 2012年德国《股份公司法》明定允许发行的类别股限于特定种类，开宗明义地界定并明确优先股之具体设计，涉及较多详细规定、带有强制性规范[3]，同时，不允许发行复数表决权的类别股。原则禁止公司发行无表决权股份，但例外允许无表决权优先股。第二种则指立法明确规定构成类别股的子权利之具体样态。通过限定法定类型的具体类别股，抑或筛选建立"子权利构件库"，均体现了立法强制意志之实现。

---

[1] 孙永和：《特殊股票与股东平等原则》，载清华大学商法研究中心：《21世纪商法论坛第十五届国际学术研讨会论文集》，2015年，第451页。

[2] 刘胜军：《类别股法律制度研究——以类别股利益冲突为中心》，清华大学博士学位论文，2015年，第54页。

[3] 曹立：《权利的平衡：优先股与公司制度创新》，中国财政经济出版社2014年版，第159页。

支持强制性类别股立法的一种应然观点为，股份种类作为公司资本条款的构成，属于强制性规范调整的公司事务。[1]或许这仍不足以为强制性规范对类别股设置的干预提供令人信服的正当性。因为，如此将产生过度僵化之流弊，限制过严而制约类别股的弹性与机动发展空间，与现今解除管制、尊重公司自治之潮流相悖。

法定主义式类别股立法路径，可从自治限度生成的价值缘由及保护社会公共利益的功能中汲取支持：其一，实现对不同利益诉求之衡平。首先，类别股契约的长期性及信息不对称，使其合约机制存在不完全性的天生缺陷，而类别股的多样化进一步使公司生态系统内的利益冲突趋于复杂化，使得当事人难以做出优化的契约安排。其次，若发行公司单方制定类别股格式合同，被动接受的投资者信息获取能力和缔约能力比较弱，无法参与制定完备的类别股合同，适用类别股法定方式不失为对投资者的一项有效保护措施。其二，抑制私法自治产生的负外部效应。类别股的设置，不仅涉及公司与类别股股东间的利益安排，更冲破封闭性和相对性，可能影响到不确定的第三人，与社会公共利益休戚相关。该路径的采纳，可防止类别股被公司经营者滥用，侵害债权人和少数股东利益。其三，鉴于我国现有资本维持原则、控股股东控制权滥用现象及既有的投资者保护水平，现阶段宜采类别股法定主义立法模式，这有助于增加股份种类及其权利内容的标准化，有助于信息披露和交易成本的降低，减少投资者的投资风险。其四，对类别股发行公司的后续投资者，无论债权人抑或股东，在向公司进行投资时，这一立法模式能够增进投资者对其投资的股权内容、资本结构的了解度、交易结果的确定性及市场可预测性，而不必一一研究细读各公司相异的类别股章程条款，因为类别股种类及内容已由公司

---

[1] 朱慈蕴：《公司章程两份法论——公司章程自治与他治理念的融合》，《当代法学》2006年第5期，第13页。

法清楚规定。如此，亦有助于投资者理解不同公司的类别股股东权，形成便于流转交易的投资产品，免去类别股章程自治带来的多样性、不确定性及信息不对称损害。否则，投资者需要深入研究不同公司复杂的章程和类别股发行文件，致类别股种类和权利内容极度个性化所导致的交易风险和交易成本的畸高，无从保护交易安全。以德国《股份公司法》对优先股权利的直接、明确规定为例，虽致灵活性缺失，却增加了法律适用上的便利性。

　　法定主义式体例必将较多贯彻国家意志，当然，类别股强制性规范的限制之下，仍可为股东契约自由预留必要的选择空间。其一，就强制性规范下的类别法定而言，其类别股创设与否及在法定类型中选定具体的类别样态，仍交由公司自治决定。其二，类别股种类法定下的选择适用。至于强制性规范下的子权利法定，则更为宽泛地贯彻股东意思自治原则。通过公司章程的契约安排，就法定子权利进行组合，可实现较类别法定路径下更为多元化的类别股创设可能。譬如，可组合日本《公司法》中九类种类股的内容后，创设、发行新的类别股。

三、我国类别股的立法模式选择

　　章程自治或法定主义类别股立法各具制度优势，隐含着以国家公权力为主导，或发挥市场决定性作用的两种不同思维模式、区分规范路径。前者包容的"自治性"易生商事主体间"以强凌弱"的负面效应，可能对当下中国公众公司所处的融资市场造成冲击；后者的"管制性"导致公司自治权力的萎缩，可能扼杀封闭公司对类别股的灵活需求，人为阻遏融资市场的发展。那么，应如何选择适合中国的类别股立法路径？哪种模式更能适合中国的法律传统即资本市场的现状？应区分公司形态，将三种类别股立法路径分别适用于封闭公司、非上市公众公司及上市公司。

(一) 公司形态分类之合理界定

是否存在资本市场，直接影响到公司的公共性，进而决定着公司内部治理规则。[①] 沿用大陆法系国家传统的主要公司组织形态，有限责任公司与股份有限公司乃我国公司法上的基本类型区分。有别于私法上的其他组织体形式，有限责任公司非脱胎于商事实践，而纯为立法者智识之产物。彼时单凭股份公司及人合公司无以满足实践需求，亟须于两类公司形态间桥接一类具有责任限制特权的公司。1892年，德国《有限责任公司法》应运而生。该法造就的有限责任公司，吸纳了无限公司及两合公司的人合性因素，较股份公司拥有更紧密的股东间关系，且股东享有资合公司的股东有限责任权利。因此，有限责任公司乃经过改良的、融合人合性特征的资合性公司。[②]

以是否在证券交易所上市为区分，股份有限公司可进阶区分为上市公司和非上市股份有限公司。其中，因股东人数的差异，非上市股份有限公司根据《证券法》的规定，又具有非上市公众公司及非公众股份公司的二元化分野。故而，上述法条中股份公司体系内的公司类型，实质可细化为三类：一类是非公众股份有限公司，实质为人合性较强的封闭型公司；一类是非上市公众公司；一类是上市公众公司。

实际上，在我国现有的公司类型划分下，有限责任公司与发起设立的股份有限责任公司同归于封闭公司，股份有限公司又含纳了公开公司及封闭性的发起设立股份有限公司。这种公司组织形态的界分，导致了封闭公司适用不同规则，公开性股份有限公司、封闭性股份有限公司适用同样的规则。[③] 由是观之，此种公司法律形态的区分存在结构性问题。这样的商事主体制度设计，缺乏资本市场的观念。[④]

[①] 邓峰：《普通公司法》，中国人民大学出版社2009年版，第93页。
[②] 《德国商事公司法》，胡晓静、杨代雄译，法律出版社2014年版，第5页。
[③] 王保树：《公司法律形态结构改革的走向》，《中国法学》2012年第1期，第106页。
[④] 黄来纪、陈学军主编：《中德进一步完善公司法比较研究》，中国民主法制出版社2013年版，第96页。

公司的优化分类，理应更重视资本的流动性差异，以公开性确定公司的类型更趋合理。以股东人数和股权流通性为标准，将公司区分为公众公司与封闭公司，系英美法系公司的核心分类方式。由于封闭性股份有限公司与有限责任公司的性质趋同，使中国公司法上"有限责任公司与股份有限公司"的分类形态之合理性饱受质疑。主张借鉴公众公司和封闭公司的分类方式，对我国当前公司法律形态进行重构的呼声渐增。行政法规及规章层面对"非上市公众公司"[1]的规范，亦传达了立法对借鉴封闭公司、公众公司区分方式的赞同。

公司法的规范配置，确认了两类公司对强制性规范的不同需求。[2]由于公众公司往往股东、债权人等利害关系人的人数众多，更易产生信息不对称、制定合同的成本及公平性等问题，如果对其放任自流，很可能产生损害他人利益而谋求自身利益的情况。[3]为防止这样的弊害，对公众投资者进行利益保护，立法应对其采取更为严格谨慎的约束干预态度，扩大对公司类别股契约设置的干涉范围。尤其是公众公司中的上市公司，其股票是一种大众的、平民化的证券，法律因此严格规范其运作。[4]

英国 2006 年《公司法》明确了私人公司的相当宽松的法律环境：在公司章程禁止的范围之外，董事可以行使股份发行权力。[5]诚然，封闭公司中股东之间的自治性强，容易形成自由灵活的股权种类设置[6]，

---

[1] 股份有限公司可分为上市股份有限公司及非上市股份有限公司。2013 年 1 月 1 日起施行的《非上市公众公司监督管理办法》第二条将非上市公众公司界定为"股东超过 200 人或股票在场外市场公开转让的非上市股份有限公司"。由此，非上市股份有限公司，可进一步划分为非上市公众公司和封闭性股份有限公司。

[2] Robert B. Thompson, "The Law's Limits on Contracts in a Corporation," *Journal of Corporation Law*, vol. 15, 1990, pp. 377-378.

[3] 森田章：《公开公司法论》，黄晓林编译，中国政法大学出版社 2012 年版，第 48 页。

[4] 甘培忠、雷驰：《对金融创新的信义义务法律规制》，《法学》2009 年第 10 期，第 67 页。

[5] 艾利斯·费伦：《公司金融法律原理》，罗培新译，北京大学出版社 2012 年版，第 133—134 页。

[6] 尹红强：《我国类别股份制度现代化研究》，《证券法苑》2011 年第 2 期，第 1319 页。

针对其的类别股立法不宜采纳强制性的规制路径，否则，该限制产生的成本将远高于其产生的收益。因此，宜针对不同的公司形态，设置不同梯级立法干预程度的类别股区别规范体系。实际上，中国的类别股规则制定，已经折射出区分公司形态分别立法的思路。《优先股试点管理办法》中将"上市公司发行优先股"的情形单列成章[1]，将其权利内容相对限定，从而与非上市公众公司可发行的内容更为宽泛的优先股相区分，即适其例。

（二）类别股立法规则之区分适用

区分公司与社会公众的联系密切度，承认封闭公司与公众公司截然不同之现实，应适用差异化的公司治理模式。基于中国的现状，建议根据对公众利益关切度由强及弱的递减，对不同公司形态的类别股立法适用不同规则：

对上市公司，宜用强调限制淡化自治的类别法定类别股立法路径。原因在于：第一，基于对公众投资者特别保护的理念。公开公司发行类别股，投资者处于弱势地位，难以平等地同类别股发行公司进行协商，将其所欲的类别股合同条款写进类别股合同。一方面，公众公司的类别股股东认知能力参差不齐，市场参与者可能在任何时刻、对各种事项缺乏作出深思熟虑的合理的决定所需的能力、经验或判断力[2]，需要国家通过干预措施帮助对市场缺乏准备判断的投资者。且中国存在上市公司投资者保护水平不高的现实情况。另一方面，公众公司的类别股东不具备与公司就类别股契约条款进行协商的谈判能力。对其赋予较高的公司自治，可能引发类别股股东同意下的局限性。第二，

---

[1] 参见《优先股试点管理办法》（中国证券监督管理委员会 2013 年 12 月 9 日颁布）第三章第 28 条。

[2] 布莱恩·R. 柴芬斯：《公司法：理论、结构和运作》，林华伟译，法律出版社 2001 年版，第 144 页。

促进流通性的考虑。流通性对上市公司存在重要价值。遵循相同规则的类别股权利，具有极大的可比性，有利于市场的形成。

对非上市公众公司，运用子权利法定的类别股立法。一方面，非上市公众公司之公众性决定了其可能涉及不特定的公众利益，需要适当地规定强制性规范，以避免自由放任带来的不利后果。另一方面，作为位于封闭公司及上市公司中间的公司形态，不适宜对其采取与上市公司一体的严格类别股种类法定的立法模式。通过对法定范围内子权利的筛选组合，非上市公众公司可发行内容多样的股份。由此，在赋予其较上市公司更为多样化的类别股选择同时，可发挥类别股强制性立法之规范及指引的双重作用。

对封闭公司，应采用淡化限制、强调自治的章程自治式类别股立法路径。原因在于：第一，封闭公司所处的融资市场对类别股的多样及创新存在特别要求。以投资于封闭公司的私募股权基金及风险投资为例，前者定向募集，基于资本运作的流动性特质，对类别股权的灵活设计存在需求。后者的融资机制，明显异于成熟企业在公开市场的融资活动，同样要求高度的灵活性，以根据投融资双方的特定需求设计适当内容的权利义务。强制性规范下类别股限定模式显然难以满足这些要求。第二，封闭公司的特质决定公司自治比外部限制带来的效率更高。在封闭公司中，公司自治下的高效谈判较易实现。应鼓励公司当事方根据特定的需求，凭借自身的意志与知识，自主安排类别股的设置。他们不需要公司法的深度介入，公司自治的情况更利于封闭公司有效的类别股权配置。[1] 因为此时，公司参与方是自身利益的最佳判断者。

---

[1] Charles R. Korsmo, "Venture Capital and Preferred Stock," *Brooklyn Law Review*, vol. 78, 2013, p. 1167.

第三章　类别法定的公众公司类别股制度

如果将公司法或公司本质上当做一个合同，还只是犯了描述性错误，那么认为消除使公众公司取得辉煌成就的法律限制后，公众公司仍能在现有条件下继续走向成功，就犯了规范性错误。[1] 在大型公开发行股份的公司中，公司章程所表现的"合同"并没有经过投资者的刻意同意，这些投资者的声音并未得到反映。此种情况下，公司规范对公共投资者的保护相当必要。[2] 涉及高度开放的公司时，为应对经营者短期行为及股东"理性冷漠"等契约自治难以解决的问题，公司法亟需权威和强制的国家法律之干涉。

以低成本、高效率的方式在资本市场上筹集资本，对于公众公司至关重要。虑及对公众投资者利益保护及公平性等价值，在当下中国，公众公司对强制性立法干涉存在需求，类别股制度建构宜采法定主义式体例，并可进一步区分适用类别法定及子权利法定两种法定主义式类别股立法路径。

首先，基于交易成本的节约及市场流通的要求。类别股章程自治，将增加投资者了解公司各种纷繁复杂的类别股种类及其权利的难度和

---

[1] 梅尔文·爱森伯格：《公司法的结构》，载吴敬琏主编：《比较》第 14 辑，中信出版社 2004 年版，第 125—126 页。

[2] George D. Hornstein, "Stockholder's Agreements in the Closely Held Corporation," *Yale Law Journal*, vol. 59, 1950, p. 1056.

成本，对类别股的预见性低。而采类别股法定主义立法体例的副产品为股份标准化，增加类别股种类和内容的可预见性，即生股份转让的流通性便利优势，同时提升类别股权价值。

其次，基于公众认知的差异及各方利益的平衡。公众公司开放性较强的特点决定了其社会影响面较广，鉴于类别股公众投资者受限于认识能力和选择能力的常态，不具有商谈类别股合同条款的缔约能力。基于投资者自我保护能力参差不齐的背景，借助公司法强制条款的严格限制，可以防止占据信息优势的大股东及管理者凭借优势地位压制其他股东，从而保护信息缺陷公众投资者的交易安全及利益。

再次，兼之中国公众公司的特殊环境，选择较为宽松的授权性立法体例条件尚不成熟，严苛的规范尤其是事先规制可以减少乃至于消除实际运行中的混乱，节省股权交易成本。

现阶段的中国公众公司类别股立法，难以包容类别股子权利排列组合下诸多逻辑推演形态。因此，立法对类别股进行种类筛选时，应秉持慎重斟酌的原则，合理评价并汲取符合社会经济现状发展、具有适合性及实用性的类别股种类资源。针对公众公司量身定制类别股形态，由此招募大众股东，吸纳社会游资而聚沙成塔。

第一节　公众公司类别股的种类甄选

类别股制度的生命力在于种类衍生下股权样态的多元，但公众公司股权结构中涵纳的类别股种类有限。实现类别股适用筛选之优化，奠基于类别股衍生之种类资源盘点，立法为类别股之允洽适用提供素材基础，后借由与章程自治之衔接配合完成。具言之，先由立法对类别股种类资源进行一次筛选，划定类别股章程自治的设定空间。其次，章程对立法划界内类别股种类资源的二次选定，完成特定公司股权结构的个性化设计。

我国《公司法》健全类别股设置已是大势所趋，具体的类别股制度如何构建和完善？对公众公司，立法对类别股的章程自治范围宜采更深的干涉，从立法留白转向类别法定，明确规定公司可予设置类别股的类型。特别是攸关公众利益的上市公司，在中国类别股制度建构之初，不应为上市公司类别股契约自治范围提供过于花哨的种类选择，而宜代替市场主体对类别股进行"格式化"或"标准化"的权利配置，限定地引入经过斟酌的下列三类类别股：特定种类的优先股可广泛用于所有上市公司，对科技创新企业则可放宽适用董事选任股及双层股权结构。

我国的类别股规则制定初探，已经折射出区分公司形态分别立法的思路。《优先股试点管理办法》中将"上市公司发行优先股"的情形单列成章，将其权利内容相对限定，从而与非上市公众公司可发行内容更为宽泛的优先股相区分。顺延这种制度设计的思路，对公共投资者利益相关更甚的公众公司，立法应对其采取严格谨慎的约束干预态度，限定公司类别股章程设计种类的范围。尤其是公众公司中的上市公司，其股票是一种大众的、平民化的证券，法律因此严格规范其运作。[1]

如何确定公众公司类别股权的可选类别，以维持公司内部的生态平衡？下文三类特定类别股之探讨，乃基于立法划定上市公司类别股契约自治范围之谨慎，针对性的类别股本土筛选。

一、上市公司类别股之通用选择

类别法定式类别股立法路径，内含着立法划定类别股契约自治范围的谨慎。中国上市公司股权结构由清一色的普通股向多元类别股并

---

[1] 甘培忠、雷驰：《对金融创新的信义义务法律规制》，《法学》2009年第10期，第67页。

存蜕变，对强化披露的市场机制、啄木鸟式的机构投资者及一究到底的诉讼文化等提出更高层级要求。然此配套运行机制的培育非一蹴而就，因此，在类别股制度建构之初，不应为上市公司类别股契约自治范围提供过于花哨的种类选择。

在对类别股初级归类形成的八种样态的类别股中（详见表2），类别股制度设置微探，除了统辖既往股权结构的标准普通股，另只宜限定适用最为广泛的特别股——优先股。优先股已从最初一种形式简单的股权类别，发展为今天门类齐全的融资工具。域外的纽约、伦敦、巴黎、法兰克福、东京、新加坡、澳大利亚等证券交易所均接受优先股挂牌交易，早已占据上市流通股票的一席之地，其中纽约及纳斯达克证券交易所的优先股交易尤为活跃。

在中国，公众公司中正在试点最为典型的一类优先股。[1] 此举赋予优先股以突破单维普通股垄断中国公司股权格局之重任，各有千秋的普通股与优先股之"联姻"被寄予厚望，以助力于公司股权结构的优化架构。

在中国上市公司中推行类别股权结构之初，适宜将优先股大类下衍生的诸多权利可能，进一步限缩为权利内容较为固定的强制分红、可累积、非参与、不可转换的优先股。[2] 其实，这正是《优先股试点管理办法》中为上市公司发行优先股的权利内容设定。[3] 为何在类别股制度推行初期，对优先股种类创设采取上述严格限定？

支持理由为：首先，强制分配优先股具有股利分配确定的优势。一方面，股息从公司的税后利润中支付。没有利润可供分配的公司，无

---

[1] 根据《优先股试点管理办法》的第二条的规定，所称优先股指其股份持有人优先于普通股股东分配公司利润和剩余财产，但参与公司决策管理等权利受到限制的股份。

[2] 其中，强制分红、可累积、非参与乃利润分配子权利的权能衍生，不可转换为转换权子权利的表现。

[3] 参见《优先股试点管理办法》第28条及33条。

法支付股息。而即使有可供分配的利润，非强制分红优先股股东也无绝对权利要求分配股息。缘由在于，普通股股东与优先股股东之间的固有利益冲突，极可能使普通股股东控制的董事会在公司盈利充沛的年份，做出拒绝分配利润的经营决策。当非强制利润分配暗含的"公司不一定必须进行利润"分配常态化，将侵蚀投资者对中国优先股权市场的信心。另一方面，过往中国上市公司鲜有分配利润之实践。强制分红有助于上市公司养成向投资者分配利润的习惯，缓解资本市场唯买进卖出之差价为投资对象的投机行为，培育良性运作的中国优先股市场。

其次，非累积优先股股东的可得红利面临被普通股股东控制下的董事会侵害之虞，而股利累积的优先股更有利于投资者权益的有效保护。在"Guttmann v. Illinois Central Railroad Co."[①]一案（1951年）中，被告伊利诺伊中央铁路公司在1937年至1948年间每年均有足够分配优先股红利的净收入，却从未向原告Guttmann持有的非累积优先股股份分配红利。原告由此起诉，主张董事会于该年份期间宣布不分红的行为并不适当。然初审法院及上诉法院均未支持愤懑的非累积优先股股东，强调无论公司是否存有净利润，未宣布股利年份的未得股利亦不再累积。此案带来的启示为，股利累积的优先股更有利于投资者权益的有效保护。诚然，在满足优先股红利分配条件的年份，董事会基于商业判断规则未宣布非累积优先股股利分配的决策，将导致该年份优先股股东可获股利不可逆地归零。而在股利可累积的情况下，只要公司泰然未倒，待运营良好之年份，公司仍应向股东支付逐年累积的股利。

再次，参与性优先股经济利益的绝对优势，可能折损普通股对投资者的吸引力，对中国既有普通股市带来一定的冲击。传统优先股典型表现为股利分配的"非参与性"，以与普通股之利益分层相区分，类别股推行初期宜采形态单纯的非参与性优先股。

---

① 李莘：《美国公司融资法案例选评》，对外经济贸易大学出版社2006年版，第108—113页。

最后，允许上市公司发行可转换为普通股的优先股，将重现股权分置改革中"解禁非流通股、实现全流通"伴生的"股份存量增加致股价下跌"的风险。① 现阶段锁定优先股不可转换的性质，有利于中国证券市场对优先股的调试及适应。待他日公司对现有类别股资源运用自如，可进一步扩张上市公司类别股契约自治的种类范围。上市公司发行上述特定类型的优先股，应有权在二级市场上进行流通交易。

二、创新型公司类别股种类筛选

出于对控制权旁落的治理风险之忧虑，创新型企业往往具有独辟蹊径之探索精神，寻求特殊股权安排以满足公司融资及治理创新的双重需求。

（一）董事选任股

创新型企业中创始人对控制权的保有存在特殊需求，这诠释了中国背景创新型企业鱼贯赴美上市的动机之一，在那里，上市公司被允许发行双层股权结构②的股票，以实现管理层稳握公司控制权而免受敌意收购侵扰的目标。2014 年阿里巴巴放弃首选上市地香港，转向能支持其保障控制权治理创新方式的美国市场即适其例。展望未来，中国将持续涌现一大批创新型新经济公司，能否提供合适的类别股资源以支持其治理需求，关系到对这些经济体的包容度、吸引力及中国资本市场的繁荣度。

---

① 基于此原因，《优先股试点管理办法》一改"征求意见稿"中允许上市公司发行可转换为普通股的优先股的规则，而限定上市公司一般不得发行可转换为普通股的优先股。

② 双层股权通常是公司发行两种（或以上）类型在投票权方面具有差异的股份，一类为多重投票权股，另一类为普通投票权股，通过对现金流和控制权的分离来实现管理层对企业的有效控制。

实际上，发行限制、无表决权优先股或双层股权结构普通股，均可实现公司筹集资本及管理层维持支配权的双重功能。但是，优先股的发行比例往往受限，发行更多的优先股筹资，意味着更多数量普通股的配套。因而从股权结构总体看，优先股给管理方带来的"控制权维持"的利益是有限的。并且，优先股上附着的利润分配优先权对企业经营活动产生利润的分流作用，为公司带来较普通股更为沉重的偿付负担。相形之下，双重股权结构普通股的优势凸显，该股权结构赋予特定股东以多数表决权，其实现"防止控制权旁落"的功效，却无须承担优先股的优先偿付股利的负担。但因其直观的"不公平性"，形成公司易被少数人操纵的负面效益，亦多遭诘问。德国公司法不允许发行限制普通股表决权的股份。[1]而多年占据全球经济自由指数榜首的香港地区至今因坚守"同股同权"原则，未允许上市公司践行双重股权结构。[2]

对于中国，"一股独大"现象为上市公司带来的阵痛远未平息，股权分置改革及国有股减持的疗伤法需逐步发挥作用，近期内无法消解中国股权结构过于集中的问题。因此，即使特殊表决权普通股对特定公司参与方存在相当的价值，当下的中国公众公司尚不宜普遍引入该类别股。

阿里巴巴推行"合伙人制度"[3]带来的启示是，创新型企业对控制权的特殊青睐，可通过对普通股附加董事选任权子权利以实现。与主流认定阿里合伙人制度乃"变相的双层股权结构"的观点相左，将合伙人持有的股权本质抽象为附董事选任权的类别股，其实更为允洽。

---

[1] 李海燕：《建立我国类别股制度的构思》，吉林大学博士学位论文，2014年，第84页。

[2] 2014年香港证监会拒绝阿里巴巴以类似双重股权结构方式在香港上市，即为香港对上市公司类别股制度特别限制之经典案例。

[3] 阿里巴巴"合伙人"，作为公司的运营者，业务的建设者，文化的传承者，同时又是股东，有权提名并任命董事会中的大多数董事人选，以实现对公司的控制。

正如蔡崇信对阿里合伙人制度的解读："我们从未提议过采用双重股权结构（Dual Class）的方案。一个典型的双重股权结构，是允许那些拥有更高投票权的人在公司任何事务的投票上享有这种权利。而我们的方案则充分保护了股东的重要权益，包括不受任何限制选举独立董事的权利、重大交易和关联方交易的投票权等。"[①] 由此观之，不同于双重股权结构囊括股权表决权所有事项的效果，附董事选任权股份仍为股东保留了除董事选任重大事项外的表决权。

应当注意，可为中国类别股立法模板借鉴之一的日本《公司法》，就上市公司发行董事选任股存在限制。缘由在于，对于一些成熟的公司，既有董事会掌控下的超稳定公司治理结构，常使管理团队失去被替换的紧迫感，进而产生惰性。更新的管理层力量介入，为公司的发展及变革带来可能。运用高管选任股（包含董事选任股）"排斥异己"，更多满足了现任管理层的短期利益，而不符合全体股东的整体最大利益。

综上，对在创业板谋求上市的企业，除通用于上市公司的类别股种类，可另设条件，向其提供附带董事选任子权利的类别股份。

（二）双层股权结构

"一股一权"作为一种常态化的股权表决现代标准，系公司制度进化过程的产物，但非放之四海皆准的强制性最优规则。普通股内部经历的表决权子权利裂变细分，形成了附带不同表决权的普通股阵营，这为双层股权结构[②]的形成提供基本的股权素材铺垫。哥伦比亚大学法学院教授戈登对双层股权结构的描述为，该结构中的第一类股份含低

---

① 蔡崇信：《阿里巴巴为什么推出合伙人制度》，《创业家》2013年第10期，第101页。

② 双层（重）股权结构，又称多层（重）股权结构，意指公司股权结构中包含两种或以上具有不同表决权的普通股。因此，称为双层普通股权结构更为精准，英文中常用对应表述为"dual class structure"，"dual class common stock"，"two classes of common stock"。

级表决权（inferior voting right），主要针对公众投资者发行。第二类股份拥有增强的或"超级"投票权（superior voting right），主要为公司内部人所持有。双层股权结构主要通过两种方式实现：其一为首次公开发行股票（IPO），其二为股权重置（recapitalization），即通过修改公司章程、交换要约、特别分红、投票权转换等方式实现原有股东持股表决权的改变。

通常，融资即意味着公司原始股东的股份面临稀释，创始人或管理层作为公司领航人之地位将遭受威胁。双层股权结构则不其然。尽管各双层普通股权结构的安排于细节处不尽相同，其效果均显著地表现为将公司治理从经济参与中剥离出来。[1] 双层股权结构允许内部人在大规模融资的同时，仅仅持有少数超级表决权股份，即掌握公司的控制权。故而，双层股权结构为管理层提供了股权融资与控制权保有"鱼与熊掌可以兼得"的完美方案，它给予特定股东以多数表决权之特权，该表决权集中的效果有助于锁定公司的控制权，防止外部资本入侵带来的掠夺性收购及控制权旁落之风险。

从另一角度看，该优点的另一方面亦是缺点：运用双层股权的公司，作为中小股东的公众投资者持有相对低级表决权股，标志着其话语权空间进一步被压缩。双层股权结构削弱了他们行使表决权监督公司内部人的权利，实际上相当于创造出一个永存的管理者阶层，即使该管理层难孚众望之时，其控制地位依然难以撼动，这可能引发公司内部治理结构失灵等多种风险。鉴于此，德国公司法不允许发行限制普通股表决权的股份[2]，奥地利、意大利亦不允许发行无表决权的普通股。而多年占据全球经济自由指数榜首的香港地区至今因坚守"同股

---

[1] Jeffrey N. Gordon, "Ties That Bond: Dual Class Common Stock and the Problem of Shareholder Choice," *California Law Review*, vol. 76, 1988, p. 4.

[2] 李海燕：《建立我国类别股制度的构思》，吉林大学博士学位论文，2014年，第84页。

同权"原则,未允许上市公司践行双重股权结构。[1] 即使在双层股权结构滥觞于实践的美国,围绕该股权结构之废立,亦存在过激烈的争论。

上市公司运用非标准表决权普通股,与作为公司资本结构根基的标准普通股一道构成双层股权结构的情形,主要可归于三种:第一,上市公司通过 IPO 实现双层股权结构。第二,上市公司在运营过程中,通过发行限制或无表决权股实现双层股权结构。第三,上市公司中途剥夺或限制现有股东的表决权,从而构成双层股权结构。

第一种情形,上市公司于 IPO 时发行不同表决权的"普通新股",典型如 IPO 时向公司内部人发行复数表决权普通股,同时向公众投资者发行限制或无表决权普通股。此时,潜在投资者对类别股的认购,基于信息披露的市场环境。他们在购股时既已明了所持股份附着相对较低的表决权,故对相应风险有充分认知及预见。投资者具有自由选择权,若其不愿受此类别股条款约束,大可弃之而另觅投资良机。此外,发行公司知悉公众股东已预期到双层股权结构可能伴生着将来来自控制股东的排挤与盘剥,为吸引投资,或合公众股东折价购买的要求而降低股票售价,或愿意支付更高股利,或承诺施行相应约束公司内部人的治理机制。总之,此时公司并未剥夺投资者权利,公司价值借由市场机制反映,所生成本由发行公司承担。此种双层股权的公司融资方案维持原有股东的控制地位,便利公司融资同时又不违背中小股东的意志,不应禁止。[2]

第二种情形,公司上市后再融资时,向公众股东发行限制或无表决权的普通股。此种股份发行未剥夺、稀释或未显著稀释现有股东的表决权,未导致公众股东地位的恶化。而投资者购买此类股份并自愿

---

[1] 2014 年香港证监会拒绝阿里巴巴以类似双重股权结构方式在香港上市,即为香港对上市公司类别股制度特别限制之经典案例。

[2] 朱慈蕴、沈朝晖:《类别股与中国公司法的演进》,《中国社会科学》2013 年第 9 期,第 161 页。

承受结果,乃合同自由及意思自治之体现,故法律对此情形股份发行应予允许。

第三种情形,指公司在运营过程中,通过资本重置的各种交易形式,将公众股东所持相对高级别投票权股份置换为低投票权股份,或新发复数表决权类别股,从而限制或取消既有股东的表决权。实现此种资本结构调整的常见做法为,公司内部人先行征集授权委托书,寻求多数股东就"运用双层股权结构进行资本重组"的支持。继而由公司发行限制或无表决权普通股,以置换公众股东所持的标准普通股。

美国多数公司法及经济学学者反对此种股权结构的变更交易。具言之,原本单层股权机构的上市公司,在首次公开发行股份后的运营中,剥夺或限制现有股东的表决权创设双层股权结构的交易,其目的及效果值得怀疑。斯坦福大学的公司法学者 Ronald J. Gilson 教授和经济学家沃顿商学院的 Grossman 教授,以及哈佛大学的 Hart 教授提出的反对理由为:其一,即便此种资本重组减少了公众股东的财富,由于缺少必要信息,兼之存在集体行动的困难,公众股东同样可能决议通过该行为。其二,公众股东对公司股权结构该项调整的"多数同意",并不意味着清晰反映股东意志,而可能出于管理层的"威逼利诱"。公司管理层为巩固己方或其代表的控制股东的地位,使双层股权结构资本重整计划获得公众股东的同意,通常会综合运用激励、胁迫或虚张声势等数种策略性行为,以增加博弈胜出的机会。[1]一者将该资本重整计划与股利甜头(dividend sweeteners)进行捆绑,给予接受低表决权普通股的公众股东以更高水平的股利,从扭曲公众股东的选择。[2]二来管理层掌控了公司的信息及表决程序。三是管理层可能利用

---

[1] Jeffrey N. Gordon, "Ties that Bond: Dual Class Common Stock and the Problem of Shareholder Choice," *California Law Review*, vol. 76, 1988, pp. 49-50.

[2] Jeffrey N. Gordon, "Ties that Bond: Dual Class Common Stock and the Problem of Shareholder Choice," *California Law Review*, vol. 76, 1988, pp. 47-48.

"恐吓"（coercive tactics）的胁迫手段。其可能宣称，如若计划通过，公司内部人及公众股东均将收益，否则双方均将受损。

此外，Gilson 教授则从交易成本的角度切入，反对公司中途进行双重普通股资本结构调整（dual class recapitalization）。就收购方而言，支付控制溢价购买控制股份是一种获得目标公司控制权的有效方法，可以达到与要约收购、公司合并及主要资产出售相同的效果。Gilson 教授认为，此时公众股东的表决权被稀释甚至剥夺，通常意味着其同时被剥夺了控制权溢价。这将导致公司内部人在未支付控制权溢价市场价格的基础上，凭借公司控制权，将股份表决权上附着的控制权溢价财富由公众股东转移向己方。此种变更交易的成本，实质由公众股东承担。因此，基于公众股东利益保护的宗旨，此类资本结构再调整应被禁止。

上述学者的论断，成为 1988 年 7 月美国证券交易委员会（SEC）颁布的"Rule 19c-4"内容的支持理由。该规则以保护公众股东利益为宗旨，禁止公司内部人通过重新资本化的方式，剥夺公司既有股东的表决权。但是，该规则并不禁止上市公司 IPO 是发行各类表决权股份，也允许公司于增发新股时，发行限制或无表决权普通股。对于已经发行在外的复数表决权普通股，则不溯及既往。[①]

1994 年，在 SEC 的敦促下，美国三大证券交易所（NYSE、AMEX、NASDAQ）签订了一份与"Rule 19c-4"内容基本一致的协议。该文件梳理的三大交易所对待上市公司双层股权结构的规制态度，颇值借鉴：首先，允许 IPO 时发行复数、限制或无表决权普通股。其次，在上市公司 IPO 之后的运营过程中，同样允许发行限制或低表决权（low voting），甚至无表决权普通股。最后，已经上市的公司，中途禁止发

[①] Ronald J. Gilson, "Evaluating Dual Class Common Stock: The Relevance of Substitutes," *Virginia Law Review*, vol. 73, 1987, pp. 808-809.

行复数表决权普通股。当然，这一禁止要求不会溯及既往地适用于之前已经发行的不同表决权普通股。

自2000年以来，双层股权结构愈发受到新兴科技创新型公司的青睐，形成一种发展趋势。Google于2004年上市时即采双层股权结构，随后，越来越多的美国科技创新型公司运用双层股权结构上市融资，诸如Facebook、LinkedIn、Zynga等公司。双层股权结构不仅在域外广受科技创新型公司的追捧[1]，中国对双层股权结构存在的需求亦显而易见。截至2014年5月，102家于美国证交所上市的中国企业中，将近三分之一采用双层股权结构，占到赴美上市中国背景企业总市值的百分之七十。[2] 中国背景科技创新公司中的领军者，出走国门远赴境外上市，原因之一即国内证券交易所上市规则固守"一股一投票权"规则，而无法支持双重股权的安排。2014年阿里巴巴放弃首选上市地香港，转向能支持其保障控制权治理创新方式的美国市场即适其例。

尽管"一股一权"表决权结构之运用相当普遍，芝加哥大学的菲谢尔教授（Daniel R. Fischel）认为，"一股一权"并不是所有公司的最优表决权结构选择。对少数特定公司及其投资者来讲，双层股权结构更为有利，交易所应该允许发行不同表决权"普通股"的公司上市。[3]

中国上市公司股权构成仍未对复数表决权"普通股"放开，直接表现为国内证券交易所上市规则固守"一股一投票权"规则。鉴于我国现行法律制度供给，无法满足科技创新型公司内部人"维持公司控制权前提下的融资需要"，致使多家公司纷纷远赴国外资本市场融资。

---

[1] 自从2004年Google公司IPO发行复数表决权"普通股"进行融资以来，美国越来越多的科技创新型公司采用双层股权结构进行上市融资，其中有Facebook、LinkedIn、Zynga等公司。

[2] 方嘉麟、林郁馨：《CEM之经济分析与管制模式——港台引进复数表决权股之介绍》，载清华大学商法研究中心：《21世纪商法论坛第十五届国际学术研讨会论文集》，2015年，第429页。

[3] Daniel R. Fischel, "Organized Exchanges and the Regulation of Dual Class Common Stock," *University of Chicago Law Review*, vol. 54, 1987, pp. 146-148.

无论对国内投资者抑或证券交易所，均为损失。长远来看，是否固守"一股一投票权"将成为衡量一国资本市场投资环境自由化的标准之一。囿于一股一权原则将成限制中国公司发展的桎梏，因此，在中国推行双层股权结构势在必行。并且，境外致力于双层股权结构公司的实证研究，结果并不一致。有学者研究发现在IPO中采用双层股权结构的公司具有更好的公司经营表现及更多的股票收益，给投资者带来净收益。也有学者研究表明股东通过少量持股获得公司控制权将使公司市值受到负面影响。众说纷纭，但均未有确切证据表明双层股权对公司业绩及股份价值带来负面影响。笔者赞同将双层股权之于创新型公司具体适用，回归市场选择。因为，即便认为双层股权结构于公众投资者的损害大于裨益，也应通过证券交易所的规则来禁止或限制，而不宜借由强制性规范禁止。因为证券交易所规则性质上属于私法上的合约关系，股份公司是出于自愿选择并承受其结果，如果为了保持双层股权结构可以选择不上市。如香港地区向来允许非公众公司采纳双层股权结构，而香港证券交易所强制贯彻"一股一权"单层股权机构的上市要求，即适其例。

这与Fischel教授的结论相一致：是否选择双层股权结构应该由公司合同和资本市场来决定[①]，但对该股权结构之施行时点，是否在当下、是否全面推行，应当慎重抉择。回顾阿里巴巴初拟上市时，首选上市地为香港，但由于港交所坚持一股一权原则，致使阿里巴巴不得不转向纽约交易所。展望未来，中国新经济中将继续涌现一大批创新型新经济公司，能否提供合适的类别股资源以支持其治理需求，关系到对这些经济体的包容度、吸引力及中国资本市场的繁荣度。这触动中国政府及香港特别行政区政府纷纷重新检视既有的"一股一权"政策，

---

① Daniel R. Fischel, "Organized Exchanges and the Regulation of Dual Class Common Stock," *University of Chicago Law Review*, vol. 54, 1987, pp. 136-140.

并考虑是否应允许双层股权结构之运用。

自失去阿里巴巴这桩全球最大的公开发行案,业界的检讨声迫使香港交易所于 2014 年 8 月发布关于复数投票权(weighted voting rights, WVR)的报告,以征求市场参与者的意见。① 历经一年的微询,2015 年 6 月,港交所就第一阶段的微询意见作出初步结论:原则仍应维持一股一权原则。但于特殊例外情况,特定公司在有具体保护措施的前提下,可例外准许其运用附属投票权。② 该提案公布后,旋即遭到香港证监会的否决,拒绝理由为:质疑港交所能够确保采行双层股权架构的公司,能持续符合港交所提出的"例外条件",并持续采取港交所所要求的保护措施。这将致使中小股东权益罹于无以保障之境地。③ 正因未获香港证监会的支持,港交所已于 2015 年 10 月决定暂时搁置开放双层股权结构的提案。④

实际上,对于中国,"一股独大"现象为上市公司带来的阵痛远未平息,股权分置改革及国有股减持的疗伤法需逐步发挥作用,近期内无法消解中国股权结构过于集中的问题,直接启用双层股权结构无异于雪上加霜。此外,双层股权结构的适用,将加剧公众投资者和公司内部人之间的利益冲突。稳固控制权的公司内部人,在约束机制淡化的情况下,存在为己谋私的倾向。

鉴于此,双层股权结构之制度化无法一蹴而就,而应秉持渐进式

---

① Mary Swire, "HKEx Consults on Weighted Voting Rights," http://www.lowtax.net/news/HKEx-Consults-On-Weighted-Voting-Rights_65709.html. (2014-09-03)

② HKEx New Release, "Exchange Publishes Conclusions to Concept Paper on Weighted Voting Rights," http://www.hkex.com.hk/eng/newsconsul/hkexnews/2015/Documents/1506192news.pdf. (2015-06-19)

③ Bloomberg Business, "Hong Kong Regulator Opposes Proposal to Allow Dual-Class Shares," http://www.bloomberg.com/news/articles/2015-06-25/hong-kong-regulator-opposes-proposal-to-allow-dual-class-shares. (2015-06-25)

④ Financial Times, "Hong Kong Puts Shareholder Rights Ahead of Desire For IPOs," https://www.hkex.com.hk/eng/newsconsul/mktconsul/Documents/cp2014082cc.pdf. (2015-10-05)

的改革路径。中国类别股立法对双层股权之首肯,暂应划定保护性的局部试点适用范围,即限定于创业板的科技创新企业首次公开发行股票时适用。此外,就双层股权结构的试点对象及范围、设立时间、特殊信息披露义务、复数表决权股的权利限制等多个方面进行制度创新及深度开拓。在该范围内,公司是否采纳、市场是否认可双层股权结构,则应交由市场进一步选择,放权投资者进行判断。随着中国资本市场的趋于成熟、类别股运行机制的经验累积增多,双层股权之运用,可逐步全面放开。

科技创新企业对融资以助力企业发展存在迫切需求,同时其内部人常希冀以特殊方式维持对企业掌控力,因此双层股权结构契合该类公司之治理需求。至于双层股权伴生的类别股股东间潜在的利益冲突,关键在于完善预防及救济冲突的规则,譬如,完善信息披露,启用该股权结构须附带特定限制条件及原则,禁止公司通过股权重置的方式实现双层股权机构,仅允许公司通过 IPO 的方式实现双层股权机构等。从而,在满足企业家融资、治理结构需求同时,严格保护公众投资者利益,兼顾股权制度创新。

三、非上市公众公司类别股供给

非上市公众公司类别股的设置在模式选择上,可借鉴日本《公司法》对类别股种类的立法供给,采纳大陆法系法定主义体例下的"子权利法定路径"。具体而言,在类别股立法一次筛选的范围内,择取适合当下中国非上市公众公司的标准化子权利种类,允许其发行不同子权利内容重组的两个以上不同类别的股份:利润分配权、剩余财产分配权、表决权、转换权、否决权及董事选举权。

此处对子权利的周全列举,未囊括包含投资者或发行人主张的"回赎权"。虽然,域外公司法大多规定了股权回赎问题。如美国《标准公司法》及纽约州、加利福尼亚州等在内的许多州均规定，只要公司保留任何一类普通股不可赎回，公司可以将其他任何一类或几类或任何系列股份确定为可赎回股份。但是公司发行的股份不能全都是可赎回股份，必须保留不可回赎的一类普通股，哪怕仅有一股。中国新施行的《优先股试点管理办法》亦许可对优先股附加该权利的自由。但我国目前采纳的法定资本制对股份回购存在限制，无法兼容优先股之"回赎权"。在下一轮公司法修缮之前，为避免公司法律制度体系内的规范冲突，暂不宜纳入投资者要求回售优先股及发行人要求赎回优先股这两项子权利。将来，可尝试逐步增加法定子权利的范畴，从而平稳推行非上市公众公司类别股制度的实施。

第二节 公众公司类别股的种类扩展

类别股的丰富化，于企业，提供筹资渠道的便利性；于股东，带来多样的投资商品。对公众公司类别股权差异化的严格限制，是否可能折损公众公司资本筹集过程中的创意性与努力，是否不利于公司经营的灵活安排，又是否足以使公司有能力适应未来环境的变化？即使答案肯定，在公众公司类别股制度创设的初始阶段，仍应以强制性规范为主导，先行确立投融资双方亟需的类别股种类，同时适当辅以任意性规范，在设计上保持一定的开放度。然而，为公众公司灵活运用类别股制度以适应社会经济生活的需要，仍应留有余地。

类别股权的立法设计非一成不变。伴随资本市场的发展演进，类别股发行和交易的配套制度健全，投资者保护水平提高，类别股之适用，以实践灵动的运用形式，助力催生类别股种类衍生的新拓展。逐步放松法律对类别股种类的管制，扩大公司章程对资本结构安排的自治性。届时，公众公司类别股种类衍生下的适用筛选空间，将突破既有制度设计而持续拓展。类别股种类设置由简到繁，从法定强制趋于公司自治，实现公司资本结构的灵活安排、多样化公司治理及融资创新。

一、控制权领域的类别拓展

公司控制权安排与资本结构的选择密切相关。依托类别股权的实践衍生运用，公司控制权的博弈，远可挣脱资本的约束，而形成多元的控制形态。

（一）强化内部人控制权的类别拓展

强化内部人控制权的类别拓展，实质为运用类别股方式实现控制权强化机制（Control Enhancing Mechanisms，简称 CEMs），助力公司内部人实现稳定经营权、追求长期利益、促进人力资本等裨益。即使在允许双层股权运用于上市公司的法域，通常也限制以资本重置的方式创设双层股权结构。然而，作为可能的一种类别股创设形态，仍有潜在拓展价值。上市公司成立后，修改公司章程以股权重置的方式形成双层股权结构，主要有两种方式：其一，公司新发高表决权低收益权的 B 类股票，邀请持有 A 类标准普通股的公众股东进行股份置换。该方式的一种变式为，公司将股利水平相对较低的超级表决权普通股作为股利分配予股东，同时附加转让条件限制，即该股份于转手之时自动剥离超级表决特权，成为低表决权的传统普通股。其二，公司新发低表决权高收益权的 B 类股票，准予公众股东以原有 A 类标准普通股进行转换。上述两种方式看似殊异，鉴于公众股东对股利的普遍偏好，他们一般不会选择相对高表决权而低股利水平的类别股。[①] 因此，

[①] Stephen M. Bainbridge, "The Short Life and Resurrection of SEC Rule 19c-4," *Washington University Law Quarterly*, vol. 69, 1991, pp. 572-573.

两种股权置换的结果趋同，最终将由公司经理人及其团队认购优级表决权类别股，这样交易的结果是公司的控制权掌握到了公司内部人手中。

对公司控制权的角逐，也可能借用附带全部取得条件的种类股辗转完成。日本《公司法》第234条第1款第2项规定公司可发行附带全部取得条件的种类股。将原股东持有的此类股份，每股转换为万分之一的特定种类股，借此，持股不足一万股的股东将接受公司拍卖其股票所获折价金额，而无法获取更新的股份。日本 REXHOLDINGS 公司在2007年时将公司全部普通股转换为附带取得条件的股份，然后以一股普通股相当于0.00004547附带全部取得条件股的比例向原股东交付股票，同时清理了公司内的少数股东。①

中国电商巨头阿里巴巴创设"高管合伙制"（Alibaba Partnership），亦带来控制类种类股丰富化的启示。这种"合伙人控制权结构"的独特治理模式，旨在助力创始人马云团队凭借较小的持股比例而稳固控制权。这种创新的股权结构，被普遍认为实质乃双层股权结构之变形。其于2013年被坚持一股一权原则的香港证券交易所拒绝上市申请，后转道于2014年成功赴美上市。与经典的双层股权结构相比较，该模式未明确对公司的股份进行二元分割。实际上，阿里巴巴高管合伙制可视为董事选任股，在公司章程中规定董事提名的特殊程序，拥有阿里巴巴合伙人身份的一群股东集合，独具提名董事会大多数人选及半数以上董事会成员控制权的特殊权利。合伙人提名的董事仍需经股东大会表决通过始能任命，不过，即使合伙人提名的董事于股东大会落选，合伙人有权继续提名直至满足多数董事会席位。若被提名者因某种原因离开董事会，合伙人集体有权补充任命临时董事。此外，合伙人数

---

① 布井千博、朱大明：《论日本法中的公司种类股与风险金融》，载王保树主编：《商事法论集》第18、19合卷，法律出版社2010年版，第25—26页。

量未作封闭限制，公司每年可选举新合伙人，由既任合伙人向合伙人委员会（partnership committee）提名，并由全体合伙人的 75% 以上表决通过。①

（二）阻遏内部人控制权的类别拓展

内部人控制权的滥用，将引发对公司治理的戕害。因此，阻遏内部人控制权的类别股拓展，殊为关键。

表决权的累积，左右公司控制权之走向。在未及撼动公司整体控制权的领域，对表决权的雕琢，构成公众公司类别股种类丰富的重要界域。其一，典型可借由投票权封顶计划完成。无论股东本身持股数量多少，设置有效的表决权门槛比例，剥夺超过门槛比例的股东表决权，将有助于阻遏敌意收购。其二，可启用表决权与持股期间关联计划。公司章程赋予类别股股东超级表决权，以股东持股特定年限为前提。未达特定持股年限，每股仅享一个表决权。该措施意味着增加敌意收购方未获取控制权所需持股数量，从而将有效阻遏敌意收购。

在双层股权结构的公众公司中，不同表决权类别股股东发生利益冲突时，应注意保护低投票权普通股股东免遭控制类别股股东的损害。可赋予低投票权股东群体以一定比例的董事选任权，从而保障公司生态系统中，该类弱势群体对公司事务的知情权及话语权。

直接围绕公司控制权领域的类别股股权设计，必将成为公众公司类别股股权种类拓展的重要领域。控制股东的"当权地位"（power-position）极具价值，公司控制权之转让攸关公司及少数股东的利益。根据学者安德鲁斯提出的"股份转让中股东的平等机会原则"②，可新拓

---

① Alibaba Group Holding Limited, "Registration Statement of Alibaba Group," http://www.sec.gov/Archives/edgar/data/1577552/000119312514341794/d709111df1a.htm. (2014-09-15)

② William D. Andrews, "The Stockholder's Right to Equal Opportunity in the Sale of Shares," *Harvard Law Review*, vol. 78, 1965, p. 505.

附带此股权子权利之类别股，以支持控股溢价分享理论（Sharing the Opportunity）：在公司控制权交易过程中，鉴于控制股东所持股权具有对公司的控制价值，较少数股东通常能以相对高价转售控制股份。这种溢价常涉及转移少数股东的利益，应属于公司全部股东。并且，当公司因股权转让致控制权转换时，可能导致对中小股东不利的公司经营策略及掌舵人变更。此时应给予他们退出的机会。[①] 故而，当控制股东转手股份，与其同类别、同系列的任意其他股东，均应享有平等机会，以大致相同的条件出售股份，共享溢价。我国及西欧、英联邦一些国家对上市公司设置强制要约收购制度，当特定持股者比例达到法定比例时，强制其向目标公司同类股权的全体股东发出公开要约，不允许特殊股东获得特殊的价格[②]，此即控制权溢价分享运用实例。

控制权溢价分享子权利在双层股权结构公司中的衍生运用，可比照加拿大 TSX 交易所要求上市公司对公众股东提供的控制权转让溢价共享保护条款，或曰燕尾条（coat-tail provision）进行设计，对次级表决权股份持有股东进行保护。自 1987 年起，作为对公众股东特有的保护机制，加拿大即对双层普通股权结构公司施加在公司章程中包含燕尾条款的要求。该条款于向公司超级表决权股发起购买要约时被触发，要求双层股权结构中限制表决权于控制权收购时，可转换成超级表决权普通股并具同样的表决权。[③] 故而，要求对公司超级表决权股发起的购买要约，应同时向其他次级表决权持有股东提供同样的购买条件。燕尾条款的施行，使控制股东的控制权溢价于所有股东间共享分配，防范其于公司收购中的财产转移行为，抑制少数控制股东于控制权出售时获取的巨大溢价，避免次级表决权股东从控制权交易中一无所获，

---

① 李雨龙、陈景云主编：《投资并购经典案例法律评析》，法律出版社 2008 年版，第 14 页。
② 习龙生：《控制股东的义务和责任研究》，法律出版社 2006 年版，第 229 页。
③ 刘胜军：《类别股法律制度研究——以类别股利益冲突为中心》，清华大学博士学位论文，2015 年，第 128 页。

从而实现对少数股东的保护。[1]

在双层股权结构公司中的类别股拓展，可能大有所为。除了引入"燕尾条款"，还可于类别股的自定义中借鉴"日落条款"来保护普通股投资者。日落条款的运用，指在法律或合约中，订立部分或全部条文的终止生效日期，目的是在该条文终止效力前置备一缓冲期，得以先行准备及实施相关配套措施。以国外著名团购网站 Groupon 的运用为例，其公司章程中规定了"日落条款"，公司上市 5 年后，高级表决权股须转换为"一股一票"的普通股，实质可视为创设附期限转换表决权类别的股份。

二、财产权界域的股权延伸

公众公司类别股种类丰富的另一领域，在于股权财产类子权利的创新设计。以美国股份公司发展出来的追踪股（tracking stocks）为例，这种类别股又称目标股，受益权仅与发行公司特定的业务部门或子公司的经营业绩挂钩，而不与整个发行公司整体经营情况相关，由此决定该类别股的股利及剩余财产分配。通用汽车公司即曾发行过此类股份，根据两家全资子公司而非通用公司本身的业绩，分别发行 E 类普通股和 H 类普通股。[2]

在发达的资本市场，公众公司于类别股运用的成熟阶段，可能无法绕开毒丸计划的使用。毒丸计划又名"股权摊薄反收购策略"，为系列形式多样的反收购措施之梗概，初始版本由美国著名并购律师马丁·利普顿所创，在企业面临并购威胁时被启动。通过提高企业并购成本，挫败旨在夺取发行人控制权的收购行为。入门级的"毒丸"权

---

[1] Daniel P. Cipollone, "Risky Business: A Review of Dual Class Share Structures in Canada and a Proposal for Reform," *Dalhousie Journal of Legal Studies*, vol. 21, 2012, p. 80.

[2] 亨利·汉斯曼：《企业所有权论》，于静译，法律出版社 2001 年版，第 91—92 页。

证，常见为作为红利配给既有普通股股东的一种特别权利，权利持有者享有在权证的有效期内依约购买特定数量股份的权利。其实质为目标公司向既有股东发行附可转换为普通股权子权利的优先股。公司一旦濒临收购，如发生未经认可的一方收购目标公司一大笔股份（一般为10%至20%的股份）等事件时，董事会即行启动"股东权利计划"，通过股本结构重组，股东持有的优先股可转换为一定数量的普通股，致新普通股充斥市场，收购方持股或表决权比例下降，收购代价高昂而达致反收购效果。

华为技术有限公司的虚拟股权，可视为财产类种类股的一项特色创新。该公司的股东由华为投资控股有限公司工会委员会和自然人任正非两方构成。该公司优秀员工会与公司签订一份特殊的持股合同，取得虚拟受限股，对应公司相应的净资产增值部分。在这种虚拟股制度下，该公司工会授予持股员工可获取一定比例的分红，但并不等同于常态的"股权"，不享有表决权，亦无法转让。待员工离职该公司，虚拟股由工会按原价回购。经过十余年的增发运作，华为虚拟股的总规模已达惊人的数万人持股程度，收益颇丰。工会作为股东，实乃此类持有虚拟受限股股东之抽象集合，其参与公司重大事项的决策，由虚拟受限股持股员工代表会审议并决策。[①]

第三节 公众公司控制权强化类类别股的规范

公司控制权诚有价值，其持有者实质性地掌舵着公司治理的进程。控制权强化机制又称控制权和现金流权分离机制，运用小额现金流权

---

① 吴建斌：《从"孟文公案"中的优先股争议看类别股权益的平衡路径》，载清华大学商法研究中心：《21世纪商法论坛第十五届国际学术研讨会论文集》，2015年，第485页。

撬动大额投票权的杠杆原理，助力控制股东以精简经济成本的方式实现对公司的稳固控制。数种法律策略可被用于突破传统公司法中经济份额与投票权等比配置的默认格局，使控制股东持有大于其终极现金流权的投票权比例，包括发行无表决权股、忠诚股份、黄金股、存托证券及杠杆收购、交叉持股、表决权信托、股东协议等，其中金字塔及双层股权结构为各法域上市公司适用最广的控制权强化机制。[1] 金字塔结构易于形成多层次多链条的公司群落系统，指顶端的终极控制人利用持有控制权的上层公司，逐级向下层公司投资并形成控制份额，至最终获得目标公司的间接控制权。双层股权结构则指公司发行数类表决权各异的普通股，常见被划分为 A、B 两类，B 类附着数倍于 A 类的表决权。

控制权强化机制推行之初原动力，在其有利于控制股东利益的特质。然而，其适用之消极影响亦不可忽视，一则与中小股东的利益偏差，使控制股东易为控制权的私益汲取，二来将使外部控制权市场对管理层的监督制约归于无效。实际上，控制权强化机制的立废演进，正是两种力量交织博弈的产物：减省控制股东维持控制权之经济投入，生控制权强化机制之促进运用；保护中小股东免受盘剥之虞，成控制权强化机制之限制规范。在干涉公众利益卓著的上市公司，这种冲突尤为凸显。

中国股份有限公司曾长期遵奉"一股一权"为股权架构之圭臬，运用金字塔结构控制链的杠杆效应，成终极控制人强化上市公司控制权的主要方式。伴随中国类别股制度之建构[2]，上市公司可选的控制权

---

[1] Federico Cenzi Venezze, "The Costs of Control-Enhancing Mechanisms: How Regulatory Dualism Can Create Value in the Privatisation of State-owned Firms in Europe," *European Business Organization Law Review*, vol. 15, 2014, p. 502.

[2] 2014 年 3 月 21 日，中国证监会根据国务院的授权，发布《优先股试点管理办法》，首先对类别股中的卓越分支——优先股予以确认，中国类别股制度的构建由此伊始。

强化机制,将延伸至双层股权结构。届时,如何规范控制类别股股东本身或其依托的代理人的滥权行为,将成为公司治理之核心问题。世界各法域对上市公司控制权强化机制的殊异规范路径,中国应当择优借鉴,抑或量体裁衣?下文将着重从上市公司控制权治理的角度,研究类别股制度移植的价值。

一、控制权强化的效益评析

类别股股东运用控制权强化机制,获取与其股权不成比例的公司控制权,对股东价值影响何如?

(一)控制强化机制的负面影响

基于道德与风险不一致的诱因,控制权强化机制加剧了控制股东与中小股东间的利益冲突,致代理成本飙升。利益掠夺假说(Entrenchment Hypothesis)认为,不成比例的控制会破坏股东价值,因为投资者须承担双重的代理成本。其一为因经营权稳固,无人得以监督所产生的无效率。其二为控制权股东与非控制权股东间利益分歧所产生的代理成本。[①]

美国哈佛大学法学院拜伯切克教授(Lucian Arye Bebchuk)指出了三类利益偏差情境:投资项目的具体选定,利用公司资财进行扩张投资及控制权转移交易。第一类典型出现于公司面临多项投资项目,内部控制人操控公司选择次优项目的情形。此时,终极控制人以较低的现金流权比例,能够更多外部化其不当行为的成本,其因做出该不

[①] 方嘉麟、林郁馨:《CEM 之经济分析与管制模式——港台引进复数表决权股之介绍》,载清华大学商法研究中心:《21 世纪商法论坛第十五届国际学术研讨会论文集》,2015 年,第 431 页。

利选择而遭受的经济份额损失，仍低于他从次优项目中汲取的私益。①第二类基于股东拥有更多控制权并承担相对少的经济风险时，将扭曲最大化股东财富的动机。②控制股东倾向将现金资源留存于公司，而非与中小股东分享，故有低效率扩张公司规模之过度投资行为。③第三类情形涉及控制股东与中小股东于控制权转售时的不同动力。控制权交易主要存在两种不同的模式，第一种基于"市场规则"，控制股东就最高可能价格出售其控制权份额所获溢价，无须与其他股东分享。第二种基于立法规定或在适用"市场规则"下的公司章程中嵌入协议安排，采用"强制性邀约收购规则"（亦称"机会平等规则"），所有股东有权以控制股东售卖股票的相同价格出卖股份。此时，在出售控制权的交易中，控制股东是唯一丧失控制权私益的一方，而并购方支付的控制权溢价，按照股东所持现金流分配比例，将由所有股东共享。因此，控制股东可能拒绝对其他股东具有价值增加意义的控制权交易。

　　控制权强化机制还将减损上市公司外部市场的监督功效。由于外部市场监督机制的存在，无能或怠于实现股东利益最大化的上市公司管理层可能被撤换。第一种方式为代理权之争。通过表决权的行使，股东实现对管理者的控制关系：一旦有必要，分散的所有权可以充分地集中起来，对不称职的经营者给予恰当的指导，直到把他们"炒掉"。④第二种方式为敌意收购。市场将公司的不济表现与股价下跌相

---

① Federico Cenzi Venezze, "The Costs of Control-Enhancing Mechanisms: How Regulatory Dualism Can Create Value in the Privatisation of State-owned Firms in Europe," *European Business Organization Law Review*, vol. 15, 2014, p. 511.

② 汪青松：《股东关系维度代理问题及其治理机制研究》，《政法论丛》2012 年第 4 期，第 110—111 页。

③ Florencio Lopez de Silanes, Andrei Shleifer, Robert W. Vishny, "Standards of Fairness and the Limits of Preferred Stock Modifications: Harvard Institute of Economic Research Paper No. 1839," http://papers.ssrn.com/sol3/papers.cfm?abstract_id=52871. (1998-01-14)

④ 梁上上：《股东表决权：公司所有与公司控制的连接点》，《中国法学》2005 年第 3 期，第 113 页。

联动，低位的股价为潜在收购方提供发起敌意收购的条件，购买目标公司相当份额的股份以获取与现有管理层进行谈判的机会，或者直接在股东大会上替换部分甚至全部董事席位。然而，利用控制权强化机制，现金流权占比少量的管理层即可持有足够多的投票权，使上述两类公司治理约束机制归于无效，从而稳固上市公司控制权人的地位。

企业融资成本提高亦是控制权强化机制的一项副产品。机构投资者评估股票价格时，如果该公司现在存在或将来可能运用控制权强化机制，控制股东现金流权及投票权分离所伴生的代理问题，将影响投资者愿意支付的股票购买价格。2007年对全世界445家投资机构的调查显示，80%的投资者认为实施控制权强化机制的股票应进行折价。股价被折损的比例，通常与内部人的现金流权及投票权间形成的楔形差距正相关。[1] 在双层股权结构中，内部人持有的复数表决权股将代表投票权的多数，由此能有效控制提交股东表决的所有事项，这将阻止其他人获得公司控制权，增加外部投资者更换在职管理者的难度。投资者关注到这类管理层构筑控制权防御堡垒伴生的公司治理缺陷，将减低他们愿意支付的对价。[2]

拜伯切克教授的研究进一步表明，公众投资者受到金字塔结构的消极影响：其一，终极控制人利用金字塔结构的内部资源调配，获得融资的成本较低，这使得其经营决策倾向于过度投资，而与中小股东的利益发生偏差。[3] 其二，金字塔内部独特的所有权结构，为控制股东

---

[1] Institutional Shareholder Services, "Sherman, Sterling, the European Corporate Governance Institute, Report on the Proportionality Principle in the European Union," http://ec.europa.eu/internal_market/company/docs/shareholders/study/final_report_en.pdf. (2008-06)

[2] Vishaal Baulkaran, "Management Entrenchment and the Valuation Discount of Dual Class Firms," *Quarterly Journal of Economics and Finance*, vol. 54, 2013, p. 80.

[3] Martin Holmén, Peter Högfeldt, Pyramidal Discounts, "Tunneling or Overinvestment? ECGI - Working Paper No. 73/2005, EFA 2005 Moscow Meetings Paper," http://papers.ssrn.com/sol3/papers.cfm?abstract_id=667743. (2005-03-03)

的利益转移行为提供了渠道。①在顶层终极控制人的授意下，结构复杂、缺乏透明度的金字塔内的各公司间发生的交易，常缺乏独立交易的基础，为转移底层上市公司的资产或利润至其控制股东等"掏空"行为提供了机会。②其三，金字塔结构或生抑制市场竞争之弊害。一方面，金字塔结构控制人运用本身强势的市场地位，阻碍外部企业家的进入，阻滞资本市场的发展，将损害消费者及其他利益相关者的利益。另一方面，大型金字塔结构的控制人更易获取政治支持资源，这在高度受规制的商业部分尤为重要。他们与政府间的关系，随着商业团体政治及经济影响力的累积，从被庇护者演进至有能力影响立法者的强势游说团，这将进一步强化其于行业内的垄断地位。

（二）控制权强化机制的积极效益

长期价值创造（long-term value creation）假说认为，控制权强化机制可助力管理层抵御华尔街式的短期投资哲学，专注于公司的长期投资与长远发展。并且，基于契约自由及公司自治之原则，应允许公司自行追求适合该公司的控制权结构，承认 CEMs 的合法性。③

控制股东可运用控制权强化机制以监督管理层。经济风险承担与管理专业化的分离，带来代理成本问题。以市场机制规制管理层代理成本，通常在股价大幅下跌的有限情形始能发挥作用。此时，控制权更迭并更新董事会成员带来的利益，超越争取行为付出的成本，敌意收购方或积极股东才生争夺控制权之行动动力。这使得控制股东监督管理层，成为对市场规制代理成本的有效替换措施。

---

① Vladimir Atanasov, Bernard Black, Conrad S. Ciccotello, "Law and Tunneling," *Journal of Corporation Law*, vol. 37, 2011, p. 13.

② Florencio Lopez-de-Silanes, Simon Johnson, Rafael La Porta, Andrei Shleifer, "Tunneling," *American Economic Review*, vol. 90, 2000, p. 22.

③ 方嘉麟、林郁馨：《CEM 之经济分析与管制模式——港台引进复数表决权股之介绍》，载清华大学商法研究中心：《21 世纪商法论坛第十五届国际学术研讨会论文集》，2015 年，第 428 页。

控制权强化措施还将带来融资效率优化的效益。当企业家被禁止采用稳固己方控制权的控制权强化措施，公开发行股票产生的市场压力将束缚其经营自由甚至致其受控制权易主之风险。此时，更珍视控制权带来的私人利益的既有控制人，可能选择在股票市场上发行更少的股票，或干脆将公司保持私有化，尽管这样可能导致公司失去优良的融资机会。外部股权融资路径的阻断，将迫使公司转向债务融资，财务杠杆比率将继续提高。这种低效率高成本的资本结构，将增加公司破产的风险。[1]控制权强化机制则完美缓解了控制股东因发行更多股票而稀释己方控制权的忧虑，同时助力公司完成充沛的股权融资。

禁止双层股权结构，从事后的视角看是高效的，却将增加事前成本。尽管外部投资者明悉双层股权结构带来的成本，众多杰出的美国公众公司在IPO时选用该种结构，以及双层股权公司发行股票的经济成功，验证了投资最终为求回报的金科玉律。公司错失发展所需的股权资本的另一面，亦有投资者丧失优质回报投资机会的缺憾。对双层股权结构的桎梏，将导致投资者错失参与前景光明商业模式的机会，有悖于中小股东的投资意愿。此外，控制股东将被剥夺非金钱的私人收益。双层股权结构加剧的代理成本将折损其股价，然控制权可能为控制股东（尤其是创始人）带来的声名地位等非金钱私人利益，这将抵销甚至大幅超过次优经济选择附加的成本。

公司金字塔结构则被认为有助新兴市场创造财富。其一，根据经济学家罗森斯坦-罗丹（Paul Rosenstein-Rodan）提出的"大推动理论"，新兴经济体的高速增长要求各部门的同步发展。[2]庞大多元的金字塔公

---

[1] Suman Banerjee, Ronald Masulis, "Ownership, Investment and Governance: The Costs and Benefits of Dual Class Shares, ECGI - Finance Working Paper No. 352/2013," http://ssrn.com/abstract=2182849. (2013-07-09)

[2] Paul Rosenstein-Rodan, "Problems of Industrialisation of Eastern and South-Eastern Europe," *Economic Journal*, vol. 53, 1943, p. 202.

司集团，为大推动式的增长提供了各种重要产业。其二，解决筹集资金的困难。新兴市场上公司治理薄弱、透明度低，中小股东存在被剥削的忧虑，且金融机构仍不发达，使上市公司筹集资金面临困难。在商事法律落后且合同义务难以强制执行的法域，声誉市场及家族所有权系交易所运行的基础。作为享有盛誉的家族集团附属，可为上市公司增加价值。通过填补新兴市场上缺失的一些金融机构的功能，金字塔商业团体有助于上市公司增加价值。[1] 因此，控制股东调配金字塔结构的内部资金，尤其有助新兴市场上市公司获得更高效的融资。

二、各国立法例的规范路径

控制权强化机制对股东价值的影响究竟属正面抑或属负面，目前理论在学说或实证研究上均无法获得一致结论。检视各国立法例，亦呈现多元分歧状态。各法域对待双层股权及金字塔结构这两种控制权强化机制，规范路径各不相同，实际关涉公众投资者的权益保护问题。

路径一：规范双层股权，限用金字塔结构。

金字塔结构曾于20世纪30年代风靡美国，在公共事业领域尤为普遍。至30年代中期，罗斯福政府引入了两项旨在瓦解控股公司系统的改革。其一为1935年颁布的公用事业控股公司法案，禁止电力及汽油公用事业公司使用金字塔结构。[2] 其二为针对公司间股息的税赋，增加控制股东利用金字塔结构的经济成本。新政引发利益被触及的终极控制人的强烈抵抗，历经漫长法律论战，上述改革于1950年始收削减金字塔结构商业团体之数量及规模的成效。这些措施至今仍存持续影

---

[1] Stijn Claessens, Joseph P. H. Fan, Larry H. P. Lang, "The Benefits and Costs of Group Affiliation: Evidence From East Asia," *Emerging Markets Review*, vol. 7, 2006, p. 23.

[2] Steven Bank, Brian R. Cheffins, "The Corporate Pyramid Fable," *Business History Review*, vol. 84, 2010, p. 458.

响力，公司金字塔结构在之后的美国经济中几近绝迹。[1]

尽管金字塔结构受限，美国法上支持双层股权结构，以实现投票权与现金流权的分离。标准普通股与超级表决权股间的投票权比例以1∶10为常见安排，有时该比例差距可更为悬殊。新近统计表明，6%的美国公众公司采纳双层股权结构，市值占市场资本总额的8%。[2] 当然，依然存在约束美国上市公司采纳双层股权结构的规则。公司在IPO之时或之前可发行表决权各异的各种股票。公司上市后，依旧可发行无表决权或限制表决权股，但将现有股票替换为不同表决权股票，或新发超级表决权股等稀释现有股东投票权之行为，则在禁止之列。上述内容溯源自美国证券交易委员会（SEC）于1988年发布的"Rule 19c-4"。尽管该规则存续不久即因美国商业圆桌会议之申请，而被哥伦比亚特区巡回法院基于其系SEC逾权制定产物的认定，而裁定条款无效。在SEC的推动下，该规则的核心内容仍被美国三大证券交易所（NYSE、AMEX、NASDAQ）的上市标准所吸收。

路径二：限用双层股权，包容金字塔结构。

因抵触一股一权、股份平等之原则，双层股权结构这种控制权强化机制，于东亚大部分地区的上市公司中并不盛行[3]，典型如中国内地及中国香港地区。欧洲国家中的希腊、葡萄牙亦原则推崇"一股一权"原则。此外，大多数英联邦国家如英国、澳大利亚、新加坡，许可非上市公司运用双层股权结构，但禁止公开公司违背一股一权原则。上

---

[1] Randall Morck, "How to Eliminate Pyramidal Business Groups — The Double Taxation of Inter-Corporate Dividends and Other Incisive Uses of Tax Policy," *Tax Policy and the Economy*, vol. 19, 2005, p. 135.

[2] Paul A. Gompers, Joy Ishii, Andrew Metrick, "Extreme Governance: An Analysis of Dual-Class Firms in the United States," *Review of Financial Studies*, vol. 23, 2010, p. 1057.

[3] 方嘉麟、林郁馨：《CEM之经济分析与管制模式——港台引进复数表决权股之介绍》，载清华大学商法研究中心：《21世纪商法论坛第十五届国际学术研讨会论文集》，2015年，第431页。

述法域，于上市公司控制权强化机制的规范上，采取与美国截然相反的路径：禁止超级表决权股的适用，但允许金字塔结构对上市公司进行控制。在此背景下，金字塔机构滥觞于上述国家的上市公司。

路径三：宽泛包容双层股权与金字塔结构。

瑞典对各式控制权强化机制持包容态度，其资本市场上适用双层股权及金字塔结构的情形极为普遍，最富裕的一些家族兼采这两项机制，控制了大量公司集团。20世纪90年代早期，这两种控制权强化机制支配下的所有权结构，以2%的终极现金流权，控制了瑞典斯德哥尔摩证券交易所50%的市值。至2006年，瑞典最大的20家公司中，有16家采用双层股权结构，13家适用金字塔结构。利用现金流权与表决权间的显著楔形差距，以小额资本杠杆撬动巨额资金的传统瑞典公司控制权强化机制，现今仍旧主导着斯德哥尔摩证交所。[1]

意大利近来转向瑞典式包容的规范路径。2014年前，意大利对双层股权的限制政策，使其上市公司对控制权强化机制的渴求，较为集中地寄托于利用金字塔结构。意大利证监会的调查结果显示，2012年，20.3%的意大利上市公司受金字塔结构控制，占股票市场总市值的62.2%。2014年6月，意大利颁布91号法令，取消对发行复数表决权股的禁令，允许公司于上市前发行至多每股三票的股份。[2]将来，同为控制权强化机制的双层股权结构的分流，将降低金字塔结构对意大利上市公司的深度控制。

路径四：对双层股权及金字塔结构的双重限制。

直至20世纪80年代，与瑞典类似，以色列上市公司可以自由适

---

[1] Magnus Henrekson, Ulf Jakobsson, "The Swedish Corporate Control Model: Convergence, Persistence or Decline?" *Corporate Governance: An International Review*, vol. 20, 2012, pp. 213-220.

[2] Federico Cenzi Venezze, "The Costs of Control-Enhancing Mechanisms: How Regulatory Dualism Can Create Value in The Privatisation of State-owned Firms in Europe," *European Business Organization Law Review*, vol. 15, 2014, p. 511.

用双层股权或金字塔结构。那时，上市公司控制股东运用金字塔结构的情况已经相当普遍，双层股权结构也备受推崇。到1989年底，特拉维夫证券交易所40%的上市公司拥有双层股权结构，常见为一股一票的与五股一票的类别股组合。①

然而，1990年1月，一项监管改革要求以色列上市公司在IPO时只能发行一股一权的普通股。经历该轮调整，双层股权结构在以色列证券市场上盛况不再。1990年特拉维夫证券市场上采纳双层股权结构的109家公司，至2000年已有超过80家统一了股票类型，剩余的大多被合并、退市，或于近两年统一了股票种类。到2009年初，以色列市场上采纳双层股权结构的上市公司已锐减至7家。②

对双层股权的限制，促使控制股东更依赖金字塔结构以达成控制权强化的效果。然大型、缠绕关联且高度杠杆化的金字塔结构之广泛适用，引发了以色列经济的系统性风险。为化解危机，以色列政府于2010年10月授权增加经济竞争力委员会研究化解公司金字塔结构风险的应对措施。③在域外法上，存在两项规制金字塔结构的典型范例，其一为美国于20世纪30年代采纳的，对金字塔内公司间资本转移施加股息税。其二为英国于20世纪60年代适用的，要求强化终极控制人与被控制目标上市公司间的联系。这两项措施的共通之处，为政府以管控的手法对金字塔结构进行制约。

美国哈佛大学法学院拜伯切克教授（Lucian Arye Bebchuk）接受

---

① Shmuel Hauser, Beni Lauterbach, "The Value of Voting Rights to Majority Shareholders: Evidence from Dual-class Stock Unifications," *Review of Financial Studies*, vol. 17, 2004, p.1169.

② Beni Lauterbach, Yishay Yafeh, "Long Term Changes in Voting Power and Control Structure Following the Unification of Dual Class Shares," *Journal of Corporate Finance*, vol.17, 2011, p. 215.

③ The Committee on Increasing Competitiveness in the Economy of Israel, "The Committee on Increasing Competitiveness in the Economy Has Submitted Its Recommendations to the Prime Minister, the Finance Minister and the Governor of the Bank of Israel," http://www.financeisrael.mof.gov.il/FinanceIsrael/Docs/En/publications/PressRelease.pdf. (2012-02-18)

以色列增加竞争力委员会（以下简称"委员会"）的委托，为降低以色列经济中金字塔结构的运用献策，另辟以市场为基础的规范方法。在2011年向该委员会提交的中期报告中，拜伯切克提出了两项旨在撼动既有经济格局的核心措施。其一，增加外部投资者的独立性。于特定的公司转让实践中，为保护公众股东的利益而创设一项强制要约收购制度。外部投资者享有的该项退出权以市场为导向机制，适用于外部股东感兴趣、却被控制股东所否决的一项针对公司股票溢价收购的情形。该机制具体基于以下条件被触发：（1）存在以不低于市价10%的溢价条件获取目标公司控制权的敌意收购要约。（2）此项要约获绝大多数中小股东的支持。（3）控制股东拒绝售卖股票，致该并购交易无法进行。此时，控制股东将负有以敌意收购方要约中确定的价格及条件，购买原意在出售的中小股东股份之义务。其二，对超过现金流等比配置的投票权设置限定。该限制要求持有股份对应的投票权超过25%时，只有存在等比现金流权的情况下，才能计入超过25%的投票权。针对控制股东应用极小份额现金流权杠杆操控上市公司的情形，拜伯切克提出强化版的措施二，即将25%的比例进一步降至5%。

上述建议引发了改革倡导者与既有利益集团间的激烈论战。在随后的意见征询期，以色列商业团体及众多学者批驳了中期报告中激进的改革措施，指出其适用将导致昂贵的实施成本。在整合公众意见的基础上，拜伯切克又于2012年向委员会提交了一份终期报告，建议采取一种更为直观的改革措施：禁止新设超过两层的金字塔结构，要求现存长链条金字塔结构公司于四年内减至三层以下。[①]

在委员会的建议下，以色列议会吸纳了上述规则中的核心内容，通过限制及简化金字塔层级的方式，以期降低金字塔结构对以色列经

---

① Lucian A. Bebchuk, "Corporate Pyramids in the Israeli Economy: Problems and Policies," http://www.financeisrael.mof.gov.il/financeisrael/Docs/En/publications/opinion_2.pdf. (2004-03-24)

济的负面影响。2013 年 12 月，以色列议会最终颁布了一项法案，对金字塔结构的规制将分阶段进行：新设的金字塔结构需限定在两层之内，对既有的金字塔结构，要求四年内减至三层，六年内最终减至两层。自此，在上市公司控制权强化机制的规范路径上，以色列独树对双层股权及金字塔结构进行双重限制的样例。

三、控制权强化的本土规范

对中国上市公司控制权强化机制的规范构思，存在向世界各法域既有规范路径汲取灵感的必要。此种借鉴涉及两个层次的反思：首先，应当移植既有经验中的特定路径，还是因地制宜设计中国特色的规范路径？其次，若选择直接借鉴，那么如何筛定最优化或最契合中国的规制模式？如选择独辟蹊径，又应如何设计具体规范？

（一）双层股权的准用与限定

适用双层股权结构已成世界资本市场的通例，多见于高科技公司、家族企业和传媒公司。但中国现行法律仍不支持上市公司发行投票权相异的普通股。尽管有学者认为我国当前的市场成熟度、公司治理与投资者保护制度、监管能力，尚不具有允许上市公司发行不同投票权股的条件，故应继续维持现状。[1] 主张突破现有单维普通股的股权架构，准许包括双层股权在内的类别股种类衍生的观点更欣欣向荣：其一，公司自治为双层股权结构提供了部分合理注解。在立法上强制推行"一股一票"的单一股权配置模式有悖于公司自治的基本理念，股东权利的多元配置应当是公司自治的当然要义。[2] 其二，资本市场的国

---

[1] 张舫：《美国"一股一权"制度的兴衰及其启示》，《现代法学》2012 年第 2 期，第 162 页。
[2] 汪青松：《论股份公司股东权利的分离——以"一股一票"原则的历史兴衰为背景》，《清华法学》2014 年第 2 期，第 107 页。

际化及竞争力要求中国尊重融资多元化的需求。我国证券市场将来开启国际版，必须努力探寻与国际并轨的制度框架，始能与域外的资本市场相竞争。其三，双层股权结构与中国的关联性日渐增长。从市场需求的反馈看，众多中国背景的高科技公司远赴支持双层股权结构安排的美国证券市场上市。从政策推行层面看，政府拟通过推行特殊管理股制度而对重要传媒企业施加控制力、影响力。[1] 可将试点的传媒公司股票分为 A 类股和 B 类股两类，二者拥有同等的经营收益权，但国家股东的 B 类股票具有特别投票权。[2]

　　将来准许上市公司设置双层股权结构，如何将其伴生的代理问题负面效应降至最低？首先，就适用范围，可先行限于创新型公司及国有传媒企业，持有人则仅限于创始人、现有管理团队或政府。[3] 待中国资本市场、投资者与双层股权结构间的磨合经验逐步累积，再行拓展至其他领域。其次，就适用时点，可借鉴美国证监会于 1988 年颁布的 "Rule 19c-4"，将复数表决权股限定于 IPO 之前发行。这种控制权强化措施极易被投资者识别，在购买股票时，投资者即可将该次优所有权结构导致的折价考虑在内，股价折损的成本由发行人或控制股东承担，进而避免控制股东之现金流权与投票权在 IPO 之后进一步发生预期之外的分离。当然，在特定情形下，作为灵活变通的例外，控制权强化措施可于 IPO 之后施行。譬如，借鉴起源于法国、最近被引进意大利的"忠诚股份"制度的通常做法，向持续持有特定公司股票两年以上并要求进行特别登记的股东，授予不超过两股每票的复数表决权。最后，就适用前提，上市公司须公开说明采纳该结构的必要性，以及对

---

　　[1] 十八届三中全会《中共中央关于全面深化改革若干重大问题的决定》指出：对按规定转制后的重要国有传媒企业探索实行特殊管理股制度。
　　[2] 潘爱玲、郭超：《国有传媒企业改革中特殊管理股制度的探索：国际经验与中国选择》，《东岳论丛》2015 年第 3 期，第 128 页。
　　[3] 蒋学跃：《公司双重股权结构问题研究》，《证券法苑》2014 年第 4 期，第 39 页。

公众投资者利益安全性的保障。有关"安全性"的说明和披露应当涉及管理团队的可信度和预防侵害的保障机制,要求企业就防范和救济管理团队的机会主义行为所提供的制度安排做出说明。①

(二)金字塔结构的准用与限定

与其他新兴市场相同,金字塔股权结构在我国上市公司中广泛存在。②尽管金字塔结构可能成为终极控制人攫取控制权私益的工具,近年来中国上市公司中爆发的德隆系、格林柯尔系、五粮液现象等大股东掏空上市公司的案例即为例证,我国当下尚不宜禁止金字塔结构的适用。

从禁止的需求分析,中国上市公司采纳的金字塔结构普遍不算复杂,层级多在二至三层③,尚无祭出激烈变革措施的必要。当下上市公司仍未获准可采双层股权结构,金字塔结构的运用就成了上市公司实现控制权强化的主要机制。并且金字塔机构亦可用于为终极控制人支持上市公司提供渠道,有助新兴市场的创造财富。旨在阻挠新设或拆除现有金字塔结构的政策,必将引致相应成本及效率折损。

从实施的条件分析。美国 20 世纪初的经济大萧条,促使国会推动旨在瓦解金字塔结构的法案,公司间股息税新政、公用事业控股公司法案由此而生。以色列最近采取的旨在阻碍新设或瓦解既有公司金字塔结构的措施,缘起一场针对以色列财富集中于少数人的广泛抗议。因此,推行遏止金字塔结构的改革,往往需要激烈的社会事件作引。即便置身恰当历史背景而获众支持,既有控制股东的强烈抵抗,亦将

---

① 陈若英:《论双层股权结构的公司实践及制度配套——兼论我国的监管应对》,《证券市场导报》2014 年第 3 期,第 6 页。
② 陈红、杨凌霄:《金字塔股权结构与终极股东利益侵占行为——来自中国上市公司控制权转移的证据》,《上海金融》2012 年第 2 期,第 23 页。
③ 李维安、韩忠雪:《民营企业金字塔结构与产品市场竞争》,《中国工业经济》2013 年第 1 期,第 81 页。

使针对金字塔结构的严格规范困难重重。实时美国限制金字塔结构的政策一经颁布，激起千层浪，历经长久论战，15 年后该政策始获收效。20 世纪末期，巴西政府尝试推出诸项限制控制权强化机制、提升对投资者保护力度的措施，均被控制最大上市公司的家族通过巴西公众公司协会等游说政府团体所成功阻碍。在商业团体游说团的压力下，以色列对金字塔结构的分阶段限制措施亦表明了立法者的妥协态度，新规则六年后始完全生效。在此期间，以色列商业团体仍有机会通过影响司法裁判或游说立法者的方式进一步动摇改革进度。

在中国资本市场中推行金字塔结构的禁用措施成本显见，意味着不再享有金字塔结构对新兴市场的正面推动，却将面临来自控制股东的强烈阻力。参酌各法域对金字塔结构的规范态度，弊害不至深重，不宜轻易禁用。实质上，中国上市公司中金字塔结构的状态不属复杂，亦不存在消弭金字塔结构的激烈倡议，因此，当下宜尊重市场主体自治利用金字塔结构的安排。当然，鉴于金字塔结构在我国呈现的日益复杂的趋势，建议附随两点限定措施：

其一，规范信息披露制度，提高上市公司控制关系图披露的质量。要求上市公司在年报中对公司控制链结构进行清晰准确的描绘，披露每一层级终极股东所持股权比例，保证实际控制人相关信息的真实、准确、完整，便于中小股东了解上市公司的股权结构，增加上市公司透明度。[①]

其二，监控金字塔结构的复杂化趋势，适时引入缓冲的限定措施。根据 2004 年至 2011 年中国上市公司持股结构特征方面的数据，我国终极控制人操控上市公司金字塔持股组织的长度、宽度、复杂度基本上都在逐年加大，由于金字塔持股复杂度的进一步提升，上市公司终

---

① 陈红、杨凌霄：《金字塔股权结构与终极股东利益侵占行为——来自中国上市公司控制权转移的证据》，《上海金融》2012 年第 2 期，第 29 页。

极控制权和所有权的分离程度也有逐年加大的趋势。[1] 利用多层级控制链的终极控制人,将存在更高程度利益挖掘的倾向。因此,动态追溯金字塔结构的关系链,当中国资本市场中的金字塔结构呈现普遍、异常加速的层级复杂化,可借鉴引入以色列开创的分类别、分阶段规制金字塔结构措施,对新设或既有的金字塔结构分设不同限期降为低层级金字塔结构。同时,鼓励终极控制人通过直接控股掌控上市公司,或采用折算代理成本更为直观的双层股权控制权强化替代机制。

(三) 新辟高标准资本市场

1. 限制控制权强化机制的实践需求

意大利在 20 世纪 90 年代通过股票市场将一些超大型国企私有化,这些上市公司保持分散股权不久,多被现有或特设的金字塔机构商业团体并购。如当时世界第六大电信公司 Telecom Italia,于 1997 年私有化后不满两年,Roberto Colaninno 牵头的投资者联合即通过要约收购方式入主该公司,由上至下形成 Roberto Colaninno、Olivett、Tecnost、Telecom Italia、Telecom Italia Mobile 的金字塔结构。之后,终极控制人 Colaninno 试图重构金字塔结构,将 Telecom Italia 中最有价值的资产 Telecom Italia Mobile(意大利移动通信)转移给 Tecnost 公司。这一举措失败后,终极控制人在 2001 年以高于市价 80% 的溢价,将 Olivetti 公司 23% 的股本转让给受 Marco Tronchetti Provera 为首控制的金字塔结构。因未触及 30% 的界限,收购方无须强制要约购买中小股东的股票,原控制方则独享控制权转让的收益。而中小股东的利益却饱受侵害,在达成转让协议后的第一天,Olivetti 的股价就暴跌 15.3%。至 2005 年,Provera 牵头控制的金字塔结构,以 0.7% 的现金

---

[1] 刘玉龙、任国良:《"虚""实"终极控制、金字塔组织演化与大股东掏空》,《中国经济问题》2014 年第 3 期,第 40 页。

流权撬动 18% 的投票权，实现对 Telecom Italia 的控制。如此低效率的公司所有权结构，为公司私有化时购买其股权的外部投资者所始料不及。[①]

上述实例，系公司 IPO 之后，潜在收购者利用金字塔结构获得足够但尚未触及强制要约收购比例的投票权，从而掌控目标公司的典型。在金字塔结构可能发生于 IPO 之后的市场上，如果投资者认为特定公司的分散股权结构存在变动的可能，即其他投资者有能力在不触发强制要约收购规则的情况下掌控公司控制权，那么，对该种所有权结构及其伴生的代理问题之评价，将导致投资者在购买股票时对股价予以折扣。在控制权强化机制适用滥觞的市场上，因投资者折价防范措施的存在，发行人难为股票谋得最优售价。

然而，发行人总有将其股票售价最大化的倾向。在中国国企改革的进程中，作为国有资产保值增值的实现路径之一，国企上市对股价最大化有着明确的期待。从长远发展看，常与投资者保护程度低相联系的金字塔结构的普遍存在，不利于国际化资本市场的构建。因此，为实现股票价值的最大化，应创造一个限制控制权强化机制的市场环境。

2. 严格标准新市场的规则设计

监管多元化准予既有商业精英在现行框架内继续运作，同时允许其他经济参与者在革新的框架内运行发展。借此，在限制金字塔结构等适用的同时，可避免对上市公司控制权强化机制普遍禁止招致的成本。

这项监管思路已被巴西成功所用。20 世纪末期，巴西政府在 São Paolo 股票交易所引入了三个优化标准不同的新市场，分别为 Novo

---

[①] Michele Meoli, Stefano Paleari, Giovanni Urga, "When Controlling Shareholders Live Like Kings: The Case of Telecom Italia," http://papers.ssrn.com/sol3/papers.cfm?abstract_id=883655. (2006-01-24)

Mercado、Level I 及 Level II。其中 Novo Mercado 的上市标准最高，在该市场上市的公司禁用金字塔结构，且只能拥有普通股，无表决权优先股亦在禁止之列。对未来新上市的公司，可自愿选择于三个新市场或老市场上市。由于这项改革并未直接触及现有控制股东的利益，他们缺乏正当理由及动力反对新市场的构建。经验数据见证了 Novo Mercado 市场的成功，从 2004 年到 2009 年，105 家公司选择该市场上市，占到同时期上市公司总数的 72%。[①]

中国可借鉴巴西的经验，开辟禁止适用金字塔结构等控制权强化机制的严格上市标准新市场，用于国企首次公开发行股票，或助力愿意迁移至新市场的国有控股公司获得最优股价，同样可接纳愿受更高公司治理标准约束的民营上市公司。

这些企业在传统股票市场面临着较高的融资成本，借用新市场更高的投资者保护标准，可提振投资者信心而更易于获得融资。此外，新市场的创设，亦可为风险资本及私募股权的投资活动提供一条经济高效的退出路径。

新市场将控制权强化机制隔绝于外的规则设计，可通过设定"不受等比现金流权支持的表决权上限"规则以实现。借鉴拜伯切克教授给以色列政府中期报告中的建议：特定份额股票上附着的投票权至多只能记为 5%，除非超过该比例的投票权受到相应现金流权的支持。由于 5% 的低比例投票权无法掌控公司的控制权，该规则用于避免金字塔机构等控制权强化机制的创设非常有效。美国德克萨斯州大学法学院的亨利教授（Henry T. C. Hu）提供了具体的操作建议：达到 5% 或更高比例投票权的当天，应提供一项描述股份持有者所有权结构的声明，以及是否使用产生现金流权与投票权相分离的任何措施。然后由

[①] Ronald J. Gilson, Henry Hansmann, Mariana Pargendler, "Regulatory Dualism as a Development Strategy: Corporate Reform in Brazil, the U. S. and the European Union," *Stanford Law Review*, vol. 63, 2011, pp. 478-495.

独立董事构成的内部审计委员会统计终极所有者的现金流权,以及其于股东大会可行使的投票权,并向市场公布该结果。如果该股东或公司其他投资者对审计结果持有异议,他们有权申请为 Novo Mercado 市场特设的一个仲裁委员会对该结果进行审查。[①] 证券监管部门与司法机关相比,在认定和惩处证券市场中的违法行为方面,具有明显的专业与信息优势。因此,在增辟新市场同时,中国亦可考虑由证券监管部门牵头,配套类似仲裁纠纷解决机制,高效处理投资者与公司、管理团队之间的纠纷。

四、控制权强化的路径设计

上市公司控制权强化机制旨在形成或巩固控制股东掌控公司治理的地位,其适用伴生着积极效益兼负面影响。鉴于其运用通常带来外部投资者之利益侵害,折损股权融资的估值等消极影响,对其规范殊为关键。对各法域控制权强化机制的规范梳理及适用成本与收益的分析,无法推导出通用恒优的规范路径,但可为中国量身设计控制权强化机制之规范路径,提供经验借鉴与分析工具。

作为典型的控制权强化机制,双层股权及金字塔结构在世界各法域受到控制股东的普遍青睐。各法域采纳的相异规范路径可归为四类:规范双层股权,限用金字塔结构;限用双层股权,包容金字塔结构;宽泛包容双层股权与金字塔结构;对双层股权及金字塔结构的双重限制。

设计中国上市公司控制权强化机制的规范路径,现阶段宜继续准用金字塔结构,助力中国新兴资本市场的财富创造。但是,应强调信

---

① Henry T. C. Hu, Bernard Black, "Equity and Debt Decoupling and Empty Voting II: Importance and Extensions," *Corporate Governance: The Changing Environment*, vol. 71, 2008, pp. 689-698.

息披露制度，实时观测中国上市公司金字塔结构之形态演进。当其显现出层级异样繁复、控制链异化增长的趋势时，应适时引入分类别分阶段的缓冲限定措施。至于双层股权结构，因中国股份有限公司长期恪守"一股一权"原则，过去未能在上市公司资本结构中崭露头角。这一现状将随着中国正在推进的类别股制度建构而彻底改变。将来，对双层股权的准用，宜附随"超级表决权股应于IPO前发行"之限定，同时赋予上市公司承担"公开说明采纳该结构的必要性及对公众投资者利益安全性保障"之义务，并先行试点于创新型公司及国有传媒企业，待经验累积再拓展至其他领域。

在维持既有股票市场之外，国企上市寄希望于以最优股价实现国有资产保值增值之目标，规模有限且欠缺既往表现记录的民企寄希望于以更高约束标准获取投资者的信任，地位相对弱势的中小投资者希冀纯净市场以保障自身权益的诉求，均要求对我国证券市场进行差异化安排的制度创新，即增设隔绝控制权强化机制等严格公司治理标准的新市场，通过设定"不受等比现金流权支持的表决权上限"规则，配套证券监管部门牵头的类仲裁纠纷解决机制，实现提高对中小股东的权益保护并提振股价。

这种严格化的趋势应当对宽泛包容双层股权与金字塔结构的传统证券市场带来影响。由于金字塔结构较双层股权结构更不透明、产生的代理成本更不易确定，将来，对上市公司控制权强化机制的规范设计，应当鼓励逐步淡化金字塔结构的适用，这符合世界发达资本市场的规范经验。

市场发展、路径依赖、历史事件及政治选择的殊异，催生了契合不同时代、不同地域的控制权强化机制之相异规范路径。中国上市公司控制权强化机制的允洽路径设计，应当在通盘考虑本土资本市场的特定因素基础上，满足企业家需求的同时强调公众投资者的利益保护，在控制权强化机制的准用与规范之间寻求一种平衡。

第四章　种类自治的封闭公司类别股制度

股东较少、彼此相熟、治理宽松、契约自治，构成封闭公司的常态特质。相较于公众公司，封闭公司的类别股立法更适宜开放的法律模式，以任意性规范为体，充分尊重市场主体设置类别股的选择性、自治性、创造性及多样性诉求，授予公司章程以宽泛开发类别股资源之自由，从而形成灵活发展的类别股融资渠道。

第一节　封闭公司类别股的种类设置

一、模板类别股的创设方式

资本市场风险投资基金（Venture Capital Fund，VC）及私募股权基金（Private Equity Fund，PE）以资金供给或专业技能襄助创业企业改善经营、提升价值甚或成功上市、转变为公众型公司，从而觅取高额增益，其类别股的积极运用，贯穿科技创新企业之雏形期、高速成长期、成熟稳定期或式微末路期等，构成了封闭公司类别股制度的重要界域。就扶持、护航风险投资、私募股权常用的类别股，封闭公司类别股立法适用模糊性（vague）及开放性（open-ended）的任意性规则，对具体股权设置概保持沉默，任由私人秩序支撑下公司章程自行发挥的做法是否最佳？固然，风险投资方与创业企业家之间，多轮注资之不同投资人相互间，需要高度弹性化的类别股设计，以反映相异风险报酬组合需求的不同权利义务安排。实则，该领域的类别股运用具有国际化模仿传递倾向，宜借鉴美国硅谷风险投资将高频适用类别股定型化的做法（US VC Term Sheet），于封闭公司的类别股立法中设置模板类别股。

　　风险投资集中于高科技产业或高商业模式领域，以获取股份的方式，向将来可能产生高额利益的新兴企业提供资金。[1] 风险资本投资的封闭性创业企业之专业性及知识密集性，使风险投资家与创业企业家间存在着严重的信息不对称，即使风险资本家经验老道，亦难以准确辨识产业信息。在清一色传统普通股统辖的股权结构下，亟需融资方期望保有企业控制，与另一投资方难以驾驭企业并把握风险间的利益断层，无法契合。于此情境，为满足投融资双方共同期许：于风险投资家，企业管理通常非其关注重点，虑及投资风险难以掌控，若能保障投资回报则为上佳；于创业企业家，为敦促资金融通，作出舍利让步的投资回报承诺亦可接受。此外，根据域外成熟资本市场的经验，优先股之关注资金安全及回报稳妥特质，契合诸多资金充沛巨额的养老基金及主权基金之投资期待。鉴于此，优先股被风险投资家及私募股权基金惯常持有，平衡公司内部股东权利关系，允洽投融资双方之权利需求。

　　在风险资本投资于创业企业的情境中，风险投资家持有的优先获取投资收益优先股，其衍生形态可极其多样，于实践中创造了诸多运用优先股的极佳案例。其中，又尤以可转换优先股备受青睐。在美国资本市场上，风险投资家即主要通过可转换优先股向创业公司提供融资。

---

[1] 布井千博、朱大明：《论日本法中的公司种类股与风险金融》，载王保树主编：《商事法论集》第18、19合卷，法律出版社2010年版，第23页。

从趋利避害的视角看，当公司业绩表现优异时，风险投资方倾向将优先股转换为普通股。此时，普通股市价通常高于约定转换价格，可转换优先股持有人除因此差价获利之余，更可分享公司成长价值；若公司前景堪忧盈利颓势，风险投资方仍可依凭优先股之收益优先权，于普通股分红前将股利收入囊中。由融资阶段的利益契合观之，在转换权"沉睡"阶段，创业企业获如救燃眉之股权资本，风险投资方则因所持优先股性质趋于债权，而获财产利益优先级保护；当转换权行使之后，创业企业可从固定股息的负担中解脱出来，而风险投资方则可经由普通股出让以收回投资、获取利益。如此灵活安排，可转换优先股股东拥有参与双向游戏（two way play）之优势，亦较好契合了投融资双方的利益。

在风险投资家与可转换优先股高度契合的经验背景下，优先股可进一步被授予与传统普通股相同的表决权，赋予风险投资家参与被投资企业管理的权利。此外，根据创业公司生命周期中多轮融资的特点，在其进行后续融资或定向增发过程中，投资者为避免其持股价值缩水，通常在发行可转换优先股的股权投资协议中，嵌入反稀释条款。严格地说，风险投资家所持优先股面临的"稀释"，可区分为比例稀释与经济稀释两大类。前者发生于新投资者于增资过程中入驻公司，而原股东未依先前持股比例相应追加注资，自身持股比例下降之稀释。此情形可由原股东行使"新股增发优先购买权"来应对。至于经济稀释，常与公司经营业绩的下滑相联动，指公司股东的融资成本前期高于后期。具体而言，当公司进行的特定交易可能影响普通股，包括但不限于反向股份分割、合并、重新资本化等行为，产生新一轮融资中的投资者平均认股价格低于前期投资者支付对价的结果。如此，意味着风险投资家对其所投资公司经济价值的下降。此时，可求诸起到保护机制的反稀释条款的价格转换。如果公司后期投资者支付单元股权对价低于先期投资者，该条款将对先期投资者的可转换优先股之转换价格进行调整，折换为更多数量的普通股，确保公司的先期、后续投资则支付相同单元成本对价。

风险投资及私募股权基金寻觅合适时机抽身而退，其退出机制关系到投资产业是否成功，围绕其主要退出渠道，形成各项封闭公司的模板类别股。首先，当公司业绩优良，得以公开上市发行股票，由此回馈风险投资、私募股权基金以高额回报，成为其最为理想的退出途径。届时，将资本家所持有的不可流通股权转换为上市公司股票，成就流通性，且期许营利性普遍较高。继而可细分为两种退出路径，其一，通过风险投资方原持有的优先股上市交易转手退出，其二，按一般低于公开招股价格的认股协议明定转换价格，先行转换为普通股后上市流通退出。此时，转换权子权利又将担纲公司形态转换时类别股种类衔接之重任，分享公司业绩上涨之利益。其次，当公司前景堪忧，出售、转让或成为风险投资的次优退出渠道。渐次，遇公司日渐式微，股份回购、清算则将成为保护优先股权利的最后一道防线。

风险投资方可能求诸出售以脱身前途黯淡的创业企业，常见为与第三方签订定向股权转让协议，或谋求推动整体出售创业企业。于此情形，风险投资家将面临困境：创业企业家团队为安排控制权，拒绝出售己方持有的股权，而风险投资方拟出让部分的股权对应的公司控制力有限，对潜在购买者的吸引力不足，故其出让预期难以实现。为破解此困境，可于风险投资方所持类别股中嵌入领售权子权利，赋予创业企业其他股东跟随风险投资方一同，以风险投资家与第三方达成的转让价格及条件出售股权的强制义务。[①] 作为风险投资家享有的一种有效退出策略及控制创业企业的手段，该做法的实质在于，将出售创业企业的主动权赋予风险投资家，使其于创业企业困顿时仍能保有底

---

① 于莹、潘林：《司法视野下的风险投资合同领售权条款研究》，载王保树主编：《商事法论集》第18、19合卷，法律出版社2010年版，第129页。

线利益。此时，风险投资家应对跟随参与交易的其他股东承担诚信义务，要求该项交易至少符合"公平"（fair）原则，如此涵盖交易公平及价格公平两方面。其中，对于公平性的检验，核心又偏于交易价格公平一端。

然而，尚需注意，领售权行使的另一极，乃无论风险投资家出资比例多寡，行使领售权特权均构成对创业企业家的有效威胁[①]，或生侵夺其合法利益之弊端。又兼之风险投资家实践中的分阶段融资权利，能有效助力其抗衡掌控董事会的普通股股东，故而可对上述领售权之设置反向思维，强化封闭公司股权流通之缓滞特质，支持股权转让限制安排的效力，拟定封闭公司参与者选择合作伙伴的权利模板。譬如，要求股东在死亡、退休、终止雇佣或其他情况下，持份依照事先确定的计价方式转让予公司或其他股东。其实，现行《公司法》第七十二条即最为典型的股权"先选择权"安排。

当风险投资主张通过股份回购退出时，回赎权的运用，系为风险投资方"避险"而特设的关键权利。遇有于约定限期内，被投资创业企业的业绩未达约定要求或无法成功上市，持有回赎优先股的风险投资方，有权要求创业公司按照认购协议明定的价格予以赎回，以此保本图利。《美国风险投资示范合同》系由美国风险投资协会（NVCA）在总结欧美风险资本以优先股行使投资创业企业的最佳惯例与行业标准的基础上编写的一套投资示范合同，它提供了一套全面且内在逻辑协调统一的融资文书。[②] 其中规定了回赎权的示范条款，即条款 6.1 条回赎、回赎价格：每股优先股原始发行价加上所有该股已宣派而未支付的股息，如果是累积优先股，那么赎回价格还要加上累积拖欠的

[①] 于莹、潘林：《司法视野下的风险投资合同领售权条款研究》，载王保树主编：《商事法论集》第18、19合卷，法律出版社2010年版，第130页。

[②] 北京市大成律师事务所、北京市律师协会风险投资委员会编译：《美国风险投资示范合同》，法律出版社2006年版，第1—5页。

股利。

企业经营情况不佳时，风险投资可凭借清算权来确保收回投资，并获取一定的红利收益，由此实现自身利益保障的最后底线。《美国风险投资示范合同》对清算优先权的详细规定，同样提供了可资借鉴的模板，即 2.1 条：对优先股 A 序列股股东的偿付。如果公司进行自愿或强制清算、解散或者清盘，已发行的优先股 A 序列股股东应有权在普通股股东得到偿付之前，基于其股权，优先从公司可用于股东分配的资产中得到清偿。获偿标准为 A 序列股原始发行价的数倍，加上该股已宣告但未支付的所有股息。

在风险资本家与创业企业家的博弈中，考量商事主体的专业认知，投资协议常由难以透析公司内部事务、却又具有专业认知的商事主体——风险资本家——提供，因此，从实践中可提炼诸多强化风险资本家权利的类别股模板。风险资本家践行包含这些内容股权的真正目的，非意在操控企业经营，而重于更深度地参与、把握公司发展脉络后，通过转手出让高价卖出等退出途径，觅求丰厚盈利。

对掌控公司治理命脉之董事会影响力的股权安排首当其冲。通常，得股东会多数表决权者得董事会。这一股东会多数决常态规则，于风险资本投资的创业企业中，因董事会人选股权子权利之运用，可受颠覆。具言之，在董事人选上实行分类表决，特定类别股东群体有权推选相应的董事人选。同样可以借鉴《美国风险投资示范合同》对于董事选任条款的内容："选举董事。经登记的优先股 A 序列股股东，排他地或作为单独股种，应有权选举数名公司董事。根据前述规定选出的董事可以，并且只能由有权选举该董事的特别股东在以其正式召开的特别会议上投赞成票的方式或以书面同意方式罢免该董事，无需任何理由。"该模板权利的深化，可就风险资本所持优先股附着董事会控制权转移的权利。可参考 1975 年的"Baron v. Alied Artists Pictures Corp."案，通常，若数期可累积分红未予支付，风险资本持有的优先股中规定的一项默认规则自动生效，即优先股股东基于该事实获取额外的董事会席位。其次，对风险投资基金在创业企业的重大事项决定上，可赋予其发行附带拒绝权的种类股。届时，决定与拒绝事项相关的事宜时，须经由风险投资方参与类别股东大会行使表决权。

二、从类别借鉴到种类创新

类别股的个性设计变化万端，难于亦无必要在立法时逐一列举。借鉴美国《特拉华州普通公司法》宽泛授权、自主决策的方式，运用股权子权利组合法，促成资本与创意的结合，可设计出符合自身需求的最优股权结构。封闭公司融资过程中发挥创意的空间较大，融资方式亦显灵活，得以发行各式类别股。其上附着的权利、优先权、条件、限制等内容，均系类别股契约自治的范围。

类别股归类视域下的衍生创新，虽非周全列举常用且标准化的股权子权利，仍有利于为封闭公司设置类别股提供参考及指引。其一，常规子权利：利润分配权，可进一步细化分支为累积、非累积、部分累积，固定、浮动股息率，不同给付顺位的，强制、非强制分红的，全部参与、部分参与、非参与的等；剩余财产分配权，可进一步考虑不同给付顺位；表决权，又可分为标准的、复数的、限制性、无的、针对部分事项的、含条件的等。其二，特殊子权利：回赎权，又分为投资者要求回售优先股或发行人要求赎回优先股两类；转换权；特定事项表决权，其中包含附否决权股份；董事选任权；反稀释保护权；优先认购权或优先购买权；多轮不同的清偿顺位权等。

封闭公司的类别股设置图景，从类别借鉴到种类创新，应当依循下述封闭公司的类别股权设置原则：

其一，模板为基，突破更新。封闭公司体量较小，情况各异，当事人需求亦各自殊异。其类别股设置，宜借鉴发达资本市场的融资做法，归结经验，博采众长。封闭公司可以变换、种类化或再类别细分模板类别股之全部内容或构造子权利，新设或更新权利优先或劣后于现有股权的新型类别股。譬如，可在借鉴《美国风险投资示范合同》等经典融资规则模板的基础上，根据自身细化需求进行探索创新。

实践股权创新不缺非常规的股权内容，如法国《公司法》上的可还本股及日本《公司法》上转让需征得公司同意的股权等，实难为标准抽象的子权利所涵盖。因此，务实且更契合商业本质的做法是：封闭公司类别股的种类创设，绝不应囿于任意性规范列举的子权利内容之排列组合。仍以风险资本的类别股运用为例，该类别股权之内容设定，构成风险资本家向创业企业注资谈判的构成部分。于该商业谈判中，任何标准模板均可被打破更易。

其二，构造衡平，尊重博弈。从种类衍生的角度，类别股可包容各种子权利的组合样态。然而，易于推行、为众认可的种类股，其权利显现出构造衡平感，即部分优先与部分劣后相结合。以传统优先股为例，其于利润分配或剩余财产分配上优先于普通股，但是其表决权则受限、劣后于普通股。

鉴于此，类别股权内容之酌定，应注意各类别股股东权利对照间形成的利益平衡。当然，此原则无法越过筹资投资双方力量之博弈，换言之，"公正"于此情境并无十足用武之地。如果该类别股权内容设定超过交易一方之承受预期，其大可绕过该交易。

其三，拓展平台，因势利导。群众募资（crowdfunding）正蓬勃兴起。它运用募资平台进行资讯交换，集广大网络用户之力，使资金需求者直接将其需求诉诸散落之资金供给者。其中，股权型群众募资（equity-based crowdfunding）备受瞩目。根据当前实践，利用股权型众筹平台筹措资金之企业，多为存有资金融通之需求，却又无法支应高昂之公开发行费用的新兴成长型中小企业。该种融资方式，具体指个人或企业通过互联网平台发行股权之融资方案，吸纳公众成为具有前瞻性及发展性之新兴企业的股东。如此，在传统筹资管道之外另辟蹊径，开拓崭新融资平台以承载创新类别股筹资，将成为封闭公司的一项有效资金融通筹措方式，给予新兴企业以强劲发展动能。

以上述思路为纲，尝试对封闭公司的控制类别股进行种类拓展：

附否决权股或超级表决权股的共性在于均内涵了强势的公司控制力量，然前者往往针对公司特定事项，不计具体持股比例的"一言九鼎"，后者则全面覆盖股东大会决议事宜，以单股超比例的投票权累积为公司治理控制力。杂糅两者权利特质，可否创制一种兼有多重投票权，又仅针对特定事宜的类别股权？如此类别股合同内容，早于20世纪70年代，为英国上议院作出的裁决所首肯，通常被称为"Bushell v. Faith条款"。① 该条款出于捍卫特定股东董事资格之目的而设置，于免除其董事资格的提议提出之时被触发。按该条款约定，于前述动议发起时，该股东董事所持股权对应的表决权比例将数倍增长，以至于足以挫败该提议。

综合有效表决权最高比例的限制、限制表决权股及持股期限约束表决权等条件，为封闭公司设计一项"花式"控制类类别股：A类股份每十股共享一表决权，但禁止该类别股股东持有表决权超过一定比例或具体投票权数额。此外，只有那些持续持股超过特定期限的股东，才可于股东会议上行使投票权。

相较于上述纯构想的类别股种类创新，已为实践所用的"随势而定的控制权子权利"（contingent control）显得更接地气。它或可归属于宽泛意义的毒丸计划，常用于创业企业家和风险投资家分享控制权的安排。两方持有的表决权数量或比例最终取决于创业企业的经验业绩。若在规定期间企业达至目标，创业企业家可收获额外股权及表决权，支付奖励的风险投资家持股比例相应下降。反之，如若业绩未达

---

① 艾利斯·费伦：《公司金融法律原理》，罗培新译，北京大学出版社2012年版，第53页。

预定目标，则风险投资家往往将掌握强势控制力，创业企业家甚或因相应惩罚机制而限于公司治理之被动状态。

第二节　封闭公司股东冲突下的类别股种类选定

人合性及闭锁性的构造特质，使封闭公司具有包容类别股繁盛的股权结构之可能性。当其内部各类别股群落林立，取向各异的"分社团"间难免迸发利益冲突。而封闭公司内股权流动趋于凝滞的天然倾向，令弱势类别股股东面对强势类别股股东的压制行为或机会主义侵害，尤易沦为被动的"出资囚徒"。那么，封闭公司股东之间的利益冲突，将对类别股的种类选定产生何种影响？

一、股东间利益冲突的类型化分析

公司资财有限，终为零和游戏。控制股东以其于公司中的优势地位或通过公司机关作出决议，可能发生排挤非控制股东，限制甚或切断公司赋予后者的财产或控制类权益，而扩张己方私人财富或经济利益之行为。在封闭公司，因不存在供股权流转的客观市场，中小股东常被禁锢于不利境地而无力撼动公司利益分配的格局。不仅"用脚投票"的路径遇堵，"用手投票"的机制往往也并不奏效，非控制类别股股东通常难逃被剥削、压迫的际遇。

对控制股东的传统界定，从资本配置表决权的形式标准切入。现代公司法理论已不囿于资本约束控制力的判断，而趋向将契约安排或公司章程控制董事会等控制影响之实质标准涵纳于内。公司内部区分类别股股东时，控制股东之身份不必然与特定种属类别股捆绑。以普通股与优先股组合的典型公司股权结构为例。与无表决权或表决权受限的优先股相比,普通股统掌公司表决权,毋庸置疑成为控制类别股股东,优先股股东则为少数类别股股东;当风险投资家以优先股职掌公司股东会或董事会,其相对于普通股则为控制类别股股东,此时普通股股东身为少数类别股股东。于双层股权机构公司中,对应持有一股一权普通股的公众股东,持有复数表决权普通股的公司内部人为控制股东,持有标准普通股的公众投资者则为少数类别股股东;于标准普通股之外,发行无表决权或限制表决权股,则标准普通股因表决权优势股地位成控制股东。

多元类别股股东间缠绕的"不公平损害"[①],涵盖但不限于控制类对非控制类别股股东的机会主义行为。实则,用多数股东与少数股东间的利益冲突梗概之,更为精准。单独地看,多数股东和少数股东均难以用具体数值或范围标准界定,实系对照下的相对区分。多数股东在公司章程修改、与其他实体合并、出售公司全部或重要资产、改变公司财务结构、变更已发行类别股上类别权等事宜上,相对于少数股东具有更强势的话语权及控制力,因而在类别股股东间的压制博弈中可运用的手段林总各异,或构成对少数股东的不公平损害。在实践中,掌握公司管理权的多数股东,享有更多代表公司从事集体行为的机会。作为力量优势一方,多数股东可能借助合法程序,对力量劣势一方作出不利的决议。

如何拨开"合法性"的皮囊,认定多数类别股股东构成对少数类别股股东的不公平损害?一般可从以下几方面要素加以认定:其一,多数类别股股东控制下作出的股东大会决议,有违公司总体利益。其二,作出该种决议的出发点乃有利于多数类别股股东的利益,而践行决议有损于少数类别股股东的利益。其三,综合考虑各种情况,多数类别股股东所为行为非出于合理的商业因素考虑,对少数类别股股东

---

① 在普通法系,"股东不公平损害"与"股东压制"基本趋同,相异的仅是术语名称。

亦无公平可言。

实则，由封闭公司类别股股东之间利益冲突衍生的"不公平损害"表现形态众多。适用模糊的语言，可助于避免琢磨概念表述的困扰，亦避免不合理限缩少数股东应受救济的情形。即便如此，就多数股东对少数股东常见施行的不公平损害进行归类，仍有助于理顺类别股股东间的利益冲突，进而理顺由此对类别股种类选定产生的影响。

首先，多数股东运用对公司的操控力，直接针对少数股东的典型不公平损害行为有：其一，掠夺少数股东财产回报。通过对公司董事会的操控，多数股东鼓动拒绝宣告盈余分配，或限制分派下的象征性派息政策，令少数股东合理期待利益落空，难获公正回报。多数股东如此行为之动力，在于截留本归属于中小股东之财产利益，即便未由多数股东直接转归收益，而多用以扩充企业规模，助力公司发展，也将借由股权价值提升、将来可分取利润累积等方式令多数股东收益。以公司运用无表决权或限制表决权类别股为例，此时该等低级表决权股股东相当于少数股东，其轻公司管控参与而重股利分配，而公司中的普通股股东则具多数股东地位。当公司不予分配或极低水平分配股利，将致低表决权股市场价值下跌。而留存利润提高公司整体价值，传统普通股随之相应受益，提高股权市价。因此，于董事会决议不予分配股利之时，低级表决权的少数股东蒙受的不利益，远甚于高级表决权的多数股东。股利分配虽同时受公司章程有关股利分配及公司法就资本市场投资回报规则的约束，但盈余分派与否及具体数额的决议，属公司自主决策事项之范畴，常取决于董事会的自由裁量。相较于其他融资方式，将公司盈余资本化的内部融资方式成本最低。实践中，董事会鲜有倾全部盈余向股东派发股利的行为，更有公司长期盈余满钵，凭借将累积利润专用于公司持续发展经营之理，推行拒绝分派盈余的决策。少数股东对无法分享公司盈余之事实，即便无可奈何，却无法改变。其二，变更公司章程损及少数股东利益。公司经营过程伴随着内外部境况及条件的变迁，乃公司契约不完备性及公司本身长期存续性之产物。于是，公司章程的修改无可避免。多数股东以合理修订章程为由，行侵害少数股东利益之实，极可能出现于两种情形：直接变更公司章程中就类别股权内容的规定；新设优先于特定类别股权利内容之另一类别股，或扩大既存他种类别股之优先权。其三，通常，通过修改章程剥夺类别股特殊子权利，难于股东会及类别股东会上获得通过。此时，若公司章程未明确排除运用合并方式以剥夺类别股东的类别权，那么，公司可能采用公司合并的规避方式，以达至如同变更、剥夺类别权实质相同的效果。如 Benchmark 案中，公司无法通过股东会或董事会决议修改优先股合同条款，通过"变戏法"——采用公司合并形式，达到剥夺优先股合同权利的实质效果。① 其他典型案例尚有 "Warner Communication v. Chris-craft" 和 "Benchmark Capital Partners IV, L.P. v. Vague" 案等，案中优先股股东均遭到来自普通股股东的此种机会主义行为侵害。

其次，多数股东践行的数类不公平损害行为将直接为其本身带来利益：其一，多数股东为保障己方于公司中优势地位附随之利益，于第三方谋求控制权转让并向原始股东提供优厚条件时，多数股东漠视少数股东于此交易可受利益而期待交易之愿景，抵制此种良性公司经营权更替的契机。其二，与公司发生关联交易或形成竞争行为。在多数股东操控下，可能令己方或己方享有利益的实体与公司发生合同安排，从而汲取公司的收益甚至资产。这些合同安排往往系非正常交易（Arm-length Transactions）的结果，对多数股东有利而对公司不利，从而间接损害少数股东之权益。其三，因在公司中担纲职务而获取巨额薪酬。多数股东从公司收益中汲取巨额薪酬，相应降低了净资产价值。

---

① William W. Bratton, "Venture Capital on the Downside: Preferred Stock and Corporate Control," *Michigan Law Review*, vol. 100, 2002, pp. 936-937.

最后，对股份售出者而言，不同交易形式将极大地影响出售方收益分配。多数股东利用包括合并（兼并）（Consolidation/Merger）、股份交换、非正常营业中公司全部或主要资产出售、租赁或其他处分行为等的根本性结构变化，区别对待多数股东与少数股东，实质造成前者对后者的侵害，其主要可分为以下几种效果：

第一，买断少数股东股权，迫使其接受明显不合理对价而退出公司的挤出合并情形。可细分为两种歧视性兼并方案。其一，不足额现金补偿。"Coggins"案即适其例，依兼并协议，所有非表决权股将被以现金买断。故而非表决权股东起诉，质疑收获不足额现金补偿，而被排除于兼并交易之外。[①] 其二，以极不利的条件转换为他种市场前景差、价值低的证券。第二，多数股东得丰厚对价易手所持股权，而独留少数股东于前途弗定的公司。在第一种情形中，当公司面临败落，多数股东有时会策略性地新设一公司，并接受新公司提供的丰硕现金转换，而独留少数股东于前景并不明朗的存续公司。在另一种情形中，公司并不一定面临经营危机，而由控制股权于潜在收购第三方的独特吸引力引发。控制股权因其固有权利，常能方便觅得买家，并争取到少数股权按比例无法获得的额外高价，即控制溢价（Controlling Premiums）。该控制溢价不仅以常态高售价表现，还可能附带给予控制股东以公司雇佣合同安排或其他额外支付利益。当公司发生合并或资产出售交易，收购方为获得目标公司资产而支付的对价由所有股东共享；而于控制权出售情形，控制股东可较少数股东获取更为优厚的经济利益。而当控制股东独占此控制权溢价，拒绝与少数股东分享，少数股东未得相同标准的股权售出机遇，被继续留存在公司，甚至遭遇公司控制权易主后新一轮多数股东的挤压或掠夺。第三，在多数股东操控下，以特定交易形态规避少数股东的合法权利。

[①] Coggins v. New England Pariots Football Club, Inc., 397 Mass. 525, 492 N. E. 2d 1112(1986).

第一种典型情形，为公司以兼并等交易形态，绕开少数股东本应享有的先买权或先行拒绝权等限制股权转让的安排。在路易斯安那州"McCarthy"案中，股东转让股份时其他股东享有先行拒绝权。多数股东打算将其在 A 公司的股份转让给 B 公司，少数股东反对多数股东该对外股权转让行为，主张依照公司章程规定行使先买权。为规避少数股东的该项权利，达到自由处分己方股份的目的，在多数股东的推动下，A 公司遂与 B 公司商定，推出了一项公司兼并安排。据此，两公司各自修改公司章程，A 公司整体以每股 20 美元的价格卖给 B 公司。多数股东借此方案，彻底退出被兼并的公司。少数股东作为原告，起诉要求被告多数股东赔偿其因丧失先买权而遭受的损失。州最高法院的判决提炼了以兼并安排为表，股份转让为实质的多数股东行为实质，认为其操控董事会剥夺了少数股东本应享有的权利。[1]

第二种典型情形，公司转让全部或主要资产或营业于另一公司，通常，该另一公司系新组建公司，接收原公司转让的资产后，原公司即行解散。此交易之成功推行，助力多数股东避开小股东于出售公司时享有的、阻止多数股东按其意愿行为的权利，常见为绕开股东否决权或规避买售协议安排（Buy-sell Agreement）的目的。美国密歇根州的一则案例契合该情况，A 公司三十年存续期即将届至，持股 41% 的多数股东欲延长公司存续期，而根据州公司法的要求，须经三分之二以上股东同意，公司才可能展期。鉴于少数股东否决了多数股东提出的延期议案，多数股东着手新设公司 B，并与 A 公司签订并实施了一项资产转售协议，由 A 公司将所有资产转让予新设 B 公司而换取 24000 份股份，以原公司 1 股折换 240 股新公司股份的交换率，将 B 公司股份配给 A 公司股东。这一交易相对展期议案，通过难度大大降低，因为按照实时《密歇根州公司法》的要求，此交易只需股东会简

---

[1] 杨署东：《中美股东权益救济制度比较研究》，知识产权出版社 2011 年版，第 39—40 页。

单多数决通过即可实施。① 美国联邦法院审理的一则威斯康星州案，案情与此类似。A 封闭公司的主要资产为一家银行，多数股东对外转让股份前，依约须先向少数股东披露转让条件，征询其是否行使优先购买权。多数股东为了绕开少数股东的该项权利，舍弃股份转让的路径，而从公司层面着手，将作为公司主要资产的银行而非其股份出售给外部人，后续清算了 A 公司。该公司少数股东 Frandsen 以优先购买权被侵犯为由诉诸法院。②

不公平侵害行为的行为方不一定全为控制类别股股东，在特定情境之特定事项，依凭类别股特殊权利，少数类别股股东亦可直接或间接构成对多数类别股股东的钳制、损害。譬如，将其他类别股股东排挤出管理层，转移公司财产或交易机会等。因此，就股东之间利益冲突的类型化分析，不应以控制类别股股东施行的"不公平损害行为"为限，而应基于客观标准，对类别股股东所为是否构成"不公平"歧视进行判断。以此为基础，探究封闭公司股东冲突对于类别股种类选定的优化建议。

二、普通股与优先股间的典型冲突

不同类别股股东之间存在利益差别。鉴于现有关于特别股的研究集中于优先股，考察优先股于公司股权结构中的运用，可将经验及启示类推适用于他种类别股。因此，多数类别股股东与少数类别股股东间的利益冲突，可具体化地从普通股股东与类别股股东间的利益冲突着手剖析，进而举一反三。

在资本市场的历史舞台上，美国 20 世纪 30 年代经济大萧条期间，

---

① Porte v. C. O. Porter Machinery Co., 336 Mich. 437 2d 135 (1953).

② Frandsen v. Jensen – Sundquist Agency, Inc, 802 F. 2d 941 (7th cir. 1986).

为优先股股东利益遭受普通股股东侵蚀的一段集中而典型的时期。实时众多封闭公司陷入困境,连续数年无法向优先股股东支付累积股息。至第二次世界大战期间,这些公司大幅反转盈利,然普通股股东受梗于公司未付清的优先股累积巨额股息,无法分享公司收益。于是,受普通股股东控制的公司管理层,采用公司章程修改、公司新设合并等诸种方式,废除或侵夺优先股累积的分红、优先股股权内容中涵纳的特殊优先权及他种优先利益。[1]

美国优先股的发行经验,印证了优先股的双重属性,使其易于陷入公司脆弱地位的尴尬境况,从而常遭遇控制公司的普通股股东机会主义行为的侵害:

其一,无论优先与否,优先股股东总归是公司股东。相对于债权人,优先股合同约定的经济权利仅处于期待权范畴,无权请求强制执行而获切实保障。

其二,类别股股东间在可分配的公司资财上存在着此消彼长的关系,具体至优先股股东与普通股股东就公司资财分配之利益诉求,同从公司盈余资金池汲取。此零和游戏的实质,乃优先股和普通股间利益冲突之根源。身为"经济人"的普通股股东,存利用自身影响力侵夺优先股股东利益的倾向。借由代表普通股股东的公司董事,普通股股东间接运筹公司控制权,具有损害优先股股东的天然优势。普通股股东凭借所持表决权影响董事选举及续任,实质上造成董事对普通股股东的依附。在关乎职业前程的压力下,董事临作决定,常听命于普通股股东并偏向其利益,并以公司经营判断的冠冕理由护之。故而,于优先股股东与普通股股东博弈过程,董事会常舍优先股利益,而为利于普通股股东之公司交易行为。

其三,优先股股东较普通股股东有更为强烈、迫切的股利分配期

---

[1] 杨署东:《中美股东权益救济制度比较研究》,知识产权出版社2011年版,第49页。

望。从公司董事的角度，保留利润进行多元化投资，客观上有利于公司稳定发展，同时降低己方经营决策失败的风险。此外，扩建公司帝国的行为，有助于董事从薪酬提升的经济利益层面获益，同时使其从更高社会地位及自我满足感的精神层面获益。因此，少分甚至不分股利，对于董事更有裨益。

即便在与普通股的角逐中，优先股也有"扭转颓势而胜出"的情形。譬如强势风险投资家以优先股形式注资创业企业，附加优势条款的优先股，从股权内容配置看来，强于创业企业家持有的普通股。在大多数情况下，优先股合同之不完全性，为普通股股东伺机做出机会主义行为，剥夺优先股利益而转移至己方手中提供可能：

第一，普通股股东与优先股股东的索取权竞合。作为一项法律上的请求权，股利分配请求权的对象乃董事会业已宣布分配的股利。待公司宣布股利分配之后，期待性的股利分配权才能现实落地。换言之，对已累积但尚未宣布分配的股息，优先股股东不享有确定财产权。而究竟宣布分配与否，受到董事会对股利分配自由裁量权的制约。

当公司以不予分配或拖延股利的方式留存利润，转将盈利用于投资或资金周转，致公司整体价值上升。此时，对于普通股而言，不予分配的股利将由普通股获取，反利于其股权价值之附随积极攀升，且升值股份交易流转更为通畅。对于优先股股东，此时既失股利又蒙股价折损，实损及其利益和合理期望。

普通股股东可能运用控制权，通过修改公司章程的方式，试图排除优先股合同记载的优先权利，架空优先股利润分配权的事件尤为频发。理由何在？首先，即便公司存有丰厚利润，董事会基于商业判断考量，可决定将盈利用于再投资、扩大经营而非利润分配。当优先股分红权明显限制公司经营发展，公司董事更倾向从大局出发拒绝宣布分红分配。其次，普通股股东借此行为，或可囊获原归于优先股股东的财产利益，得攫取私人利益之机会。再次，"位序理论"阐释了普通股股东截留公司利润、不予分配优先股股利的倾向：在公司资本结构的"位序"中，公司内部的资金供给优位于外部融资。[①] 于是，公司为加速资本积累、扩大经营规模，即使分取红利，也喜好运用利润资本化的送红股方式进行内部再融资。实则，现金分红的投资回报方式，始能真正利于投资者群体。其他如低入高出的差价利得，仅为投资者群体内部的财富再分布，至于利润资本化的送红股，实为公司账上会计科目的调整，同样无以真正利及投资者。倘若公司延后优先股股利支付期间，因争取到"货币的时间价值"，亦可节约潜在财务成本。

以类别股制度发达的美国为例，众多优先股争议均围绕优先股股利分配发生。而无论学界抑或司法实践，多支持红利分配系属公司自治事项，法院不宜也不愿对公司内部该项商业决策加以评断。常见为通过修改公司章程，废除已累积但尚未宣布分配的优先股息，从而规避优先股股息支付。模范化的德国《股份法》，明晰了该情况下的优先股股息将被清零。如德国《股份法》第 140 条第 3 款："章程未作出其他规定的，因优先款项未在一年内支付或者全部支付，尚不产生由以后的盈余分配决议决定的对拖欠的优先款项的请求权。"

应留意累积与非累积优先股的区分，对普通股股东与优先股股东间的利益冲突带来的影响。就非累积优先股而言，当期未宣布的股息损失不再弥补，此种损失是终极性的。至于累积优先股，虽然当期未予分配的股利可转入累积股利以待后续分配，然优先股股价仍将受不利影响。实际上，损害优先股利益更为常见的情形是，废除累积优先股（Cumulative Preferred Shares）已累积但尚未支付的股息。逢公司经营状况良好，有能力支付积欠股利尚好。一旦公司前途堪忧，无力支付的股息欠款日积月累，将阻遏公司资本结构发挥功能。在经济萧条时期，如此负累的股权结构比比皆是。此时，一面是普通股掌控公司

---

① 艾利斯·费伦：《公司金融法律原理》，罗培新译，北京大学出版社 2012 年版，第 63 页。

控制权，另一面则是优先股股利累积形成的债台高筑，甚而阻碍公司整体发展而致僵局，两类类别股间的利益冲突更趋激烈。

第二，典型优先股从公司获取固定股利，而传统优先股所享股权收益或剩余利益均不确定。两者风险偏好迥异，优先股股东通常偏爱于低风险且收益稳健的投资项目，而普通股股东则更易于接纳高风险高回报的交易。两种类别股股东间于公司经营策略决定上产生的分野，自然决定了两者在投资策略上的利益冲突。

第三，同于股权清算过程，在公司合并或兼并的资本重组过程中，优先股股东与普通股股东间的利益冲突，常将优先股股东置于不利境地。公司合并或兼并均属资本结构调整的交易形式，所涉收益将在优先股股东与普通股股东间分配，一方所占较多，意味着另一方占比减少。如若根据优先股合同，优先股股东须不受并购交易影响，继续留于存续公司，然该优先股上附着股息率较高或拖欠累积股利繁重，将影响潜在要约方实施合并计划的意愿。即便该要约方决定实施合并，虑及既存优先股股东的负担，对普通股股东支付的对价必然被相应贬低。反之，如果优先股合同未事先明定公司合并过程中对优先股股东权利的处理措施，普通股股东可能会借用合并计划，将原公司并入全新的、资本结构相异的壳公司，以达至消除公司累积拖欠优先股股东的分红，并将优先股股东以低廉代价挤出公司的目标。又或者，掌控公司控制权的普通股股东动议合并计划仅回购普通股，而独留优先股股东于空壳公司中。

三、类别股种类选定的优化建议

封闭公司的两项特质，与该类公司内部类别股股东之间存在的利益冲突息息相关。其一，对多样化类别股广泛包容的特质，使得封闭公司内部类别股股东间的利益冲突，可能出现相当复杂的情况。其二，股权转让的受限性，令股东从封闭公司"脱身"并不容易，故其内部类别股股东间利益冲突的处理难度较高。如此，对于类别股的种类选定将生何种影响？[①]

从应然层面来看，封闭公司内部股权结构中的类别股搭配组合可能呈现相当多元的样态。换言之，无法提供一种或若干种"以不变应万变"的类别股种类选定方案，但是，应当存在封闭公司类别股种类选定的优化方案。封闭公司类别股股东之间的利益冲突，对类别股种类选定的核心影响在于，为此"选定"行为之时，须秉持股东之间利益平衡的原则。由此归纳出类别股种类选定的三项优化建议：

首先，尽量避免设置权利内容对比过于悬殊的类别股搭配组合，以降低类别股股东间倾轧行为所致的公司内部纠纷发生率。具体而言，一方面，就类别股的内容构成，原则应体现各种子权利优劣搭配下的总体平衡。另一方面，回应封闭公司中弱势类别股股东权益极易受损之现实，宜对该弱势类别股附着强化权利保护的内容。

推介该项类别股种类选定的优化建议，原因之一在于类别股股东间客观存在差别、重叠、矛盾的竞争性冲突。多数时候，这些冲突并非来自势均力敌的相争，而系控制类别股股东对弱势类别股股东合法权益的侵害。美国公司法运用"股东压制"（Oppressions），英国公司法则创设"不公平损害"（Unfair Prejudice）之概念描述该种情形[②]，大陆法系则纯朴描述其构成对诚实信用原则的违反。无论称谓何如，各法系对封闭公司控制类别股股东行为时的基本期待趋于一致[③]：封闭公司股东间更为密切的关系，要求居于公司控制地位的一方不应武断行

[①] 此处所指"选定类别股的种类"，不同于类别股立法从类别股种类资源中所作的筛选，而系在类别股立法的划界范围内，公司股权结构设定中对于类别股适用的抉择。

[②] 2006 年英国《公司法》第 994 条规定，禁止多数股东对少数股东的"不公平损害"。

[③] 范世乾：《控制股东滥用控制权行为的法律规制：中国公司法相关制度的构建》，法律出版社 2010 年版，第 163 页。

权、漠视少数类别股股东之合理期待并折损其权益。

从各领域司法判例提炼出的封闭公司股东间互负的信义义务，同样支持该项对于类别股种类选定的优化方案。马萨诸塞州最高法院于1975年作出的"Donahue"案，系英美法系确立封闭公司中股东间互负加重信义义务（Enhanced Fiduciary Duty）以实现上述目标的经典判例。为给予小股东保护，该院阐释了加强版的公司股东信义义务：在封闭公司中，股东之间的信任、信心对于企业规模及运作方式至关重要，兼之封闭公司小股东权益的内在易损性，封闭公司与合伙企业本质相似。[1] 在企业运作的过程中，封闭公司股东之间本质上负有同于合伙企业合伙人相互间负有的信义义务（Fiduciary Duty）。本院先例已将合伙人之间互相负有的责任标准定义为"最大真诚和忠实义务"，此为封闭公司股东间互相负有义务之标杆。故而，封闭公司的股东应恪守这项诚信与忠实标准以行权履责，不可出于贪婪利己的行为，减损对其他股东及公司的忠实义务。[2]

处理股东间利益侵夺行为的累积判例，对应于美国公司法确认封闭公司股东间互相负有的信义义务。于是，当控制类别股股东偏离公平对待（Fair Dealing）或少数类别股股东之合理期待（Reasonable Expectation）而为压迫行为（Oppressive Conduct），即违反其对少数类别股股东承担的信义义务。对此行为，少数股东除可请求禁制令、损害赔偿或收买股份外，还可申请法院解散公司。[3]

英国判例法中也有类似Donahue规则的裁判原则，为少数股东提供更为宽泛的信义义务诉因救济。[4] 英国上议院在1972年的

---

[1] 顾康敏：《封闭公司的几个法律问题》，载王保树主编：《商事法论集》第21卷，法律出版社2012年版，第74页。

[2] Donahue v. Rodd Electrotype Co. of New England, Inc., 376 Mass. 578 (1975).

[3] 黄铭杰：《公司治理与资本市场法制之落实与革新》，清华大学出版社2013年版，第16页。

[4] 杨署东：《中美股东权益救济制度比较研究》，知识产权出版社2011年版，第89页。

"Ebrahimi"案中确立的理念为,封闭公司多以私人关系为基础而组建,对这种关系应予特别保护。

大陆法系的经典判决,同样呈现出确认带封闭性特质的有限公司内部股东关系,类似于合伙企业内部关系的思路。德国联邦普通法院在1975年6月5日的ITT判决中,认可有限公司股东间更新的诚实义务。有限公司中的多数派股东,可能因执行公司业务而侵害其他股东在公司中的利益,因此,多数派股东对其他股东应负有关照其在公司中利益的义务[1],借此实现对有限公司中少数派的保护。

上文述及少数类别股股东免于强势控制类别股股东滥权侵害的路径,均以确立一项控制类别股股东滥用控制权的判断标准为前提,并可就其中的典型性行为加以罗列。而确定控制类别股股东权利滥用的标准,可从其反面入手,即明确控制类别股股东权利行使之正当性标准,宜结合"合法程序"及"利益损害"的双重标准定之。其中,"合法程序"标准要求控制类别股股东运用控制权时,应遵守程序规定。"利益损害"标准则要求对交易本身作实质性审查,从结果上考察控制类别股股东是否对少数类别股股东造成利益损失,同时侵害了公司利益。无论是确立控制类别股股东滥用控制权的判断标准,抑或旨在事前预防、事后矫偏的规制,均可明确化为类别股权的内容。

其次,尽可能明确、详尽地确定各类别股权的内容。典型地,若所涉冲突未由合同范式授意指引,则应转而求诸公司法范式,平等而非均等、平衡而非兼顾地确定各类别股股东群体的权益。但是,此时因缺乏合同范式的确定规范,易于滋生多数类别股股东对少数类别股股东的侵害。因此,封闭公司股东冲突下的类别股种类选定之优化建议,理应强调对类别股权内容详尽预设的重要性。

---

[1] 高桥英治:《企业集团与少数股东的保护》,崔文玉译,北京大学出版社2014年版,第178页。

最后，作为不完全合同的类别股合同，面临着公司后续变更行为的风险。因此，建议选定对类别股变更事宜存在明确安排的类别股。详言之，该类别股的内容设计上，应明确约定可否变更类别股子权利、变更的程序如何、约束标准怎样。以优先股的优先利益遇有变更为例。在优先股制度典范的美国，许多州公司法均明确授权，借由公司章程之修订，可变更公司股权的优先利益或增加利益限制。由此可见，优先股上附着之优先子权利及原定股息收益，极易为章程更易趋于劣后。此外，在公司创设优先于现有优先股权的更高级别新类别股时，原有优先股给付顺位自然降为次等。上述两类子情形发生之动因，常在于与优先股存在利益冲突的普通股股东的推动，令原有优先股股权所附之固定股息承诺落空，必然减损其期待利益，进而或引发公司内部股东间纷争的不稳定因素。由此观之，将类别股变更事宜明确订入类别股权内容，殊为重要。

综上，宜将上述三项建议嵌入类别股种类的选定，从而在类别股股东间利益冲突客观存在的背景下，构建类别股股东间新的权利衡平关系。

第三节　股权解释对封闭公司类别股种类的续造

从公司股权结构的交错环境，单纯抽离特定类别股权进行内容剖析，止于文理探讨之意。而置于类别股股东间利益冲突的背景，对类别股权的精准解析，始具有平衡各方利益、保护类别股股东合理期待的价值。

随着优先股试点的推进，我国将逐步构建类别股法律制度，对类别股合同的解释迫在眉睫。笔者倡导，我国类别股法律制度对公众公司及封闭公司分采不同立法路径。其中，公众公司的类别股种类法定，经由立法权衡各方利益后审慎筛选确定，种类较为单纯。对此有限的法定类别股种类，依循立法意旨阐释类别股权内容，一般不存在较大分歧。而封闭公司本身的特质，更适宜灵活自治的类别股设置。市场灵动的力量将成就封闭公司类别股种类多元创新的境况，远远超越立法提供的有限"模板类别股"。因此，封闭公司的类别股更有解析的必要性及迫切性。更为缠绕的解析难度，也令封闭公司类别股权的解释极具探讨价值。

从逻辑上看，类别股种类确定为因，对其的股权解释为果。但是实际上，类别股有不完全合同的属性，这种开放性要求股权解释对其补足。股权解释对类别股运作过程中产生的对其剖析、解读甚至合理地发挥出一定创造内容的过程，可能已经超出对类别股进行归类的过程，而达到对类别股种类"续造"的情境。因此，理清楚这种解析的续造思路，殊为关键。

一、类别股权解释的三条路径

对类别股内容的解析，依循公司法或合同法的不同路径，将得到相异、冲突的结果。主要存在三条路径：严格文义解释，诚实信用与公平原则的扩张解释及将模糊类别股子权利的阐释由合同范式切换至公司范式的信义义务规则解释。

19世纪域外公司进行开凿运河、修建铁路等大型基础设施建设时，向政府广发股利分配优先、其余权利同于普通股的优先股进行融资。受到优先股发展初期持有者强势地位的影响，早期英美法院对类别股之典型——优先股于权利内容发生争议时，恪守"a contract is a contract"的严格文义解释的唯一路径，排除了合同法路径的诚实信用、公平交易解释方法，以及公司法路径的信义义务对类别股契约"隐含期待"的修改或扩展。譬如，美国特拉华州法院对类别股合同的解释即推崇严格文义解释方法（interpret strictly），相当于我国合同法上的限缩解释，或曰狭义解释。类别股的严格文义解释旨在探寻类别股合同条款的真实意思，认同除非另有约定，默示所有等比或等份股权皆平等。因此，类别股区别于传统普通股的任何优先性、限制性或创新性子权利须被严格解释，在公司章程中清晰明确记载，无特殊子权利描述，则不可基于推测认定特殊子权利之存在。

运用严格文义解释方法的裨益在于，明确某类特别股权利的确定性，明晰该类别股与作为公司股权基础的传统普通股的界限，从而降低类别股股东间围绕权利争议产生的诉争。在特别股与传统普通股利益碰撞的某些情形，坚持严格文义解释的运用，或许能得到更为公允的类别股股东冲突处理结果。上文所述 2009 年美国特拉华州法院审理的"Trados"案中，持有优先股的风险投资家掌控了股东会，优先股合同条款明确约定合并等同于清算。后风险投资家启动合并公司交易，以期实现其清算优先的合同权利。鉴于普通股股东将于该公司合并的分配中一无所获，该交易引发优先股与普通股间的利益冲突而致优先股股东行权受阻。法院基于普通股利益最大化的价值判断，认为董事对普通股股东负担的信义义务应优位于优先股之合同权利，因此，优先股股东无法强制执行清算优先权。[①] 笔者赞同 Bratton 教授对这一判决中，董事信义义务破坏类别股股东间就收益分配及风险负担的商业安排的强烈批评。实则，于此案中恪守严格文义解释方法，尊重对优先股权利的阐读并遵照执行，与私法自治的精神相契合：符合类别股利益分配的合理预期，并利于既定类别股秩序的维持。

对于类别股契约未体现类别股股东磋商合意的自由意志，由发行公司单方提供的情形，存在遵循严格文义解释不利于保护类别股股东权益的质疑。对此，严格文义解释的支持者反驳，尽管传统优先股投

---

① 刘胜军：《类别股法律制度研究——以类别股利益冲突为中心》，清华大学博士学位论文，2015 年，第 202—203 页。

资者不享有与发行公司当面商榷优先股合同条款的机会，但若他们不接纳类别股条款，完全可以选择绕开该项交易而转向认购其他股权投资。①在类别股合同条款于股权发行时即予以明示的情况下，投资者一旦选择购买而成为公司的类别股股东，即不应抱怨以严格文义阐释类别股股权内容。

正是注意到恪守"a contract is a contract"的严格文义解释路径，对类别股内容的解读，可能将特定类别股置于一种易受他种类别股股东压制的软弱地位，致少数类别股股东正当的合同期待利益被予剥夺。契约法下的另一种解释方法，道德的法律表达——诚实信用解释方法进入视野。

诚实信用原则当有助于说明合同的真实涵义，同时指明契约的内部逻辑。既然诚信原则适用于一般合同，依逻辑推理，是否可将诚实信用解释方法推进至条款存疑的类别股合同，助力确定条文正确意思？理由何在？

其一，诚实信用原则为民法总则及合同法总则确立的一切民事法律行为应遵守的原则与基础，类别股权契约理应囊括于内。《合同法》第125条第1款规定了合同解释的一般原则，其中明确规定了诚实信用的合同解释方法。②合同解释应采用诚实信用标准，在合同当事人之间达成一个公平合理的利益衡量。③具言之，公司章程中类别股合同条款的解释，如同其他合同一样，都应受到诚实信用原则的指导。在解释存有争议的类别股合同条款时，不应完全拘泥受束于文义，而应从诚实守信者的视野来阐释合同，公平合理地确定类别股契约内容，平

---

① Melissa M. McEllin, "Rethinking Jedwab: A Revised Approach to Preferred Shareholder Rights," *Columbia Business Law Review*, vol. 895, 2010, p. 920.

② 《合同法》第125条："当事人对合同条款的理解有争议的，应当按照合同所使用的词句、合同的有关条款、合同的目的、交易习惯以及诚实信用原则，确定该条款的真实意思。"

③ 克劳斯·奥特：《民法的经济分析》，江青云、杜涛译，法律出版社2009年版，第411—412页。

衡类别股股东之间的利益。

其二，类别股系不完全合同的常态特质，决定了诚实信用解释方法的适用空间。大多数情况下，虑及类别股合同制定之交易成本、制定方的有限理性、条款单方制定、信息不对称等诸多因素影响，长期类别股合同乃典型不完全合同，难以通过完备的事先预拟的条款对类别股股东进行周全保护。类别股合同乃不完全合同的事实，使得类别股合同运用诚实信用的解释方法具有正当性和合理性。

当类别股合同系单方制定，诚信原则解释路径之运用，能基于合同双方的共同目的和正当期望进行合同解释，更能有效克服格式合同的弊端，精准地反映合同双方当事人共同的意思及合理期待。即便不诉诸董事对类别股股东的信义义务，而通过诚实信用的解释路径对类别股合同条款作扩充解释，以实现类别股股东实在的合同权利，已可为类别股股东提供实质保护，阻止控制类别股股东或其掌控的董事会剥夺少数类别股股东对其合同的期待利益。[①]

此外，遇有特定类别股股东作为公司弱势的少数类别股股东之情形，亦可采用公司法上的信义义务，对其股权内容进行调整性、保护性解析。往往于无法预见的公司事宜，信义义务的自由裁量填补功能将大放异彩。

二、股权解释续造类别股的归因

运用诚实信用与公平原则的扩张解释，以及公司法范式下信义义务规则的解释方法，对作为不完全合同的类别股契约进行填补，事实上并未囿于类别股权内容文本描述本身。这种事实上创造类别股权内容"不确定性"的股权解析，构成对类别股种类续造的原因。

---

① 克劳斯·奥特：《民法的经济分析》，江青云、杜涛译，法律出版社2009年版，第927页。

其一，基于类别股合同系不完全合同属性的常态。

对严格文义解释运用的批判指出，严格文义解释方法发挥效用的最佳预设情境，乃完全合同。完全合同指合同当事人对与合同执行相关的所有风险情形的分配均有约定的合同[①]，要求类别股股东间因权利内容或边界之模糊性，而事无巨细地于公司章程中作出预先安排。将类别股定性为完全合同，则期待类别股投资者事前得于类别股合同中具述权利内容及保护条款。从而于类别股合同条款发生争议时，仅得诉诸明示的合同条款。

事实上，过高成本使"预先周全设计类别股权内容条款"的行为，不符合快速流转的商业实践。类别股合同通常不具备完备条款，界定其系完全合同更趋于一项理论假设。由于合同当事人的有限理性，难以预见继续性、长期性的类别股权合同履行中的各种情形。在囊括类别股股权合同的众多公司契约创制情形，交易双方只能签订一项不完全的合同，将未得确定的事项留待将来部署。由此，对类别股合同进行严格文义解释的逻辑适用前提——将类别股合同视为完全合同，投资者有机会事前于类别股合同中规定权利保护条款——并不符合类别股合同实为不完全合同的常态。并且，强行将严格文义的解释方法适用于类别股合同解释，难以处理类别股语义措辞模糊的子权利之剖析，这将极大约束类别股股东对公司的请求权，使其未能得到合同交易中期待的全部利益。

若类别股为不完全合同，则类别股合同常态的长期性致其合约机制存在天生缺陷，类别股合同当事人的权利义务恒处于一种开放的修正状态中，灵活而非固化的类别股权内容解析方法，始能保障公司参与各方之合理预期。典型情境，系传统不完备的类别股之适用。通常，传统类别股合同系发行公司单方制定、提供给投资者的格式合同。该

[①] 克劳斯·奥特：《民法的经济分析》，江青云、杜涛译，法律出版社2009年版，第385页。

种类别股持有者缔约能力弱、缺乏议价能力，未有机会同类别股发行公司进行协商，将利于或保护己方的条款嵌入类别权契约。如何避免不完全类别股合同漏洞、语言的模糊、不确定性及公司后续变化，给公司高管或控制类别股股东提供的侵害少数类别股股东利益的机会主义行为？现实见证了美国对优先股合同广泛适用严格文义的解释方法，将传统优先股置于易受公司董事会及普通股股东机会主义行为侵害的脆弱地位。在中国类别股制度之首推过程中，重蹈美国遵循严格文义解释方法之覆辙，将极大遏制投资者对类别股的兴趣，终致类别股市场发育不良。解决之道为综合运用严格文义及诚实信用的解释方法。对于类别股合同条款存在的模糊及歧义之处，通过严格文义或狭义的合同解释以确定条款中当事人的真实意思；对于类别股合同的未尽部分，以诚信原则和公平原则及公司法上的信义义务来补充类别股合同，确定类别股股东的权利义务，实现其合同期待。[1]

借由诚实信用解释方法，裁断者站在一位诚实守信人的角度，合理平衡类别股双方缔约人的利益，探求当事人的假设意思，公平确定类别股权内容以填补合同漏洞。以传统优先股合同为例，常于优先股发行之前已被发行公司单方制定，未向优先股投资人提供意思自治缔约的可能。因制定方之有限理性，或故意遗漏条款内容，发行公司提供单方制定的优先股合同难趋完备，公司剩余控制权易落入控制类别股股东囊中。鉴于此，在解释为公众所持传统优先股合同时，若合同条款存在模糊或矛盾之处，可援引诚实信用解释方法，作出倾向于优先股股东的阐释。[2]

事实上，特拉华州法院并非就所有关于优先股合同解释的判例均

---

[1] Melissa M. McEllin, "Rethinking Jedwab: A Revised Approach to Preferred Shareholder Rights," *Columbia Business Law Review*, vol. 895, 2010, pp. 921-922.

[2] Melissa M. McEllin, "Rethinking Jedwab: A Revised Approach to Preferred Shareholder Rights," *Columbia Business Law Review*, vol. 895, 2010, p. 926.

采严格文义解释方法。于少数判例中，该院采取合同法范式下诚实信用及公平交易的解释路径，致力于解决传统优先股由发行公司单方制定的问题，从而保护了弱势优先股股东的利益。

从公司法视域下法定化权利的类别股特质考察，宜用信义义务路径对类别股权模糊之处进行扩展调整。而从合同法框架下契约性权利的类别股特质考察，如同债权合同中一样，可适用隐含的诚实信用解释路径。

尽管有人主张，通过隐含的诚实信用契约解释，扩大某种类别股之优先性，必然以他种类别股负担增加、权利缩减为代价。此时，类别股条款不再依循、局限于对本身文义逐字精准的解释，这一解释路径减低了类别股合同权利内容的确定性。反驳意见主张，这种扩张解释实际上将类别股合同条款的文义拓展至诚实信用原则要求的必要边界。笔者赞同后一种观点，即对类别股权的扩张性解释，为类别股股东提供了严格文义之外富有意义的权利，该行为构成对类别股种类的"续造"。

其二，即使单项类别股权的文义内容清晰，但为化解数种类别股群落共存而生之利益冲突，存在对类别股权续展解释的必要。

在这种情况下，类别股合同本身的安排，并不足以消解类别股股东间的更新冲突。诚然，公司章程难以穷竭界定封闭公司股东间互负的权利义务，股东间的权利义务及期待并不必然淹没于公司法既定的结构中。为股东利益之保障，公司法应承认立法背后为现实留有的回旋余地。

换言之，若所涉冲突未由合同范式授意指引，则应转而求诸公司法范式，平等而非均等、平衡而非兼顾各类别股股东群体的权益。对团体中各成员予以平等对待，乃法规范之基本要求，或是一项普遍性法理。纵令未于各该次级团体章程或规章中明文规定，平等原则亦理所当然适用于该等团体，而要求对于相同事务为相同对待，不同事物为不同对待。[①] 将该原则实践化时，应因案而异，区分同类别股股东于不同公司情境的力量对比。以优先股股东为例，持有创业公司优先股的风险投资家常据公司强势地位，而其他持有封闭公司发行优先股的中小投资者则处于劣势地位。

即使对于同一名目的类别股权，置于不同的时代背景，由相异的主体持有，公司内部股东间力量对比格局存在差别，亦可能运用差异化的类别股股权解析思路。以优先股为例，其发展早期主要被用于运河开凿及铁路铺设等基础设施的融资。鉴于实力雄厚的政府为早期发行优先股的认购方，法院由此认定优先股股东较普通股股东更为强势，于是只支持优先股合同中确定的合同性权利保护，而拒绝向优先股股东提供公司法范式下的信义义务保护。笔者将20世纪以后，优先股在公开公司广泛发行的时期称为第二阶段。该时期的主流优先股持有者已更易为公众投资者。相对于优先股发行公司，公众投资者处于弱势缔约地位。1986年特拉华州法院做出的"Jedwab"经典判例认为，有必要对传统优先股投资者提供信义义务保护。此时，对优先股股权内容应综合运用合同法及公司法的范式进行解析。20世纪70年代末起的第三时期，风险投资家投资创业公司时开始广泛运用优先股，尤为青睐可转换优先股。该风险投资背景下的优先股合同常由经验丰富、缔约能力强悍的风险投资家提供文本，完备至趋近完全合同。作为创业企业优先股的重复投资方，风险资本家能以足够的娴熟经验及强势地位，凭借优先股合同保护己方利益。这类优先股上有时附着表决权子权利、董事任免子权利等控制类子权利内容，由此产生的控制力可用于优先股契约后续内容修订的协商力量。因此，对于风险投资家这类优先股持有者，并无必要适用信义义务加以保护，对其优先类别权

[①] 黄铭杰：《公司治理与资本市场法制之落实与革新》，清华大学出版社2013年版，第9页。

的保护不应逾越优先股合同条款的框定范围。此时，对该类优先股的阐释，回归至与第一时期的纯粹契约解析路径，具体依仗严格文义及诚实信用的解析思路以完成。

由此可见，即便综合运用公司法上的信义义务，由于处理标准的模糊性及处置措施的不确定性，可能仍然无法化解类别股股东之间的利益冲突。但是，正是这种对类别股解释的灵活性，成就了"解释行为"本身对类别股种类续造的可能。

三、股权解释续造类别股的步骤

对类别股权的解释，影响对各类别股股东相异需求的积极协调，也决定着股东间利益分配方案的公平与否。经由对类别股权的解释，以达续造类别股种类的目标，须遵循一定的章法，或曰原则、步骤。那么，允洽的类别股股权解释路径，究竟何如？该问题的解决，实质上围绕着两项分支而展开：一方面，在特定类别股股东掌控公司的情况下，是否应当作出倾向或确保少数类别股股东利益的解释，为其对抗控制类别股股东提供支撑，以达至类别股各方的权利动态平衡？另一方面，在处理类别股股东间的利益冲突时，究竟应单一采纳还是复合适用合同范式及公司法范式，对诸项类别股权进行解释？

从美国司法实践典型案例中显现的图景是：当优先股同于传统普通股的部分薄弱时适用法定主义，若优先股异于传统普通股的债权部分薄弱时适用约定主义。法院游走在公司法与合同法之间的缝隙，行弱化优先股股东保护之实。[①] 其实，对类别股股权内容综合运用合同法及公司法范式的解析思路应获支持。但是，不应为达致对特定类别股股东保护的支持或抑制，而从目标结果反推抉择类别股权内容的解析路径。

---

① 王延川、蒲娇茹：《优先股的制度风险与回赎权》，载清华大学商法研究中心：《21世纪商法论坛第十五届国际学术研讨会论文集》，2015年，第513页。

笔者赞同对不同类型的类别股契约采取相异的解释路径。这种分类思路，首先将类别股合同以是否为完全合同为界，分而治之。

其一，若类别股合同趋于或可视为完全合同，则对其股权内容争议之处采用严格文义的解释方法，排除隐含的诚信契约或公司法上的信义义务对类别股合同进行补充解释的适用。

在此第一类情形，应尊重各种类别股合同中涵盖的类别股发行公司与类别股股东间，就收益、风险形成商业安排之合意。而对趋于完备的类别股合同，已就可预见的特定事务详尽约定，不应任凭公司法上的信义义务规范扰乱既有契约形成的有效安排。其典型情境为风险投资基金股权投资创业公司。风险投资家乃风险投资行业中的"反复游戏者"，该强势群体缔约能力卓著，对优先股合同的制定娴熟专业，所签订的优先股合同文本也往往由其提供给创业企业家。他们有实力事先与创业公司就拟持有优先股合同条款充分协商，从而缔结趋于完备的完全合同以保护己方权利。即便风险投资家持有的优先股合同并不完美，有些事项未于优先股合同条款中详定，风险投资家仍可根据优先股合同中的控制权条款赋权，或分期融资主动权等造就的强势地位，影响甚至掌控对不完全优先股合同的事后修订、填补。鉴于此，对风险投资家所持优先股宜采严格文义对合同条款进行解释。

其二，类别股之权利内容，由同于及异于传统普通股子权利两部分构成。在类别股合同构成不完全合同的绝大多数情形，将类别股上附着的各项子权利，分归为合同属性的权利或法定默认普通股属性的权利两大阵营。

借鉴"In re FLS Holdings, Inc. Shareholders Litigation"案的思路[1]，对与传统普通股重合部分的子权利，可用信义义务路径解析。剔除与

---

[1] 该案明确了董事对类别股股东之非合同性权利负信义义务。

传统普通股重合部分子权利的剩余股权内容，可抽象为类别权，其权利来源系当事人之间的契约安排。此时，不应赋予信义义务作为补充不完全合同的机制，从而打破类别股契约这一商业安排，原则上采用诚实信用的契约解释方法。对比之下，类别股股权内容的契约解析，未以传统普通股为界区分为两类子权利，而是一统性地对构成股权内容的所有子权利进行解释。

在此第二类情形，特别股上附着之子权利，可析为与传统普通股相同的部分——特别股的普通股权利，以及与传统普通股相异的部分——特别股的类别权。基于该逻辑分归，特别股股东与普通股股东利益冲突引发的股权解析需求，实质可抽象为两种类型：

一是合同法范式（contract paradigm）支持的特别股类别权，与公司法范式（corporate law paradigm）支撑的普通股信义义务保护，哪者处于价值优位？也可表述为，对于特定公司，增加普通股股东价值与保护类别股股东的合同利益两者相争，孰优孰劣，如何平衡？

在"In re Trados Inc. Shareholder"一案中，创业公司 Trados 经历几轮风险投资基金的融资后，董事会七席中四席被持有优先股的风险投资家所占据，剩余三席由两位公司高管及一位独立董事组成，风险投资家成为名副其实的公司控制类别股股东。优先股股东控制下的公司董事会，在公司章程中优先股合同的内容中设置了优先清算条款，公司控制权移转时，合并视同于清算。由于 Trados 公司多年未能实现 IPO 目标，控制公司董事会的风险投资家决意出售公司并更换了公司管理者，同时向三位新高层管理者提供了一项分享公司合理收益的激励机制。后于新管理者运作下蒸蒸日上的 Trados 公司，同意了 SDL 公司发起的一项价值六千万美元的收购要约。合并交易完成，Trados 公司遂成 SDL 的全资子公司。其中，合并对价中近 5200 万美元支付给优先股股东，作为清算优先分配价款，剩余约 800 万美元，根据先前奖励计划分配给公司新高管，独留作为后续顺位请求权人的普通股股东未获分文。普通股股东起诉至法院，认为实时公司业绩已经扭转，并无出售公司必要，主张董事对普通股股东承担的信义义务应当虑及，若放弃合并方案继续经营，普通股股东可能从该决议中受益。原告还强调，董事对股东承担的信义义务应有程度区分，具言之，普通股股东应优位于优先股股东。然本案中，为优先股股东代言的董事会显然未关注并保护普通股股东的利益。

本案中，优先股股东推动实施合并方案并予以施行的过程中，其与普通股股东的利益冲突实际上分为两个层面：第一层，两种类别股股东就公司发展走向产生分歧。若Trados公司并购完成，风险投资家可凭借优先权之实现，成功实现抽身而退。由于优先股股东从公司获取固定收益，若Trados公司继续经营，公司业绩攀升，优先股股东获益也止于5200万美元清算优先价款而未能随之增多，若发生公司经营失败情形，优先股股东甚而无法保住本可到手的5200万美元收益。反之，对于普通股股东，其清算为零的收益境况已无以恶化，即便公司经营继续末路。而若公司境况转佳，则有机会分取剩余利益。综而观之，继续经营致失败的风险完全由优先股股东担纲，合并交易利于优先股股东。但该合并施行，使普通股股东"颗粒无收"，同时失却扭转格局的最后筹码，故其倾向抵制合并。第二层围绕确定施行合并交易后，优先股股东与普通股股东就利益分配方案发生的冲突。具言之，优先股合同安排明确赋予优先股股东的优先清算价款，与董事对普通股股东承担的信义义务发生冲突时，孰占上风？

该案典型体现了类别股的合同法对待与公司法处理发生冲突时，公司董事应如何抉择两大私法重叠适用的困惑。本案给予持有普通股的创业企业家以董事信义义务支持，使得创业企业家和风险投资家所达成的激励结构无以发挥效用，风险交易的合同分配不再有效。[①]

[①] William W. Bratton, Michael L. Wachter, "A Theory of Preferred Stock," *University of Pennsylvania Law Review*, vol. 161, 2013, p. 1885.

Trados 案裁判要旨对类型一的处理思路为：董事应将对普通股股东的信义义务，置于保障特别股股东合同权利之执行更为优位的顺序。该案中，持有优先股的风险投资家，与公司平等协商后确立并嵌入优先股契约的收益和风险安排的合同范式，败落于"身为控制类别股东的优先股股东公平对待身为少数类别股东"及"董事对普通股股东信义义务"的公司法范式。如此确立了"信义义务胜合同规则"（fiduciary duty trump over contract rule），换言之，特别股股东的类别权与普通股股东权利相争时，后者优先，前者失却强制执行类别股合同所附之类别权利。Bratton 教授批判了法院这一打乱当事人之间充分协商下达成公司权力分配的做法，且该做法破坏了富有经验的风险投资运作的"最佳惯例及行业标准"。① 笔者赞同 Bratton 教授的观点。故而，若公司章程已然清晰规定类别股之优先权，不应运用公司法上的信义义务解释方法，任意变更类别股权利内容的界域。此时，对类别股的合同利益规定，优于普通受到的信义义务保护。

二是同置于公司法范式董事信义义务的自由裁量空间之下，特别股的普通股权利与传统普通股股东权利，孰更受垂青？

对这种类型的股权解析需求，常见于信义义务在处理"特别股的普通股权利"与"传统普通股股东权利"的优位顺位角逐时②，应当留意特别股杂糅的权利性质。一般来说，信义义务被用于庇护普通股股东权利，对纯粹享有合同性权利的公司债权人并无适用空间。至于占据普通股及债权两极中间地带的特别股，可否受信义义务保护及程度如何，并无通用结论，宜依凭特别股权利性质酌定。若特别股权利性质偏重于合同法框架下的契约性权利而趋近于债权，则信义义务鲜有适用余地。此时，在对类别股权解析时，应明确类别股股东受到的信

---

① 刘胜军：《类别股法律制度研究——以类别股权利益冲突为中心》，清华大学博士学位论文，2015 年，第 201 页。

② 此处所述信义义务，包括董事对股东及股东之间的信义义务两种类型。

义义务保护，明显应劣后于普通股股东受到的信义义务保护。若特别股权利性质偏向于公司法视域下的法定化权利而近似于标准普通股，则信义义务对该特别股的适应程度，可比照普通股股东所享信义义务保护程度确定。

综上，对数项类别股权进行解析时，就续造类别股种类的类别股权解析方法，提炼所应遵循的原则如下：

首先，对普通股股东的信义义务保护，不宜僭越特别股合同条款明定的类别权的原则。若所涉冲突已由合同范式下的类别股权内容明定，则依循之，不宜由公司法范式下的信义义务加以扰乱。类别股权内容的特殊性可抽象为类别权，重在与传统普通股相异的子权利，此部分基于合约确定，而非溯源自公司法的默示规定。类别权构成类别股股东加盟公司时投资换取的权利承诺对价，对此预期应予保护。在建构类别股制度之初，尤其禁忌以公司法上内容不定、自由裁量浮动的董事信义义务对合同范式下的类别股权内容安排，调整类别股股东间的利益分配。对约定类别股权的损害，不仅损及私法自治精神，造成公司内部类别股股东间秩序的紊乱及难以预期，更将事实上妨碍对类别股制度适用的信心。

其次，唯对类别股合同范式的解释，将损及公司整体或全体股东的利益时，始可运用公司法上信义义务等解释方法加以调整。

最后，对普通股股东的信义义务保护，应优位或同等于董事对特别股股东所负的信义义务。

第五章　类别股权架构下股东保护的特殊机制

允许公司按实际情况选择适合自己的股权结构，以健全投资者保护制度为前提。换言之，类别股法律制度之构成，不仅重在类别股类型的规定，类别股股东权益保护配套机制的设置同为重要组成部分。保护弱势类别股股东的合法权益存在诸项必要性：其一，类别股制度的建构，将划分出各类别股股东间壁垒分明的格局，伴随着股东间权利义务关系的变革及更趋激烈的利益冲突。同时，与传统普通股融资相比，类别股融资带来全新的代理关系，往往将加剧类别股股东与董事间的利益冲突。然而，上述利益冲突本身的客观存在，绝非抑制类别股适用以减少股东间利益冲突的理由，唯意味着公司治理机制着重于弱势类别股股东保护的更新设计。其二，公司法现代化的趋势之一为强化对弱势股东的保护。类别股股东合法权益的保护，对于实现股东实质平等，促进投资主体之间的利益平衡及提升公司价值意义重大。反之，若类别股股东权利未能得到良好保障而挫伤投资者信心，届时受损的不仅是弱势类别股股东，也将削弱资本市场的融资活力。

为正确处理类别股股东与公司，类别股股东之间，以及类别股东与其他利害关系人之间的关系，三项准则须贯穿于为类别股股东提供的有效保护及救济措施：首先，应以股东的合理期待，划定类别股股东权利保护的边界。其次，股东民主蕴含着股东间的平等，对于各类别股股东群体的保护应注意衡平。既不能剥夺少数类别股股东的合法权益，也应避免少数类别股股东对多数类别股股东不当钳制的状况。最后，公司运行处于错综复杂的环境，客观要求助力投资者实现合理预期的类别股股东保护机制，应当呈现出多样、多层次的治理及救济路径，应宽泛包容合同法框架下的事前保护方式，以及公司法视域中的强制及柔性保护机制。

第一节　事前治理机制

一、类别表决制度：决议事项的遴选框定

类别表决制度（Class Voting System），或称分类表决机制，特别赋权类别股股东以类别表决权（Class Voting Right）。类别股股东借此可于普通股东会之外专门召集的类别股东会上，以团体意思的形成，否决变更类别权或损害类别股股东利益的公司议案。换言之，类别股东会决议乃拟侵害类别股股东权益之公司决议效力发生的必要程序要件。

类别股中的类别权经由公司与股东间的个别契约确定，这种权利并非不可更改，但显而易见，权利的变动应当经双方尤其是受损害一方的同意，通过法律所允许的方式进行[1]，此系类别表决制度设置的理论基础。无论大陆法系抑或英美法系，对待损及类别股股东既得权益均显慎重，除应有股东会特别决议外，更须经该类别股东会之特别决议通过尚可。[2] 那么，作为公司法上的类别股事前保护机制，类别股东

---

[1] 蔡庆红：《公司股东分类表决机制探究——兼论我国社会公众股股东表决制度》，《清华法律评论》2006 年第 1 期，第 144 页。

[2] 参见美国《标准公司法》第 10.04 条、英国 2006 年《公司法》第 630 条、德国《股份法》第 179 条第 3 款、法国《商法典》第 225-99 条第 2 款、日本《公司法》第 322 条、韩国《商法》第 435 条等。

（大）会当如何"筑堤"，以防范类别股股东或将遭遇的不公平损害？

（一）类别表决的事项范围

设置类别股东会乃类别股股东的类别权保护之利器，旨在分类表决处理各类别股股东的利益与诉求，其顺畅运作之前提，在于确定纳入类别表决程序的事项范围。类别表决实质以部分公司运行效率之减损，换取股东间利益相对衡平的公平性。类别表决权适用范围的宽窄框定，彰显着对类别股股东保护与公司行为自由的不同侧重方案。强调公司经营的灵活性，则倾向约束类别表决权适用范围。反之，宽泛的类别表决事项界定致类别表决程序频繁启动，不但徒增决议成本而无利于优化的公司治理，也可能引发类别股股东道德风险而滥用类别否决权，从而损害公司适应市场环境的灵活性。

如何合理框定类别表决程序的决议事项范围？

首先，有赖于类别权的清晰界定。并非类别股上附着的所有子权利均为类别权。类别权应为类别股上附着之众多子权利中，剔除与标准普通股相同部分内容而剩余的特殊子权利。我国台湾地区《"最高法院"72年度台上字第808号判决》，于特别股东权利范围的界定中，表达了类似观点：优先股股东的权利，并不含纳与普通股相同的权利部分，而仅指区别于普通股权利的优先权内容。[①]

其次，类别表决程序的适用范围，仅限于类别权本体的受损，抑或可将类别股股东所享权益受损之情形一并框入？公司法学者刘连煜认为，类别表决权的适用范围，应为类别股股东权益受损害或有受到损害之虞。[②] 王志诚教授则主张，类别表决权适用范围仅为类别权受损

---

① 刘胜军：《论类别股东会》，载王保树主编：《商事法论集》第24卷，法律出版社2014年版，第66页。

② 特别股东权益受到公司章程变更之损害（甚至在有损害之虞）时，即应受到特别股东会保障。参见刘连煜：《现代公司法》，台湾新学林出版股份有限公司2007年版，第254页。

害。① 就类别股东会决议事项范围而言，若过分扩大其范围，由于类别股东会可单方否决公司决议，将徒增决议成本并降低决议效率，也将损害公司自由和普通股股东以及公司的整体利益。如果特别股股东之权益受到公司章程变更之损害，甚至在有损害之虞时即适用类别股东会之决议，则公司之行为动辄需要特别股东会决议，将妨碍公司决策效率与公司经营的自由与灵活性。② 从类别股股东保护和公司自由衡平的角度，类别股东会决议事项范围应仅以类别权变更为标准。③ 笔者认为，类别股东会决议范围不应过大。对类别股股东的保护，尚有异议股东评估退出机制及公司法信义义务等多重保障的替代选择。将类别表决程序的启动事宜，由"类别权受损之情形"扩张至"类别股股东利益被影响之境况"，意味着在传统普通股股东与特别股股东利益冲突背后彰显的价值冲突抉择中，不顾及商事效率精神而优先保护前者，终将减损全体股东福祉。因此，宜将类别表决适用限定于类别权受损，即将类别权以外类别股股东利益除之。

进一步须思考的是，何种变更属于启动类别表决程序的"类别权变更"？存在"严格限制说"及"宽泛解释说"两种不同的观点，两者的分歧点在于，对类别权的"影响"是否可视为"改变"。前者认为，对既定类别权内容、构造的变更，即仅有直接的章程性权利变动才构成类别权之变动。从形式上看，公司章程中特别定义类别股权利的条款应当有所修改。英国判例法即依循严格的字面含义，采纳类别权变更的严格解释。④ "宽泛解释说"则认为，无论类别股权直接的章程地位变动，还是能产生类似于直接章程性变动效果的间接性权利变动，均属于类别权的变动。从表现情形看，既包含直接修改、废除公

---

① 王志诚：《特别股股东权利之保障》，《法学教室》2011 年第 8 期，第 18 页。
② 王志诚：《特别股股东权利之保障》，《法学教室》2011 年第 8 期，第 66 页。
③ 王志诚：《特别股股东权利之保障》，《法学教室》2011 年第 8 期，第 72 页。
④ 王东光：《类别股份法理研究》，《科学经济社会》2013 年第 3 期，第 125 页。

司章程中涉及类别权的条款，也包括对公司章程中非直接涉及类别权部分的修改、进而导致类别权发生实质变更效果的情况，也涵盖向公司章程植入新条款导致的类别股权变更情形。简言之，广泛包罗可能"影响"类别权效果的各种情形。具体如新发同一或不同种类的类别股、某一既存类别股的权利变更（涵盖该类别股上所附表决权、分红权变化等情况）、特定类别股的分割等。[①]

其中直接的章程性权利变动，见于该类别股权整体或其上附着的特殊子权利被变更或终止，包括但不限于发生回赎、转换或股息率调整等情形。譬如，将累积优先股变更为非累积优先股，毫无疑问构成了对类别股的"权力、优先权和特殊权利"的直接损害。

间接章程性权利变动的常见分支如下：（1）创设新类别股，其特殊子权利之顺位优于或同于受影响的原类别股。鉴于公司资财有限、控制权资源恒定，若新发类别股所附特殊子权利系新创或优于原类别股级别，实际上使原类别股处于劣位。若再次发行的类别股上附着特殊子权利顺位同于原类别股，新发类别股或从财产权益方面分流公司剩余财产，降低原有类别股的收益数额，或新发类别股之控制类子权利顺位同于原优先股，亦稀释了原有类别股对应比例的控制力。出于平衡不同种类，甚至同种类先后发行的类别股利益冲突的考虑，上述不同国家要求发行新类别股应经现有类别股股东的类别表决。（2）公司的根本性结构变化，包括公司的合并与分立等形式更迭、公司解散与清算、资本重组、重大资产的转让等。这些变动牵涉类别股股东在公司中的参与权，由此使类别股股东的类别权产生实质变更。（3）对既存类别股的其他调整。譬如，增加某一类别股的数量或授权发行金额，取消或变更已产生的股利或者累积股利的权利。又如，向既存他

[①] Barney Reynolds, "Shareholders' Class Rights: A New Approach," *Journal of Business law*, vol. 125, 1996, pp. 554-565.

种类别股股东于股利支付或清算价值顺位等子权利上提供优先变更,对其他类别股的分割等情形。

参酌各国立法例,同时基于类别股股东权益保护的现实需求,笔者赞同采用对"类别权变更"的"宽泛解释说"。首先从类别股股东享有的股东权利中鉴别出类别权,其次,若所涉"变更行为"确满足"对类别权益产生实质性影响"的判断标准,则须经类别股股东表决同意。

(二)类别表决的域外立法

从比较法上来看,确立类别股制度的国家均普遍地建立了类别表决制度[1],公司立法或公司章程规定特定事项应交由类别股东会决议的,未经该团体表决通过,议案不发生效力。那么,如何从上述事项中甄选启动类别股东大会的事宜?究竟是由立法统揽,还是立法与章程协作以框定类别表决程序的事项?其中,立法规定宜采概括式立法例、穷竭列举式立法例,还是概括式兼补充列举式立法例?此法律规范的性质宜为强制性规范或任意性规范?

类别表决的概括式立法例以一般条款抽象概括类别表决权的适用范围。2006年英国《公司法》即为典型代表,根据其第630条和第631条的规定,类别股东会决议事项采纳涵盖类别权变动的概括标准,并未具体列举哪些事项须经类别股东会决议。[2]与英国公司法类似,我国台湾地区就类别股东会决议事项同采概括式立法模式。根据我国台湾地区公司法规相关规定第159条规定,公司已发行特别股者,其章程变更若损及特别股股东权利,除经由股东大会决议程序外,还须由特别股东会决议。

---

[1] 如美国《标准公司法》(2010)第10.04条,英国《公司法》(2006)第630、631条,日本《公司法》(2005)第322条,意大利《民法典》(1942)第2376条,韩国《商法典》(2011)第435条。

[2] 《英国2006年公司法》,葛伟军译,法律出版社2012年版。

无论英国《公司法》，还是我国台湾地区公司法规相关规定，从法规条款的文义剖析，可提炼出两法域就类别股东会表决事项均采强制性规范，对象同为"类别权变更"事宜，且并未明确赋权公司章程可对立法框定的类别表决事项范围作出增删调整。同属概括式立法，《澳门商法典》第 415 条的规定更为灵活：赋予同一类别股份的特别权利，公司不得随意限制或剥夺，仅可通过由该类别股份权利人参加的股东会所作出的特别决议予以限制或剥夺。此外，公司修改章程时，如果对各种类股份产生不同程度的影响，则须根据修改章程的规定及所要求的多数票，由各种类股份权利人参加的股东会作出特别决议。[①] 由此可见，我国澳门地区对类别表决的法规性质为强制性规范与任意性规范之混合。对涉及类别股上附着类别权之变更，强制性规定为应予类别表决的事项。此外，在同一款的后半段，以任意性规范赋权公司章程，对更广范围的涉及类别股份权益影响，赋予公司章程在公司法框定类别表决范围之外增补事项的可能。美国《特拉华州普通公司法》第 242 条于类别表决事项划定的规范上亦采概括式立法例，然有别于上述法域明确类别表决事宜针对"类别权变更"有别，该法明定的类别表决事宜为"对特定类别股东带来不利影响"的情形，且难从文义窥知该规范之强制或任意性质："修改公司章程可能对某类股东带来不利影响时，该类股东就对公司章程修改享有类别表决权。如果修改公司章程仅可能对某类股份的某一系列股票的股东带来不利影响，那么，只有该系列股票的股东享有类别表决权。"

类别表决适用范围的概括式立法，由于一般条款的抽象概括，表决事项范围模糊、不明确而亟待解释，因而对一国司法水平及法官素养要求较高。这种立法模式更易于引发争议与纠纷，或于类别股股东的实质保护不利。

---

① 冷铁勋：《澳门公司法论》，社会科学文献出版社 2012 年版，第 400 页。

类别股东会决议事项的列举式立法例，为通过法律明确列举重要且常见的类别表决事项。一般认为，该种立法例有利于明确类别表决权适用范围，避免概括条款伴随的解释结果之不确定性及不必要的争议和诉讼，使得类别股股东得以预估判断己方投资风险，故较概括式立法例更优。

2010年美国《标准公司法》系"类别表决列举式立法例"的典型代表，非穷尽地列举了需纳入类别表决的事项。该法规定的类别表决投票团体（Voting Group）制度，散落于第9.21、9.31、9.52、10.04及11.04条列举的5类公司行为。其中，公司章程变更对作为投票团体的类别股股东的影响尤为显著。美国《标准公司法》第10.04（a）条运用强制性规范，梳理了八类"改变类别股股东参与权的公司章程修改事宜"。作为最为重要的表决事项，即便公司章程未涉及甚至排除这八类情形，作为独立投票团体（voting group）的类别股股东，仍有权依照第10.04（a）条的规定享有类别表决权。[①] 通览略显纷杂的上述八类事项，实为"变更类别权"及"影响类别股股权内容"的具体化，全可落入上文对类别表决事项范围的四大类分归。

就公司章程变更以外的投票团体表决事项之规范，为尊重公司自由与经营效率，美国《标准公司法》将其性质定为任意性规范，允许公司章程取消或限制立法规定的类别表决权事项。同时，公司也可在美国《标准公司法》规定的投票团体表决事项之外，在章程中授权类别股股东群体对特定事项进行类别表决，以提高类别股股东的保护程

---

① 美国《标准公司法》第10.04（a）条规定享有类别表决权的八类情形为：（1）将该类别全部或部分股份转换或重新分类为另一类别股份；（2）将另一类别的股份的全部或者部分转换成该类别股份或者授予该等转换权；（3）改变所有或部分该类别股份的权利、优先顺位，或权利的限制；（4）把所有或部分该类别股份改变成同类但数量不同的股份；（5）创设一类新的股份使其在分配或公司解散时享有优先于或者高于该类股份的权利或优先权；（6）增加另一类别股份的权利、优先顺位，或股份数量，使其在章程修改生效后，在红利分配或公司清算剩余财产分配方面享有优先于或高于该类别股份的权利；（7）限制或否认所有或部分该类别股份的现有的优先购买权；（8）撤销或以其他方式影响全部或部分该类别股份已经累积但是还没有授权的分配权。

度来吸引类别股股东对公司的投资。如其第 11.04 条列举了公司合并或股权交换时需要投票团体表决的三种情形,仅规定落入第 10.04 条强制性规范范畴的(f)(1)(ii)情形是强制性的。[1] 于此情况,投票团体分类表决程序将被强制性启动,合并计划应当经类别股东会进行类别表决。[2] 常见实施这样的合并时,特定类别或系列股权将被转换成他种类别股权、股权期权、债权、现金、他种证券或以上种类财产之组合。

日本 2005 年《公司法》就类别股东会表决事宜,同采列举式立法模式。[3] 该法第 322 条第 1 款第 1 项,集中列举了启动类别股东会程序的十三类事项[4],范围并未局限于类别权的变更,而扩展至损害类别股东权益的宽泛事项。从规范性质看,该条款系强制性规范与任意性规

---

[1] 公司合并计划的条款构成了对存续公司章程条款类别股事宜的修改,而如此章程条款的修改符合其第 10.04 条的规定。

[2] 刘胜军:《论类别股东会》,载王保树主编:《商事法论集》第 24 卷,法律出版社 2014 年版,第 67 页。

[3] 前田庸:《公司法入门》,王作全译,北京大学出版社 2012 年版,第 89—91 页。

[4] 日本《公司法》(2005)第 322 条规定,类别股发行公司在实施下列行为的情形下,有给某类别的股份的类别股股东带来损害之虞时,该行为无有该类别的股份的类别股股东构成的类别股东会的决议不生效。

(1)涉及下列事项章程的变更:股份种类的增加;股份内容的变更;可发行股份总数或可发行类别股份总数的增加。

(2)股份的合并或股份的分割。

(3)第 185 条规定的股份无偿分配。

(4)该股份公司的股份认购人的募集(限于按比例的募集)。

(5)该股份公司的新股预约权认购人的募集(限于按比例的募集)。

(6)第 277 条规定的新股预约权无偿分配。

(7)合并。

(8)吸收分立。

(9)通过吸收分立继承其他公司究其事业所享有的全部或部分权利义务。

(10)新设分立。

(11)股份交换。

(12)通过股份交换取得其他股份公司全部已发行股份。

(13)股份转移。

但是类别股份发行公司,类别股份内容,如以上(2)至(13)条,也就是说这是任意性或者说缺省性的条款,可在章程中规定不需要前款类别股东会的决议。

范的杂糅。对于第一项变更公司章程而有损害某类别股份之虞时必须经类别股东会决议，公司章程无法排除该情形发生时启动类别表决程序，即显该条之强制规范色彩。而剩余十二项广泛涵盖公司合并分立、股权合并分割等情形的规定，与美国《标准公司法》一样，允许公司章程取消或限制类别股股东在这些情形下的表决权。

美国《标准公司法》和日本《公司法》规定类别表决事宜的规范可分归为强制性规范及任意性规范两类。前者针对公司章程就类别股事项的修改，定性为强制类别表决事项。后者示范性罗列的类别表决事项，或对类别股股东保护产生重要影响，但允许公司章程予以排除适用。此外，为提高类别股股东保护水平以吸引投资者，公司法进一步授权公司，可于公司章程中增设更多类别表决事宜。此种模式以立法列举式为基础，辅以公司章程取消、限制某些情形下的类别表决事项，甚而在立法既定的类别表决事宜之外，允许公司自治扩充类别表决事项的做法，体现了尊重公司治理自由，保护类别股股东及调和公司整体利益的良好平衡。

在纯粹的概括式立法例及列举式立法例之外，德国杂糅采行概括兼不完全列举式立法例。根据德国《股份法》第179条的规定，股东会决议涉及改变甚或损害类别股权利时，应获类别股东会批准始能生效。该条可视为该法对类别表决的概括性规定。此外，根据该法第141条的规定，废止或者限制优先利益的决议须经优先股股东同意后生效。新发优先股，该优先股在分配盈余或者公司财产时的顺位优先于或者等同于无表决权的优先股的，同样需经无表决权的优先股股东的同意。[①] 第204条规定，公司先前发行优先股的，再次发行的优先股权利顺位等同于或优先于先前发行优先股，应当经四分之三以上优先股股东表决通过。上述两条规定针对性地列举了优先股之类别权的直

---

① 《德国商事公司法》，胡晓静、杨代雄译，法律出版社2014年版，第138页。

接损害,以及创设特殊子权利之顺位优于或同于受影响的原优先股的新优先股两种类别表决情形。然而,这种模式本质上并未消除类别表决概括式立法的弊端。

(三)类别表决的本土设计

抉择适合我国的类别表决立法模式,乃允洽甄选适合中国表决权适用范围的前提。囿于我国现阶段司法水平之实况,类别表决概括式立法模式非我国公司法借鉴之优选,宜采列举式立法模式,明确列举启动类别表决程序的损害类别股权益行为。

早在 1994 年,国家经济体制改革委员会发布的《到境外上市公司章程必备条款》已确立了列举式类别表决的思路。该规范至今仍有效,其中第 79 条将"公司拟变更或者废除类别股股东权利"的情形,梗概为类别表决事项的范围。赓续第 79 条就类别股股东表决程序事项范围的概括划定,第 80 条又以强制性规范为载体,罗列了十二项"应当视为变更或者废除某类别股东的权利"的情形。[①] 从比较法来看,上述对优先股类别表决事项的规定,范围远大于同采列举式立法例的美国《标准公司法》及日本《公司法》。实则,如此宽泛的强制性类别表决事项弊病诸多,可能造成优先股股东滥用表决权的机会主义行为,抵

---

① 下列情形应当视为变更或者废除某类别股东的权利:(1)增加或者减少该类别股份的数目,或者增加或减少与该类别股份享有同等或者更多的表决权、分配权、其他特权的类别股份的数目;(2)将该类别股份的全部或者部分换作其他类别,或者将另一类别的股份的全部或者部分换作该类别股份或者授予该等转换权;(3)取消或者减少该类别股份所具有的、取得已产生的股利或者累积股利的权利;(4)减少或者取消该类别股份所具有的优先取得权利或者在公司清算中优先取得财产分配的权利;(5)增加、取消或者减少该类别股份所有的转换股份权、选择权、表决权、转让权、优先配售权、取得公司证券的权利;(6)取消或者减少该类别股份所具有的,以特定货币收取公司应付款项的权利;(7)设立与该类别股份享有同等或者更多表决权、分配权或者其他特权的新类别;(8)对该类别股份的转让或所有权加以限制或者增加该等限制;(9)发行该类别或者另一类别的股份认购权或者转换股份的权利;(10)增加其他类别股份的权利和特权;(11)公司改组方案会构成不同类别股东在改组中不按比例地承担责任;(12)修改或者废除本章所规定的条款。

触公司法效率优先的价值，妨碍公司行为自由及经营灵活性，从而损及公司整体利益。

上述文件颁布二十年后，中国试水运行优先股制度。2013年国务院发布的《国务院关于开展优先股试点的指导意见》第一条第（五）款[①]和2014年证监会颁布的《优先股试点管理办法》第十条[②]以几近重合的文义规定了优先股的类别表决机制。此外，结合该办法第37条及45条的规定，公众公司股东大会就新发优先股进行审议，已发行优先股的，须经出席会议的优先股股东（不含表决权恢复的优先股股东）所持表决权的三分之二以上通过。如此清晰列举的四类优先股股东启动类别表决事项的情形，兼一项"公司章程规定的其他情形"，已较前《到境外上市公司章程必备条款》罗列事项精简不少。

然而，《优先股试点管理办法》未对所列举的类别表决事项性质加以区分，而笼统地涵摄于强制性规范之下。我国将来对类别表决事宜的规定，宜袭承对封闭公司、公众公司类别股制度分而治之的立法思路。具言之，鉴于对公众公司中小股东特别保护的需求，以及对封闭公司私法自治的尊重，可分别针对两种公司形态非穷竭列举类别表决事项。其一，对于公众公司，运用强制性规范，其类别表决事宜的立法列举范围宜较封闭公司更为宽泛，体现出更为约束的立法态度。除公司法规定类别股东会的决议事项之外，可授权公司章程扩大类别表决事项，从而提高公众公司对类别股股东的保护水平。其二，对于封闭公司，尊重封闭公司对类别股合同自由安排、公司内部治理多样性

[①] 除以下情况外，优先股股东不出席股东大会会议，所持股份没有表决权：（1）修改公司章程中与优先股相关的内容；（2）一次或累计减少公司注册资本超过10%；（3）公司合并、分立、解散或变更公司形式；（4）发行优先股；（5）公司章程规定的其他情形。

[②] 第十条 出现以下情况之一的，优先股股东有权出席股东大会会议，就以下事项与普通股股东分类表决，其所持每一优先股有一表决权，但公司持有的本公司优先股没有表决权：（1）修改公司章程中与优先股相关的内容；（2）一次或累计减少公司注册资本超过10%；（3）公司合并、分立、解散或变更公司形式；（4）发行优先股；（5）公司章程规定的其他情形。

的强烈需求，在立法运用任意性规范示范性地罗列类别表决权适用情形之外，授权公司得以根据自身实际需求或增加或删减类别表决事宜。

二、合同治理方式：类别股合同解释与条款设计

在类别股运用过程中，可能受到的不利影响主要源于两方面：与公司董事纵向冲突而遭受的机会主义行为侵害，以及与其他类别股股东横向冲突而遭到的不公平行为损害。为防患于未然，可借助事先的合同治理来保护类别股股东的利益，具体可围绕"类别股合同解释"及"类别股合同条款设计"展开。鉴于上文已就类别股权的内容解析进行探讨，故下文着重论述类别股合同治理中的另一分支——类别股合同条款的设计。

类别股契约保护路径下的事前类别股合同条款设计，将类别股股东与公司商酌形成的较法定默示规则保护程度更高、范围更广的合意，嵌入公司章程任意记载事项，或股东之间签订一份长期、详细的类别股股东合同以确保股东权利义务。[①] 股东协议的利用，非为控制类别股股东所专属，少数类别股股东亦可借其形成抗衡力量以保护自己。作为类别股冲突治理的重要机制之一，为保护类别股股东权利奠定的该种契约基础，实质代表了市场的力量。有别于制定法于公司董事或控制类别股股东压制少数类别股股东时，提供的包括信义义务在内的其他溯源自公司法的救济措施。那么，建立完备的合同治理预防保护机制，对于避免针对类别股股东的不公平损害行为之特殊优势何在？

其一，强化类别股的契约性属性，将类别股股东期待的安排以具体化约定的形式确定，从而弥补类别股股东利益的先天不足。类别

[①] Miguel A. de Capriles, "A Plea for Separate Statutory Treatment of the Close Corporation," *New York University Law Review*, vol. 33, 1958, p. 700.

股的权益易受损性，典型折射于优先股的表现。在美国，其最早的优先股发售可追溯至 1832 年新泽西州政府认购的铁路建设优先股[①]，与中国对优先股的"泛青睐式"相左，美国对优先股适用累积的丰富经验，使之早已经过对优先股狂热追捧的时代，而能更冷静客观地评价优先股。被誉为"华尔街教父"的证券分析师本杰明·格雷厄姆（Benjamin Graham）及哥伦比亚大学教授戴维·多德（David Dodd）早在半个多世纪前即评价优先股本质上非最优的投资工具，鲜有吸收股权及债权各自的优点，反而包含了两者不少缺点。[②] 对优先股的上述评价或许过于负面，但确实道中了优先股呈现出"劣势"：无法分享普通股不受上限的经济利益及通常被限制的表决权，可被视为取得经济利益优先的偿付代价。然就公司章程中赋予优先股的股息利益或清算利益，优先股股东除无法行使如债权人般强势的请求权之外，还常面临遭受普通股股东控制的董事会之侵害却救济无门的尴尬状况。

其二，对类别股投资者，争取有利类别股合同权利的最佳有效时期，往往处于投资的谈判斟酌期。一旦投资完毕，非控制类别股股东易于陷入被动状态，试图实质性地影响公司运行中的决策或发挥更大影响相当困难。因此，但凡潜在类别股投资者有机会就类别股合同条款与公司进行协商，务必抓住投资时的筹码，与公司控制方商谈以争取对自己最有利的合约设计，最终于事前在公司章程或股东协议中，明确规定类别股权益保护更为具体细致的内容。

其三，在公司法品格日趋自治的背景下，构建使类别股股东免遭不公平损害的契约机制，乃化解类别股股东面临的潜在冲突或已存侵害之最为和谐的手段。借由事前的类别股合同条款设计，预见到产生冲突、不和潜在根源的类别股股东，可以通过谈判来商定特定的权利

---

① 劳伦斯·M. 佛里德曼：《美国法律史》，苏彦新等译，法律出版社 2007 年版，第 195 页。
② Charles R. Korsmo, "Venture Capital and Preferred Stock," *Brooklyn Law Review*, vol. 78, 2013, p. 1164.

和补偿。① 这样的契约机制，在贯彻股东契约自由精神同时，又针对性地消解了特定的类别股权利义务冲突。合同范式将成为处理类别股股东间利益冲突及保护股东经济利益的有效方式，尤其针对封闭公司。缘由在于，公开发行股份公司的股东能于公开市场上方便售出所持股票，对于封闭公司的股东，却不存在合适的市场售出股票。鉴于此，制定完备类别股合同条款这一做法并不适用于公开发行的类别股，主要为风险投资情境中，风险投资基金所持创业公司的优先股所用。通常，风险投资家的缔约能力不弱于或反强于创业公司企业家，类别股合同通常是投资者单方提供的经验文本或深思熟虑的结果。鉴于风险投资家的强势缔约能力，类别股合同常被司法实践认定趋于完全合同，而排除公司法上信义义务对该类类别股合同的扩展释义保护。此时，类别股合同契约保护路径的重要性，因其构成剩余可依赖的路径而更为凸显。风险投资家可动议在公司章程中针对兼并交易规定类别表决权，或将兼并交易视同清算事由，赋予优先股股东以强制随售权、溢价转让条款等权利。

其四，结合运用事前的契约预防机制及法定的类别股保护措施，共同构成预防及规制类别股股东所受不公平损害的最佳有机系统。单有公司法上的类别股股东法律保护机制，不足以全面保障类别股股东的权益。以兼并交易为例，公司原股东将获得实质更易的不同存续公司的股权。于此情境，公司法对类别股股东提供的保护措施，无论运用异议股东评估权或公司法上的信义义务，均基于对"原公司类别股东被迫进入全新投资领域并持有新公司股权"既定结果的确认。运用合同治理的方式，将类别股保护的视角切换到"损害之虞发生之前"，意在为争取己方权益的少数类别股股东，于购买公司股权时提供一项

---

① 布莱恩·R. 柴芬斯：《公司法：理论、结构和运作》，林华伟译，法律出版社 2001 年版，第 68—69 页。

谈判回旋的机会。反之，独有类别股的合同治理方式，对类别股股东的利益保护亦难周全。诚然，股东协议在预防针对类别股股东的不公平损害行为、解决类别股股东之间的纷争等方面作用卓著。然而，合约方式本身存在缔约成本及约定难以周全的问题，而公司控制方也可能以各种操控方式规避合约约定。因此，对类别股的契约预防保护措施，应当与其他类别股的法律保护措施结合使用，收效更佳。

运用合同治理方式实现类别股股东法律保护的典型实例诸多。优先股合同中常出现由次级资本①充足原则衍生的保护性条款即适其例。优先股相对于普通股属于高级证券。与公司债券持有人相同，保持普通股股本（或曰次级资本）的充足性，有助于保障优先股投资的安全性。美国证券分析大师格雷厄姆认为，次级资本充足的维持，对于保障债券或优先股等固定收益类证券的投资安全至关重要。在美国，应成熟投资者的要求，固定收益证券投资合同的普遍做法是，明确包含"凡遇公司减资特定比例以上，应经优先股类别表决通过"的条款内容。

作为股权财产类权利核心的股利分配子权利，也是类别股权利内容中极易受损的部分。因为即使在公司盈利的前提下，是否分配股利原则属公司商业决断范围，立法预先或司法事后不便强制干预。然而于此情形，类别股的合同治理路径可以有所为。针对公司盈余充沛却不分配红利的情况，公司章程或股东协议可以预先安排相应救济措施。譬如，在拖欠股息的情况下，优先股股东可推选一定数量的董事。可借鉴纽约证券交易所上市规则中提供的模板设计，即优先股股东有权选举至少两名董事。

此外，通过预先的合同路径定义清算事件，构成对类别股股东保护的另一重要领域。遇有清算情形，公司应首先向持有剩余财产优先

---

① 次级资本即指普通股股本。其对公司请求权处于最后顺位，只有在满足债权及优先股等高级证券的请求权后，始能实现剩余分配，因此属于次级资本。

分配权的类别股股东支付清算价值,再行向普通股股东分配剩余财产。但往往,公司在清结类别股的清算优先权后,留给普通股股东的财产分配所剩无几。于是,主要人员构成系普通股股东推选的董事会,可能推行效果同于清算实质的公司交易,以排除优先股的清算优先权案。那么,公司合并、收购或资产实质出售等公司具体交易是否构成清算?显然,如何定义清算事件,不仅关涉类别股股东之间的利益分配,对优先股的保护意义尤众。《美国风险投资示范合同》就"清算"提供的模板定义,将公司合并、兼并,公司全部或实质性资产出售、租赁转让或其他处置实践均视为清算事件,迫使公司在运营重大变更之时,须先同优先股股东进行协商,或冒着背负在不恰当时机全部清偿优先清算价格的负担。由此可见,宽泛的"清算"定义,对于周全保护优先股股东的利益至关重要。以风险投资或私募股权基金为例,他们与所投资公司内部人之间存在信息不对称,对所投资行业发展不如投资企业创始人团队熟悉,又受到自身投资期限及回报率要求的限制。当公司出现显著增加投资风险、降低投资价值的情形时,风险投资方通过分红、转股或上市等方式变现退出的可能性已不大,于是转向清算进而分配公司财产的需求。因此在境外,常见 VC 或 PE 的投资文件将"公司控制权变更"或"公司主要资产发生转移"等事件视同为清算事件。[1]

第二节 事后救济机制

公司法上的类别股事后保护机制,如何探寻救济、抵御类别股股东或将或已然遭遇的机会主义行为或不公平损害之出路?

---

[1] 刘胜军:《类别股法律制度研究——以类别股利益冲突为中心》,清华大学博士学位论文,2015年,第115页。

一、异议评估权：适用范围与估值确定

传统的"异议股东股份回购请求权制度"滥觞于美国公司法，直译为评估权（Appraisal Right）或异议评估权，又称异议者权（Dissenter's Right）。[①] 将该项制度置于类别股适用的背景下：当章程修改变更类别股的类别权，或公司发生收购与兼并、出售重大资产，修改公司章程等根本性结构变化，或其他公正性受质疑的不当行为损及类别股股东权益时，赋予对该项公司行为或交易持有异议的股东，要求公司或其他股东以公平对价回购其投资、进而退出公司的救济性程序。可援用该项制度，帮助类别股股东脱离权益受损时的艰难处境或不公正待遇。

简言之，当多数类别股股东推动挤出合并等行为以"挤出"少数类别股股东，少数类别股股东可运用异议股东回购请求权的制衡机制，获公平股权价值的给付以退出公司，从而对抗多数类别股股东基于利益冲突而生的滥权机会主义行为之侵害。[②]

既有公司法上类别股东大会、表决权复活制度、拓展的信义义务及合同法上的特别约定等多重并行的类别股股东保护机制，仍需设置异议评估退出机制的必要性何在？

其一，异议股东股份回购请求权为类别权的变更提供独特的事后救济性权利。单从少数类别股股东抵御公司根本性结构变化对己方类别权折损的角度考虑，为类别股股东提供事前救济手段的类别表决机制，以助力少数类别股股东逆转或遏制公司根本性结构变化进程之强力，似较推行异议股东评估退出机制效果更佳。然公司根本性结构变化常因商业运作需求催生，且过于宽泛的类别表决权将妨碍公司自由

[①] 杨署东：《中美股东权益救济制度比较研究》，知识产权出版社2011年版，第120页。

[②] 杨署东：《中美股东权益救济制度比较研究》，知识产权出版社2011年版，第121页。

行为及灵活经营，因而类别表决机制的适用范围应受约束。在类别表决程序未赋权少数类别股股东改变公司决议轨迹之情形，适用团体的可分解理论[①]，至少应启用异议股东评估退出机制的替代救济路径，满足异议股东股份回购之请求。此乃出于利益衡平的考虑，既满足公司政策决策下变更公司经营的愿望，同时为类别股股东之利益保护设立屏障。由此，类别股股东面临公司根本性结构变化等权利或受侵害之情形，得享类别表决机制及异议评估权机制的联袂周全保护：在某些情形，类别股股东依公司法或类别股的规定享有类别表决权；在另一些或有部分重叠的情形，异议股东享有异议评估退出机制的保护。换言之，在合并或股权交换交易等情形中，至少提供类别表决权或异议股东股份回购请求权之一，以对权益受影响的类别股股东提供保护。

其二，设置异议评估退出机制的另一项合理性原因在于填补异议股东落空的可期待利益。股东为投资行为时，根据实时公司整体发展态势，对将来收益怀有一定期许。在公司行为变更损及股东类别权，背离异议股东对公司合同的合理期待利益时，这些股东不应被强迫继续留在已与当初投资截然不同的公司。异议评估退出机制正是为不愿追随公司根本性结构变化而继续留在公司的少数股东，提供流动性及退出路径。由公司或其他股东以公平价格提供补偿的方式，助力异议股东从已然改变的公司中早日脱身。譬如，在公司盈利良好且具分配基础，由于控制类别股股东主导公司章程修改或公司合并，而清除优先股股利或拖欠股利构成侵害优先股之情形，典型违背了优先股股东投资于公司的合理期待。此时，应赋予优先股股东以异议股东股份回购请求权，以维护己方可期待的经济利益。

在中国构建类别股制度的背景下，应如何反思我国 2005 年《公司

---

① 葛伟军、白帆：《论异议股东股份回购请求权之行使障碍与对策——对我国公司法第 75 条的评析》，《证券法苑》2012 年 6 月，第 343 页。

法》第 75 条已经规定的异议股东退出机制，进而深拓类别股股东的异议评估权？

首先，合理确定异议股东股份回购请求权的适用对象及行权程序，此系异议评估退出机制顺畅运行的基础。异议评估权的设置，不仅要为异议股东提出退出路径，更应强调制衡多数股东的机会主义行为。主流观点认为，对存在公开交易市场的类别股，可以通过市场交易转手股份退出公司，无必要借助异议评估退出机制。换言之，异议评估机制的适用对象限于封闭公司，排除有公开交易市场的异议股份持有者行使"异议股东股份回购请求权"。此为异议股东股权回购请求权的一般规则所支持，譬如，美国《标准公司法》、《特拉华州普通公司法》及其他许多州制定法废除了股份存在交易市场的公司股东之评估权。[1] 此外，商事交易错综复杂，若法律程序过于繁杂，势必损及效率、增加成本。异议评估机制的程序设置若过于复杂、高度技术化，将构成对小股东权益有效救济的障碍，因异议股东须花费大量的时间成本及主张权利的代价。该程序性阻碍若为多数股东所用，反倒可能成为其将小股东挤出公司的工具。

因此，设置精简合理的评估权行使程序对评估救济效用的发挥至为关键。若评估救济程序繁杂、成本奇高，异议股东须长时间等待不确定行权结果，弱势类别股股东自无充足动力求诸评估救济退出机制。

其次，确定允洽范围的异议股东股份回购请求权触发事项，关系到对异议类别股股东的保护力度。触发事项是指哪些类型的交易，将引起异议股东股份回购请求权的行使，常见包括变更股权子权利的公司章程修改、股权转换、公司合并或分立、重大经营资产处置、控制权转移等。可从美国各版本公司法中汲取异议股东退出请求权触发事项之经验。2010 年美国《标准公司法》第 13.02 条中归纳了八项异议

---

[1] 杨署东：《中美股东权益救济制度比较研究》，知识产权出版社 2011 年版，第 127 页。

股东回购请求权的触发事项。① 美国法律协会制定的《治理准则》划定了更为宽泛的触发事项范围，在商业合并或其他任何可能导致股东利益被剥夺的交易中，异议股东均享有股份收买请求权。相较而言，美国《特拉华州普通公司法》规定的触发事项范围相当受限，该法未授权异议股东于公司章程重大变更、公司全部资产出售或移转、公司解散及其他重大行为变化时的异议股东股份回购请求权，仅于公司合并或联合之情形，异议股东才可受异议评估退出机制之保护。

再次，异议评估退出机制是提供公正满意救济之关键所在，也是其运行之技术内核，围绕公司或控制类别股股东依该机制要求受让少数类别股股东之股权估值展开。确定异议股权恰当价值的法定程序之不足，将成为小股东获得充分损害赔偿救济过程中的新障碍。严重压低股权价值的过于保守型股价原则，将违背异议评估机制设置的初衷而"助纣为虐"，助长控制类别股股东以便宜价格获取异议弱势类别股股东的利益。那么，究竟如何确定向异议股东支付的"公平价值"？若异议股东与相对方的公司或其他股东自愿达成股权购买价格之合意，自然最佳。若少数类别股股东心仪的价格，与公司或控制类别股股东愿意支付的价格差距甚远，异议股东应有权获得其持份的公允的司法评估价格。公司立法应为该异议持份提供周全的司法评估程序，以确立公平的购买价格。在确定该司法评估价格时，三项要点应于买断异议股东之股权时被遵循：

第一，公司法应明确异议股权价值的认定标准或估价原则，系公平价值标准（Fare Value）。为达致该标准，诸项影响股价的因素应于估价程序中被综合考虑，如账面权益、资产价值、投资价值、税收股

---

① 该八项异议股东回购请求权事宜为：（1）实行公司为一方当事人的合并计划；（2）实行公司为一方当事人的换股计划；（3）对公司全部资产或实质上全部资产的出售或交换；（4）将对股东产生重大不利影响的公司章程的修订；（5）公司组织章程、章程细则或董事会决议规定股东可以行使股份回购请求权；（6）完成国内公司与国外公司的相互转换；（7）完成公司向非营利性组织的转化；（8）完成公司向非公司实体的转化。

价、盈利水平及经济前景、价格及盈利比、公司商誉等。

第二，灵活模拟估算异议评估股权的市场价格。原则上，若异议股权转手的市场已经建立并具合理程度的活跃性，异议者享有的"公平现金价值"权，应界定为其提出主张前一定交易日的公平市场价格。由此提出了"回溯的公平价格"与"市场价格"两项概念。前者指异议股东行使退出权时，对其股权估价应排除市场基于对公司行动的预期，而致股权价值波动起伏的因素。后者以异议股东出让股权心仪的对价，与第三方自愿购买时愿意支付的价格合意作为重要衡量依据。这种市场价格默认应被尊重，除非有确切证据表明市场为控制集团所操控导向，致交易股价偏差。当股权不具广泛交易性时，以"市场价值"量定异议股权对价的方法将失灵。对于远离资本市场的封闭公司而言，股权交易频率相对较低，公司股权就不存在一个现成的交易市场，不足以为信息匮乏的投资者提供参考价格。此时，可以购买者完成企业整体性真实买卖情况下自愿支付的价格为总价基准，按比例确定对应份额异议股权价值。

第三，将异议评估退出机制下的交易条件，设定为相对稳定的默示合同条件为基，辅以灵动合理的调整空间。为何需要相对稳定的评估标准？缘由不仅在于，浮动难测的估价标准，使得参与评估程序的双方当事人难以准确预测评估结局。更在于，异议评估退出机制出于类别股股东保护的初衷而设，若为公司控制方操控、扭曲评估程序，将为其低价挤出弱势类别股股东反行方便之门，有违庇护处于剥削情境中的异议股东之机制设置初衷。因此，为抵御公司控制团体设法从其他弱势类别股股东处转移财富，非出于追求公司财富最大化的行为，宜设定最低的、相对稳定的保护价格。[①] 评估权适用的后生环境，为何

[①] Daniel R. Fishel, "The Appraisal Remedy in Corporate Law," *American Bar Foundation Research Journal*, 1984, pp. 875, 876.

又需要灵活调整的变动性补足？正是寄寓调整股价程式的空间，防止固定化的股价标准对异议股东的进一步伤害，从而更为灵动、准确地反映日益变化的经济环境对异议股权价值的变动解读及估价。

　　对依循上述三点确定的异议股东所持股权的"公平价值"，可进一步适用实质公平规则进行审查，即对交易的谈判过程、交易价格等各方面作全方位的实质审查，以判断该价格的"公平"与否。

　　此外，在异议股东股份回购请求权制度推行过程中，须留意的一项常见问题是：特定类别股股东启动异议评估退出机制，是否以其对"导火事件"享有表决权并投票作出个人否定决断为前提？无论是日本、韩国的《公司法》，还是加拿大的《商业公司法》、美国的《标准公司法》，均彰显了对无表决权类别股股东享有异议股东股权回购请求权的支持。故而，无论对公司章程修改变更类别股的类别权事宜，还是对引起公司根本性结构变化的特定交易的情形，无表决权或限制表决权均非异议股东股权回购请求权行使的前提条件及程序。这对易处于公司劣势地位而受控制类别股股东压制的低级表决权股东，无疑是利好福音。

二、表决权复活：恢复时点的具体设计

　　当无表决权类别股股东持续一定期间未得股利分配，构成类别股股东无选择而实质权益被变更的情形。此时，立法为保护无表决权类别股股东摆脱不公平境遇，启动"表决权复活制度"，"恢复"其该类别股原权利设置中不享有的表决权，令其参与公司经营决策。

　　各国运用表决权复活制度时，恢复类别股的表决权子权利的终止时间通常并无较大分歧，或为直至补交完积欠的股息，或为能够正常支付股息之时。至于恢复表决权的起始时间，从积欠之日起算，各国公司法略存差异。德国《股份公司法》规定的是拖欠一年，印度规定

的期限为两年，法国为三年。日本则为即时复活表决权，即一旦未满足优先股的分红条件，优先股股东即可享有表决权。[①] 纽约证券交易所对"复活"的表决权形式加以创新，立足于公司自治，同时兼顾优先股的社会公益问题：发行公司未向优先股股东支付固定红利起不迟于两年内，优先股股东应享有以类别投票选举至少两名公司董事的权利。

我国对类别股制度的探索始于优先股，中国证监会2013年12月9日颁布的《优先股试点管理办法》已经引入表决权复活制度。根据该办法第11条的规定[②]，公司累计三个会计年度，或连续两个会计年度未依约偿付优先股股息时，优先股股东的表决权自动恢复。届时，优先股股东有权出席股东大会与普通股股东共同表决。根据该条第二款的规定，尽管对累积和非累积优先股的表决权恢复终点时间有所区分，前者为恢复至公司全额支付所欠股息之时，后者为恢复至公司全额支付当年股息之时。但是，对两种股权的表决权恢复起始点未作区分。笔者认为，对累积优先股而言，当期未获分配的股利，仍有机会于之后年份的分红中获取，故而无迫切采取表决权即时复活的必要。而对于累积优先股，当期未予分配的股利自此归零，确定地使优先股股东蒙受损失。鉴于此，非累积优先股遇有拖欠股息情形，可考虑赋权其于当期即"复活"表决权，或至少设置较累积优先股更短的启动表决权复活程序的期间。经优先股试点的经验总结，将来，我国公司法层面在构建类别股法律制度时，应当明确规定无表决权或限制表决权类

[①] 曹立：《权利的平衡：优先股与公司制度创新》，中国财政经济出版社2014年版，第169页。

[②] 《优先股试点管理办法》第十一条："公司股东大会可授权公司董事会按公司章程的约定向优先股支付股息。公司累计三个会计年度或连续两个会计年度未按约定支付优先股股息的，股东大会批准当年不按约定分配利润的方案次日起，优先股股东有权出席股东大会与普通股股东共同表决，每股优先股股份享有公司章程规定的一定比例表决权。对于股息可累积到下一会计年度的优先股，表决权恢复直至公司全额支付所欠股息。对于股息不可累积的优先股，表决权恢复直至公司全额支付当年股息。公司章程可规定优先股表决权恢复的其他情形。"

别股的表决权恢复制度，区分累积与非累积优先股启动、终止表决权复活程序的时间。

当然，不可过度夸大表决权复活制度的作用。因为该制度的运行，无法确保对未分配股利的必然填补。在通行的资本多数决表决机制之下，即使优先股股东持有"复活"的表决权参与股东大会投票，仍可能不足以撼动损及自身利益的决议安排。

第三节　信义义务的特殊性

一、信义义务之灵活拓展

信义义务，又称诚信义务或受信义务，缘起提炼自英美判例法。其以抽象、模糊的特质成就高度灵活的法律规则，丰富外延终处于不断更新、演进之中，以契合变化着的商业环境。自公司法历史回溯，信义义务作为制约职掌公司权力方的注意及忠实要求源远流长。从公司合同理论研讨，信义义务起到填补不完全合同的事后救济补充规则之功能。

英美法系衡平法院系信义义务的源起地，其划定信义义务概念的经验表明，于不同历史时期，任何对信义义务的抽象归纳或分门别类均可能是模糊而不全面的。[①] 然而，对衍生信义义务之法律关系根源——信义关系的把握，有助于在开放、发展的信义义务体系中把握轴心。信义关系乃特定当事人之间的一种不对等法律关系，是一个开放和发展的概念，可将其抽象为：受益人及委托人的财产、利益或权利处于受信人的掌控之下，受信人处于能对另一方实施影响力的相对

---

① 杨署东：《中美股东权益救济制度比较研究》，知识产权出版社2011年版，第83页。

优势地位。① 为保护处于易受侵害脆弱地位的委托人或受益人的利益，谨防受信人出于自利的滥用权力及机会主义的侵害，法律课以受信人对受益人及委托人负有诚信义务。② 概言之，在公司内部生态系统中，对他方利益行使影响力的潜在可能性，即可能被框入公司法上信义义务的调整范围。

在传统公司治理格局中，遇有控制方凭借优势地位损害其他股东利益或其合理预期时，中小股东可诉诸公司董事或高管、控制股东所负信义义务，以保护己方权益。类别股权制度的设计与架构，将使公司内部关系、资本结构及利益冲突更趋错综复杂。根基于较为单纯股权结构的传统信义义务规则体系，在支撑膨胀式创新的类别股股东权益时将生断层。作为保护类别股股东权益的事后救济法律制度，信义义务将强化对公司控制者或他方持有公司权力方的约束要求、标准及责任，更为广阔地化身为类别股股东权益救济的诉因基础及具体救济途径，进而推动公司法上类别股信义义务保护规则的拓展与分层。援用乔治·华盛顿大学教授米切尔（Lawrence E. Mitchell）将公司内部利益冲突二分化的视角③，梳理公司法信义义务体系：董事、高管的信义义务，为解决股东及董事、高管间的"纵向冲突"而生；控股股东对中小股东的信义义务，为化解普通股股东中不同利益群体的"横向冲突"而设。故而，在我国构建类别股制度的背景下，应进一步完善"纵向"的董事信义义务和"横向"的股东信义义务规则体系。特别地，留意封闭公司区别于公众公司的客观事实，使封闭公司的少数类别股股东境遇更为艰难、权益更易受损。因此，应倾向性地强化针对封闭公司少数类别股股东的信义义务规则体系，从而更为充分有效地

---

① Denison State Bank v. Madera, 640 p. 2d 1235, 1241(Kan. 1982).
② 张开平：《英美公司董事法律制度研究》，法律出版社 1998 年版，第 151 页。
③ Lawrence E. Mitchell, "The Fairness Rights of Corporate Bondholders," *New York University Law Review*, vol. 65, 1990, pp. 1165, 1189-1190.

保护、救济其合法权益。

二、董事对类别股股东的信义义务

现今各法域制定法及判例法，董事负担的信义义务，指向对象早已不限于公司本体，而普遍地将公司普通股股东涵盖在内。伴随多元类别股权充盈公司股权结构，围绕公司而生的法律关系日益缠绕增多。思忖或应论证适时将董事信义义务延展至类别股领域之正当性，然具体应将董事信义义务全面或部分适用于类别股各衍生形态，运用程度又何如？中国优先股制度的试点推行，使现实直面董事对类别股股东信义义务的研讨。公司法及司法实践如何允治处理"董事对类别股股东负担的信义义务"？在公司内部类别股股东间利益冲突趋于复杂激烈的背景下，该项命题的解决更显迫在眉睫。

新构董事对类别股股东信义义务规则的逻辑起点，基于类别股股东得受董事信义义务保护的确认。换言之，核心基础在于，公司董事对普通股股东之外类别股股东（或曰特别股股东）是否负担信义义务？观点一单纯地强调特别股股权于公司法框架下契约性权利的性质，将特别股契约视为一项完全公司合同。因而，特别股股东对公司不享有特别股合同条款规定内容之外的权利。从另一角度看，就类别股合同未规定的类别股股东利益，公司董事无须对特别股股东负担信义义务。观点二着重特别股系公司法视域下的法定化权利，特别股股东及传统普通股股东均为公司所有人，因此他们同为董事信义义务的受益人，特别股契约系可被董事信义义务规则填补的不完全合同。

从类别股杂糅合同法框架下契约性权利及公司法视域下法定化权利的性质考察，特别股权的衍生可能散落分布于两极权利性质间的区间。因此，笼统地支持上述观点一或观点二，即对所有特别股不加区分地统一断定是否得受董事信义义务保护，过于武断。笔者建议采纳类型化的路径，综合类别股权性质及类别股股东缔约能力两项维度，区分判断董事对类别股股东信义义务的确立与否。

首先，区别不同性质的类别股。性质上更倾向于债权的类别股，运用合同范式来保护；性质上更近于普通股的类别股，应对类别股合同未规定的股东权利提供董事信义义务保护。该区分方法自然较上述认定所有类别股群落均可或不可受董事信义义务保护的笼统论断更为进步，但仍存缺陷：对类别股的权利性质进行剖析，可鲜明分归于债权或普通股两极的，绝非类别股群落之常态。事实上，类别股股权内容中债权与普通股内容的交织相融，客观使得对类别股更近似哪者的判断相当困难。特别对于债权与普通股内容于类别股权利构成中平分秋色的情形，单纯地恪守合同范式下的类别股约定条款或公司法范式下的董事信义义务，对类别股股东进行保护，似均有失公允。

尽管信义义务早已被制定法所确立，其最初形态溯源自普通法。现今，普通法案例仍旧推动着信义义务规则的发展，起到补充制定法规定之缺憾的作用。不仅如此，众多关涉信义义务的基础范畴问题，仍以司法判例为重要的法律渊源。借此，梳理普通法上董事信义义务对优先股适用的规则演变，可为我国类别股立法进程中，对"董事信义义务是否应荫庇类别股股东"的探寻提供启示。特拉华州法院对优先股的分析经历了由一元权利框架向二元权利框架的转变。在创设"Jedwab规则"之前，该院对优先股的解读，采同于上文"观点一"的一元权利框架，即坚持优先股股东的权利仅限于合同权利，并运用严格文义解释优先股合同权利，认为优先股并不如普通股般受到董事信义义务的保护。1986年，特拉华州最高法院在"Jedwab v. MGM Grand Hotels, Inc."案[①]中确立了著名的"Jebwab规则"，首次从优先股二元权利的视角切入，建立董事对优先股股东信义义务的分析框架：

---

① Jedwab v. MGM Grand Hotels, Inc., 509 A. 2d 584, 595(Del. Ch. 1987).

优先股内容可析分为两部分。一者为优先股异于普通股的优先权或所受限制的合同权利，运用严格文义解释方法，以优先股合同中的相关描述为准，董事信义义务无适用余地；另一者为优先股与传统普通股共同的权利，董事对这些公司立法赋予而非合同性的权利承担信义义务。在该案中，法院不再纠结于类别股权的权利定性究竟偏向债权或股权一极，代之以直面优先股混糅的权利性质。从优先股权利内部着手，根据趋向债权、股权两极区分为不同的内容部分，分别对应排除或适用董事信义义务的范围，由此升级了"区分类别股权倾向性质进而断定董事信义义务适用空间"的方法。该案确立的"Jedwab 规则"可扩展运用于类别股，用于解决董事对类别股股东信义义务的界限问题。

其次，在决定是否给予类别股股东以董事信义义务为基础的救济时，考虑的第二项维度为，以个案具体事实区分类别股投资者。具言之，类别股投资者信义义务保护的类型化，应区分类别股投资者的商事缔约能力，从而决定是否给予董事信义义务保护。譬如投资于创业企业的风险投资家，其有能力与创业公司就类别股合同条款进行讨价还价，所达成协议趋近于完全合同，运用合同范式进行保护即可，并无必要为持有优先股的风险投资家提供董事信义义务保护。而持有公开发行类别股的公众投资者缔约能力较低，其所持类别股常由公司单方制定，毫无疑问构成不完全合同。此时，应运用信义义务对公众类别股股东提供信义义务保护，以填补不完全的长期类别股合同。

对于不完全类别股合同，以及类别股合同面临被公司后续行为变更之虞，董事确定应对特别股股东承担信义义务。此时，适逢特别股股东与普通股股东发生零和博弈利益冲突，将产生董事信义义务的价值取舍难题。身处"一仆伺两主"困境的公司董事，应如何处理与两方信义义务受益人的关系，以兼顾、协调、平衡普通股与特别股的权益，从而实现公平对待？两项原则须被遵循：

其一，对所有类别股股东的公平对待及其投资的平等保护，不等同于均等分配，应承认董事对不同类别股股东的信义义务程度存在差别。

一方面，这意味着，为平衡类别股股东间的利益冲突，董事对不同类别股股东的"均衡保护"，非采荀子所云"以礼分施，均遍而不偏"，而应为"以礼分施，均遍而有偏"。根据公司法的一般原理，对普通股提供董事信义义务的保护，该等待遇债权人并不享有。类别股作为混合证券，占据普通股和债权之间的渐变区间。性质更近似于债权的类别股，即便因类别股权内容中涵盖与普通股相似的成分，而得享受董事信义义务的保护，其程度原则弱于性质更趋近普通股的类别股享受的董事信义义务保护。因此，认可董事应对类别股股东负担信义义务，但并非所有类别股均采标准划一的保护力度。应当留意类别股股权性质与两极权利的具体关系，对于普通股权色彩更浓厚的类别股股东，要求董事对其承担更高标准的信义义务，而非施用对弱势类别股股东倾向性的特别保护。换言之，信义义务加身的董事应当在类别股股东间公平行使权力，但这并不要求他们对各类别股股东群体同等对待。

另一方面，董事应对少数类别股股东的利益尤加关注。通常，鉴于多数类别股股东在公司的优势地位，控制董事会乃于情理之中，亦为逻辑必然。于是，无可避免董事会带有多数类别股股东的控制色彩，也难以阻止董事对提名、扶持己方的多数类别股报以"饮水思源"的效忠之恩。这种现象若不加遏止，微观上有悖于公司的长远利益，宏观上将严重损害资本市场上投资者的信心。于此情形，尤应以信义义务约束董事，强调董事会的独立性。借鉴美国的经验，创设由代表不同类别股利益的独立董事组成的特别委员会，对类别股股东间利益冲突的交易进行事前衡平及决定。以类别股股东间存在利益分歧的合并交易为例。除非存在足以佐证公平分配结果的程序，否则董事应对该项公平分配方案承担举证责任。在交易完成前，启用上述代表类别股股东的"真正独立人"，即构成保证公平分配结果、免除董事负担举证责任的特别决策程序。

其二，基于衡平的理念，秉持实现公司整体利益之真诚，善尽其责。董事信义义务在类别股制度的框架下，将进一步演化出公平对待不同类别股股东的要求。由此，董事更应诚实、适当地行使权力和履行义务，将公司的长远利益及整体利益置于决策的基础。当类别股股东享有的权利与公司整体利益发生冲突，董事选择保全后者的做法，一般不会受到责任追求。以董事善意地修改章程行为为例，"善意地为公司整体的利益"（bona fide for the benefit of the company as a whole）标准主要体现为两方面内容，此时公司章程修改的生效，不以每位类别股股东从中汲取利益为条件，并且，若干类别股股东因章程修改受损，亦不必然导致董事修改行为的无效。[1]

以合同范式下对优先股财产利益请求权的考量为例。优先股上附着的高股息率、回赎溢价、清算价款及累计欠款，均可能构成普通股分红难以逾越的障碍，进而阻碍公司整体发展。在评判遵循合同范式对公司整体性利益损害的程度时，应从衡平公司内部各团体间的利益为出发点。当然，这种因公司整体利益牺牲特定类别股股东利益的调整，即基于董事信义义务的支持，运用公司合并、资本重组等方式，以清除类别股上优先股权等特殊子权利或股利欠款等的可能性，应于股东投资时即加以明确。[2]

除了从类别股股权内容划分为特别股与普通股的维度，探讨董事信义义务对各类别股股东的价值取舍，依照股东在公司中所处地位的不同，而划分为多数、少数股东的角度，亦存实践运用价值。当董事信义义务偏向"多数股东主义"，则更为关注公司整体及多数股东的利益，强调多数股东以"符合合理商业目的"或"符合完全公平"的标准判断行为之正当性时。此时，少数类别股股东同样可以主张，存在

---

[1] 冷铁勋：《澳门公司法论》，社会科学文献出版社2012年版，第104—105页。

[2] William W. Bratton, Michael L. Wachter, "A Theory of Preferred Stock," *University of Pennsylvania Law Review*, vol. 161, 2013, p. 1825.

替代性的方式达到相同的商业目的，却对己方的利益损害更微小。当董事信义义务着重于"少数股东主义"，则董事在持续关注少数类别股股东之合理期待的需求同时，并非古板地将此种可期待利益限定于公司设立之初，而是将其纳入一项变动的、因势而定的事实背景中考察。同时，该方式也留意判断多数类别股股东行为的适法性，进而对比少数类别股股东的期待是否真正合理。[①] 故而，董事信义义务下泾渭分明的倾向多数股东或少数股东的价值取向已非重点。"多数股东主义"并非意味着对多数股东利益纯粹刻意地维护，"少数股东主义"也不限于将视角锁定于少数股东的利益保护，两者对多数及少数类别股股东的利益关注存在趋近的交汇。

三、类别股股东之间的信义义务

在传统英国公司法中，股东除缴纳出资义务之外别无其他义务，股东之间并无权利义务可言。股东可根据己方意愿自由行使权利，即便与公司及其他股东的利益相抵触。[②] 1877 年的 "Pender v. Lushington" 案判决书中经典阐述了该传统观念：股东可能更为关注及在意与公司整体利益相悖的个人特殊利益，并在此动机驱使下行使投票权。他没有义务兼顾其他股东及公司整体利益，以决断如何行使投票权。只要他认为恰当，即有权为个人利益而投票。然而，随着权利行使绝对化向相对约束转变的民商法变迁背景，英国公司法上的这种传统观点，受到越来越多的质疑。公司法上的信义义务，也由最初的董事信义义务，拓展至股东之间平等或衡平对待的领域。

股东信义义务之于具体固化的实体规范，具有补充性、弹性适用

---

① 王月、刘倚源：《冲突与衡平》，人民出版社 2013 年版，第 55 页。
② 习龙生：《控制股东的义务和责任研究》，法律出版社 2006 年版，第 66 页。

的优势。控制股东对中小股东的信义义务，最先为美国判例法所确立。在美国最高法院1919年审理的"Southern Pacific Co. v. Boggert"案中，布朗迪斯（Brandeis）大法官指出：大股东职掌公司经营，当其运用控制权时，无论使用方法如何，信义义务即应产生。[1] 其后系列判决均主张具有控制权的股东须依诚信原则（good faith requirement, fiduciary duty）行事，渐成英美司法中的一项重要规则。到1969年，加州最高法院对"Jones v. H.F. Ahmanson & Co."案的维持判决进一步明确：不仅对于公司，控制股东还直接对中小股东负担诚信义务。大股东对小股东及公司负有受托责任，单独某个或为实现某项共同目标而一致行动的一些大股东，应当以一种公平、公正且合理的方式运用己方掌控公司的能力，而不可以追求私益或损害小股东的方式运用权力控制公司行为。在我国，同样支持运用信义义务来阻却控制股东对少数股东的不公平行为。[2]

在早期的公司法理论中，控制股东与其他股东别无二致，在履行出资之外别无他项义务。控制股东负担公司法上信义义务的渐进，反映了一种向实质正义观的转变。[3] 那么，信义义务约束控制股东的理论基础究竟何在？

其一，优势地位影响力理论。从本质上看，信义关系实质系处于不对等关系（non-arm's length）的当事人之间的一种法律关系。其中受托人（或曰受信人）对他人利益具有高度优越与决定地位的影响。从另一方面看，委托人或受益人作为利益受影响方，则处于弱势地位。控制股东占据着其他股东不可比拟的公司特殊优势地位，对公司事务

---

[1] 冯果、艾传涛：《控制股东诚信义务及民事责任制度研究》，载王保树主编：《商事法论集》第6卷，法律出版社2002年版。

[2] 参见《上市公司治理准则》第19条规定，"控制股东对上市公司及其他股东负有诚信义务"。

[3] 习龙生：《控制股东的义务和责任研究》，法律出版社2006年版，第70页。

享有强劲的话语权及支配力,整体控制公司治理格局,细至指令公司的交易行为,从而与公司和其他少数股东间形成事实上的信义关系。具言之,当控制股东能够对公司事务实施类比于董事等管理层的控制,他们与公司中小股东即处于权力运作和信息汲取极不平衡的两端,前者往往能贯彻己方意志处理公司财产,实质相当于管理少数股东财产的代理人。若不对控制股东课以特别的义务,其他股东的利益或罹于控制股东的恣意侵害。故而,参照董事信义义务,控制股东亦应向公司及其他少数股东负担信义义务。

其二,实现公平正义的法律终极目标追求。从这一视角看,要求控制股东负担信义义务,正是基于其与中小股东之间实力悬殊的客观事实,而对处于弱势地位的后者提供一种特殊保护。

其三,权责相一致理论。与优势地位影响力理论相同,该理论注意到控制股东在公司中的实际控制地位,但更偏重对衡平原则的运用。控制股东凭借在公司中所处强悍地位,具有影响、改变中小股东地位的能力。通过正当的表决程序,控制股东的单方行为,契合影响中小股东合法权益的"权力"运作属性即适其例。为防止控制股东滥用其权力,维护被动承受被"权力"影响的中小股东的利益,基于权力与责任相伴生的一般法理,须对此种权力拥有方附加一定的义务。换言之,遇有控制股东行权对中小股东造成影响或存在影响之虞时,即应对其课以信义义务,以约束其滥权行为。[1]

述及股东的信义义务,将控制股东对中小股东的信义义务,延展至多数股东对少数股东的信义义务已不新奇。那么,少数股东是否对多数股东负有信义义务?在1981年马萨诸塞州上诉法院审理的"史密斯诉大西洋不动产公司"[2]经典判决中,法院认定封闭式公司中持有否

---

[1] 宋智慧:《资本多数决:异化与回归》,中国社会科学出版社2011年版,第145—146页。
[2] Smith v. Atlantic Propertise, Inc., 12 Mass. App. 201, 422 N. E. 2d 798(1981).

决权的少数股东，对其他多数股东同样负有诚信义务，不得滥用自己的否决权。在该案中，路易斯·沃夫逊医生（以下简称 L）牵头购买诺伍德地区的一地块，后邀请保罗·史密斯先生（以下简称 B）、亚伯拉罕·泽波（以下简称 Y）及威廉·波克先生（以下简称 W）三人入股，四人于 1951 年共同组建大西洋不动产公司以运营购置地块，均等持股。该公司章程大纲及细则中明确规定：股东的任何选举、任命或决议，任何公司经理人员及董事会的任何选举、任命或决议，任何公司经理人员及董事会的任何选举、任命或决议，以及购买、出售、租赁、订约、认股、薪金、起诉或其他行为，非经现有有表决权的股份的 80% 同意、通过、批准或追认，对公司一律无效。[①] 这项约束公司决策的"80% 门槛规定"，系应 L 要求订立，赋予四位原始股东对公司决议以否决权。公司成立次年起即盈利充沛，然股东间就公司盈余处理产生分歧。L 反对其余三位股东分配利润的提议，主张将公司盈利全部用于修缮公司的建筑。B、Y、W 虽然赞同紧急的修缮，但并不同意对公司的建筑进行全面彻底的修葺。四位股东均知悉，根据实时《内部收益法》的规定，内部收益局将对超过合理限度的公司留存利润征收惩罚性税金，而"80% 门槛规定"，使得两方意见僵持不下，两方意见均无法得到执行。果然，1962 年至 1964 年公司连年被征惩罚税，但 L 仍坚持己见，否决利润分配提议。其实，对于公司"合理且可预见的业务支出"，税务监管部门在课税时允许从利润中扣除。但 L 在拒绝分配利润之余，始终并未提出具体确定的公司房产修缮方案及相应的业务支出计划。于是，此后四年公司又被连续征收罚税。显然，这主要归因于 L 拒绝分配利润。1967 年，其余三位股东诉诸法院，提出如下诉请：（1）下令大西洋公司向股东分配利润。（2）解除沃夫逊医生董事职务。（3）命令沃夫逊向公司赔偿税收损失及相关费用。

[①] 薄守省主编：《美国公司法判例译评》，对外经济贸易大学出版社 2008 版，第 52—56 页。

本案的争议点在于，身为持股 25% 的小股东，L 坚持行使否决权拒绝分配利润的做法，是否构成对股东信义义务之违反？从初审法院判决 L 向公司赔偿税收损失和利息，以及马萨诸塞州上诉法院判决维持原判的两审判决结果，可提炼出本案的判例原则：在封闭式公司中，持有否决权的少数股东不得滥用该项权力，对于其他多数股东同样负有信义义务。

上诉法院卡特大法官在判词的论述，与本案初审法官认定"L 违反了对其他股东信义义务"的判断一脉相承：本案中，L 运用一项"80% 股权赞成始得公司决议通过"的规定，行使对公司盈利分配方案的否决。正是此"80% 通过"的门槛条款，使得多数股东与少数股东的关系发生倒置，本案少数股东反成公司盈利分配事宜上享有主动权的利益控制方。设定"80% 通过"的条款本身不仅并无不妥，反倒彰显了公司自治的灵活性，对于该条款在股东分歧时伏笔的隐患，也应于章程制定之初得以预见。问题是，持有否决权的少数股东应当如何合理行使权力？就 L 行使拒绝权阻碍公司向股东进行盈利分配，终致公司蒙受税收处罚的行为，初审法院法官有充足的理由认定 L 的行为已逾合理限度。当然，其他股东不赞同 L 再投资的建议，对造成公司被征税的后果亦应负有部分责任，但主要原因在于 L 抵制红利分配的行为。L 对于"公司面临被征税风险"的告诫无动于衷，与此同时，也未提出允洽的具体修缮及改造建议，以消解税务监管部门征收的惩罚性税收。因此，不论 L 拒绝分配利润的理由何在，我们认为正是他的不在意，致使公司被征收惩罚税。不论对股东的"最大善意与忠诚"义务作何解，均无法与其行为相对应。故而，初审法官判令 L 承担公司的损失中包含惩罚税。

上述案例，典型突破了"控制股东对少数股东负有信义义务"的股东信义义务既定模式，拓展至少数股东同应对多数股东负担信义义务，美国法院称之为准诚信义务（Quasi Fiduciary Duty）。该案中的被告 L 系持有公司 25% 赋权的少数股东，原告团体构成持有剩余 75% 股权的多数股东。少数股东 L 的行为之所以能够损害多数股东及公司的利益，关键在于公司章程及实施细则中规定的"包括红利分配等重要决议须经 80% 持股投票通过始生效"的条款制约。在四位股东于公司股权格局平分秋色的情况下，这一规定的实质在于，赋予每位股东以"变式的否决权"。少数股东若不能正确行使该种赋权，则易违背公司及多数股东的利益。因此，少数股东合理行使这种权利即生义务，违反则应承担相应责任。

在"Donahue v. Rodd Elctrotype Co."案中[1]，公司一方面收购了控制股东的部分股份，另一方面却拒绝了小股东以同等价格收购的请求。虽然该案落脚于禁止控制股东利用公司中的控制地位，为其股份创造一个排外的市场。[2] 然上诉法院在该案判决理由中所作阐释，无疑极具启示意义：封闭公司的所有股东，都应当对其他股东负有"最大程度的最大善意和忠实义务"（duty of utmost good faith and loyalty）。该案要求所有股东恪守诚信原则，对传统股东信义义务适用范围的拓展，自然将少数股东承担信义义务的情形涵盖于内。

与英美法系公司法上股东信义义务的发展轨迹类似，德国联邦法院最初只承认控制股东对公司负有义务。借由林那蒂案及吉梅斯案，关于股东忠实义务的理解取得突破性发展。在此两个案件中，德国联邦最高法院首次判定，不仅大股东对小股东负有忠实义务，同样的，小股东亦对大股东负有该种义务。[3] 我国《公司法》同样未将承担股东信义义务的主体范围，局限于控制股东。[4]

---

[1] 汤欣：《控制股东规制比较研究》，法律出版社 2006 年版，第 218 页。
[2] 宋智慧：《资本多数决：异化与回归》，中国社会科学出版社 2011 年版，第 132—133 页。
[3] 托马斯·莱赛尔、吕迪格·法伊尔：《德国资合公司法》，高旭军、单晓光、刘晓海译，法律出版社 2005 年版，第 108—114 页。
[4] 《公司法》第 20 条规定，"公司股东应当遵守法律、行政法规和公司章程，依法行使股东权利，不得滥用股东权利损害公司或者其他股东的利益"。

在公司较为单纯的股权结构转换为多元类别股权共生的背景下，承担股东信义义务的主体范围将随之变化。如何由目前控制股东对中小股东常态负有的信义义务，兼之特定情形下小股东对其他股东负有的信义义务，进一步演进至不同类别股股东之间的信义义务？

司法实践已经确认类别股股东之间存在的信义义务。在"Lewis v. Great Western United Corp."案[1]中，法院认为被告公司控制股东（普通股股东）在合并交易中未公平考虑优先股股东的利益，于是签发阻止合并的临时禁令。法院的签发令，正是基于对类别股股东间存在信义义务的支持判断，即作为控制股东的普通股股东，应对身为少数股东的优先股股东，负担忠实义务。

控制影响力与义务相伴生。应用股东信义义务，制约类别股发行公司中的控制类别股股东滥用控制权损及他方股东利益，两项标准须被遵循：

其一，确立控制类别股股东对少数类别股股东的信义义务。在类别股的类型化建构基础上，类别股上附着之子权利内容可能极其多元。股权比例较低的"少数类别股"，因含有强势的财产类或控制类子权利，或成特定公司股权结构中的"强者"。譬如，在优先股股东滥用类别否决权的情形，少数股东也可能承担信义义务。[2]而占股份额较高的"多数类别股"，亦可因强势少数类别股股东的存在，而在公司的控制力及影响力相对逊色，成权益易受损害一方。因此，在类别股适用的情境下，框定控制类别股股东的范围时，应当脱离以持股数量为标杆对多数股东与少数股东的划分，不宜再以多数及少数股东之区分确定控制类别股股东，尤其不应依赖股份数量或股权比例多寡的参照标准。应逐个考察个案中类别股股东间控制力及影响力的实力对比，结合

---

[1] No. 5397, 1978 WL 2490, at* 1(Del. Ch. Mar. 28, 1978).
[2] 施天涛：《公司法论》，法律出版社2014年版，第396—397页。

类别股股东权利及其他可能奠定其在公司地位的因素，由此确定具体的控制类别股股东团体。换言之，多数持股或享有高份额表决权并不必然与股东信义义务的负担相挂钩，唯有股东实际处于公司的控制支配地位，或事实上对公司实施控制支配行为，始对公司及其他股东承担信义义务。

其二，类别股股东间信义义务的承担主体，并非局限于特定类别股发行公司股权结构中较为恒常的控制类别股股东。在公司运作动态期间的一段，就特定范围公司事宜享有卓著影响力、制约力的非控制类别股股东（或曰少数类别股股东），同样可能因"片暇的限定性控制力"，对公司其他类别股股东负担信义义务。对于少数类别股股东的该种影响控制力，应结合公司的特定环境及该股东行为时的具体情况以进行动态的个案认定，判断其信义义务的存在与否。譬如，运用类别股对国有企业资本结构进行改革，可能形成普通股、优先股及政府所持金股并存的股权结构。此时，常由普通股股东或其代理人掌控公司一般事宜之处置，故普通股股东构成对其他类别股股东的受信人。然涉及金股权限范围内的公司重大事宜，政府运用所持金股作出的决断将影响公司发展走向。于政府运用金股权利时，又应对普通股股东及优先股股东承担信义义务。金股股东负担的该项股东信义义务，与该公司普通股股东肩负的恒常股东信义义务并行不悖。

探讨类别股股东之间利益冲突的治理机制，自应预留少数类别股股东向控制类别股股东主张违反股东信义义务的救济通道。就控制类别股股东是否遵守信义义务的认定，可参考美国特拉华州法院就传统公司股权结构中多数股东负担信义义务的正当履行判断标准以确定。起初，特拉华州最高法院以合理商业目的存在与否，考察多数股东信义义务的履行情况。控制股东须证明其行为符合合理商业目的，但少数股东可以尝试证明，存在其他通向相同合法目的的方式，且运用那些替代性方式对己方的利益损害更小。[1] 在 Singer 案中，该院认定，多数股东推动公司兼并的唯一目的，在于以现金买断的方式清除小股东，故而该项兼并交易缺乏合理的商业目的，多数股东违反了对小股东负有的信义义务。[2] 六年之后，该院审理 Weinberger 案时，试图将异议股东评估救济制度确立为类似情形小股东的基本救济途径，但仍为评估救济不足以充分救济小股东时采行信义义务救济方式留有余地。该案对 Singer 案的突破在于，法院已不再要求控制股东证明"行为具有合理商业目的的支撑"，作为其正当履行信义义务的必要条件。取而代之的是，要求控制股东证明其行为符合"完全公平"的标准。至此，控制股东对其他股东及公司的诚信义务，要求他们以公平、正义、平等的方式，而非以损害中小股东利益的方式，善用其权。[3] 控制类别股股东负有的适当运用所处地位，公平对待其他类别股股东的信义义务，要求其无论直接以股东身份，抑或间接通过控制的董事、高管人员施加影响、主导公司交易时，均应以主观上善意，客观上对其他类别股股东内在公平（Intrinsic Fairness）的方式行使权力。

此"公平对待"义务的要求，依赖于以下几方面内容的实现：

第一，公司法对这类类别股股东信义义务的标准，相比于传统一股一表决权结构下的普通股控制股东对中小股东负担的股东信义义务更为严格。以双层股权结构中持有复数表决权普通股的控制股东为例，鉴于该控制股东所持股权上表决权与现金流权的分离程度颇高，更易诱发对身为少数类别股股东的普通股股东的盘剥行为。美国公司法学者 Seligman 教授由此指出，此类持有超级表决权的普通股控制股东对少数类别股股东承担的信义义务，应比单层股权结构公司中控制股

---

[1] Wikes, 353 N. E. 2d at 663.
[2] Singer v. Magnavox Co., 380 A. 2d 969, 980(Del. 1877).
[3] 朱慈蕴：《资本多数决原则与控制股东诚信义务》，《法学研究》2004 年第 4 期，第 110 页。

对少数股东承担的信义义务更为严格。① 类似的，在当公司传统股权结构掺入无表决权优先股，普通股控制股东对作为少数类别股股东的无表决权优先股股东负担的信义义务，也应当比公司股权纯粹由普通股构成时，普通股控制股东对普通股中小股东负担信义义务标准更高。

第二，控制类别股股东须善意地致力公司整体利益而行事。基于类别股股东间的利益冲突，一方类别股股东对他方类别股股东提起信义义务违反之诉时，法院应要求被告控制类别股股东证明己方行为出于善意，具有内在公平的妥当性。②

第三，形式上的披露义务。控制类别股股东遇有与公司及其他类别股股东之间的自我交易时，应就涉及的利益冲突进行充分披露。公众股东借此披露信息，可判断己方是否受到公平对待，避免来自控制类别股股东的机会主义盘剥行为。

第四，控制类别股股东涉及利益冲突的交易行为时，为明证未违反对少数股东公平交易的忠实义务，应适用实质公平标准进行审查。运用"完全公平交易"（Entire Fair Dealing）标准，赋予法院对控制类别股股东行为进行的司法审查，围绕及公平价格、公平程序及对少数类别股股东充分信息披露几方面展开。其中，"公平程序"又可具体化为何时发起、架构、商谈、安排交易，以及如何向董事会、股东会寻求批准。③

伴随我国类别股制度建构的展开，为避免控制类别股股东对弱势类别股股东的机会主义侵害，有必要明确类别股股东负担的信义义务，诸项措施应予配合：第一，在公司立法的高级层面确立，或由其授权部门规章明确控制类别股股东利益冲突的实质公平司法审查标准。控制类别股股东应向少数类别股股东充分披露利益冲突及交易事实的相

---

① Joel Seligman, "Equal Protection in Shareholder Voting Rights: The One Common Share, One Vote Controversy," *George Washington Law Review*, vol. 54, 1986, p. 719.
② 杨署东：《中美股东权益救济制度比较研究》，知识产权出版社 2011 年版，第 86 页。
③ 杨署东：《中美股东权益救济制度比较研究》，知识产权出版社 2011 年版，第 168 页。

关信息，同时取得无利害关系的董事及其他股东的授权或批准。第二，在公司法层面制定控制类别股股东信义义务的一般条款之外，可于部门规章中，进一步针对不同交易环境，诸如股利分配、公司合并、股权回购等情形，将控制类别股股东负担的信义义务内容分门别类以具体化。第三，在断定构成控制类别股股东信义义务违反之情形时，对控制类别股股东的责任追究，或曰对少数类别股股东最有效的救济，应助力少数类别股股东恢复信义义务违反之前的所处情境，并使其得到控制类别股股东未违反信义义务情况下的合理期待利益。[1]

---

[1] 杨署东：《中美股东权益救济制度比较研究》，知识产权出版社2011年版，第87页。

第六章 完善我国类别股法律制度的建议

2013年修订的中国公司法,围绕资本缴纳制度所作的宽缓化处理,仍未触及作为中国公司法制现代化不可或缺的类别股法律制度,因此尚未达到公司资本制度现代化的目标。类别股法律制度的初始建构,深深根植于当下经济社会环境,意味着公司资本构成更加复杂,公司治理日趋高级化。伴随资本市场的发展、交易形态的改变、金融创新的推进及来自类别股实践经验的反推力量,类别股法律制度的建构,后续仍将面临观念的不断更新及制度的持续完善。

第一节 类别股法律制度的设计思路

一、设计理念:股权平等与利益平衡

股东平等原则被认定为公司法制度设计中须严守的一项"金科玉律"。经济合作暨开发组(Organisation for Economic Co-Operation and Development, OECD)在2004年的公司治理原则文件(OECD Principle of Corporate Governance)中,亦将股东平等对待(The Equitable Treatment of Shareholders)列为公司治理的六项要素之一,提出公司治理框架须确

保对于所有股东的平等对待。[1] 股权持有为因，成就股东身份为果。股东平等原则可反推出股份有限公司中相同份数的股份平等，以及有限责任公司中等比例的股权平等，合之为股权平等原则。

设计类别股权内容时，原则以股权平等为纲。在引入类别股权之前，清一色普通股构成的公司股权结构，使得对股权平等原则的传统印象，常停留于一定比例股权对应相同比例的权利、义务内容构成。其实，股权平等原则应通用于公司发行的全部股权，非局限于同类股权之平等，亦包括不同类别股权间的平等。平等原则的适用，非僵化无以变通，而得斟酌规范事务之性质差异而为合理的差别对待。权利义务内容各异，为类别股权设置之基。不同种类类别股之间相异的权利义务配置，呈现大体相当的状态，即为"类别股权的推行，实并未背离股权平等原则"之证成。特别股相对于普通股的特定子权利之优先或劣后，原则对应着他项子权利的减少或增加。以典型优先股为例，其于盈余分派或剩余财产分配顺位优先于普通股，但在经营管理层面，优先股股东通常不具有表决权或表决权受限，由此难以对公司决策施加影响。[2]

当然，也可能出现类别股上附着的诸项子权利全线或基本偏向优先或劣后一极的情形。在本书第一章对类别股的三项常规子权利进行排列组合，所得的类别股初级逻辑归类中，其中第七类即为表决权、财产利益类常规子权利（包含利润分配及剩余财产分配子权利）皆优于标准普通股的"混合股"。发行这类"股权内容强势"的类别股，干涉公司股权中既存的其他类别股权益尤众，故须获其首肯，形式或采于公司章程或股东间协议中就该情形处理的预先条款约定，或受类别表决程序的制约。该"强势混合股"发行后，潜在投资者基于明了公

---

[1] 黄铭杰：《公司治理与资本市场法制之落实与革新》，清华大学出版社2013年版，第3页。
[2] 李彤：《近代中国公司法中股东权制度研究》，法律出版社2010年版，第30页。

司股权结构而作出的股权投资决议,已经涵盖对先前的"强势混合股"之股权内容设置的认可。因此,就"强势混合股",即便从其股权内容的构成来看,子权利整体呈现背离"类别股间权利内容总体平等"的股权平等原则,先行及后续发行的其他类别股股东,基于平等自愿基础上对该"强势混合股"内容的许可,可视为"股权平等原则"的非常态展现。

类别股股权的内容设计,影响公司内部的权力格局。显失公平的股权安排,必然破坏公司资本的联合。[1]作为理性经济人的类别股潜在投资者,一般不会接受全由劣后子权利构成的类别股,也倾向阻止公司后续发行全线由优先子权利组成的类别股,或无意成为这类发行"强势类别股"公司的后续股东。因此,即便类别股的子权利整体偏向优先或劣后一极致使权利内容尤为失衡的情形在理论上可行,但于实践运用,只限于零星个案,无可能成为类别股权设计的通例。即使在"类别股权各子权利优劣相搭而总体平等"的例外情形,因获公司其他类别股股东的许可,实质也未背离"股权平等原则"。由此观之,契合资本市场需求的类别股权内容安排,应体现各种子权利的补偿或平衡,彰显股权平等色彩。

单有股权平等原则,不足以驱动中国类别股法律制度的拓展演进。为保障类别股法律制度的顺畅运行,应予遵循的第二项原则为,构建类别股权利益平衡(或曰权利协调)之格局。根据庞德的经典论述,法律的功能在于调节、调和与调解各种错杂和冲突的利益,以便使各种利益中大部分或我们文化中最重要的利益得到满足,而使其他利益最小地牺牲。[2]运用类别股时,存在尊重公司自治抑或保护公众利益的价值取向分歧,公司发起者、外部投资者、公司债权人之间的利益纷

---

[1] 葛伟军:《论类别股和类别权:基于平衡股东利益的角度》,《证券法苑》2010年第2期,第585—586页。

[2] 罗斯科·庞德:《通过法律的社会控制》,沈宗灵译,商务印书馆2010年版,第58页。

争，以及各类别股股东之间的利益冲突。如何优选、确保个中重要利益以达平衡状态？兼顾、取舍终而平衡各区分利益的基本规则可细分为如下：

首先，对强势类别股股东予以约束，或曰对弱势类别股股东倾向性地提供保护。以复数表决权普通股的应用为例。该种类别股以剥离传统现金流权与表决权的等比配置为特质，其运用将阻遏控制权市场及授权委托书竞争对控制股东的约束。为平衡复数表决权普通股股东与标准普通股股东间的利益关系，尤其是保护投资标准普通股的公众投资者，对凭借复数表决权普通股而获控制股东身份者，课以较"纯粹标准普通股股权结构中，控制股东负担信义义务"更为严格的股东信义义务标准。

其次，谨慎、适当地限制对弱势类别股股东利益保护的程度。支持理由主要来源于三方面：一则出于维护公司正常高效运作之需要。给予少数类别股股东过度保护，可能使其借此增加谈判筹码，从而改变各类别股股东对公司的影响力，以及类别股股东群体间的力量对比格局，终而阻碍公司行为并致公司运营低效。二来遏制少数类别股股东对公司产生"杠杆撬动地球"的不对称影响力。不仅控制股东或存投机动因，少数类别股股东同样难以摆脱自私逐利的现实需求，典型如少数类别股股东出于私益牵制大股东，而滥用其否决权的行为。三是保障大股东的合法权益。任何公司股东均有其合理的利益期待。即便理论分析或实践经验均表明，控制股东更倾向滥用优势地位损害弱势股东或盘剥公司利益，但并不能因此否定其本身的合法权益存在。法律不应单向地恒常保护一方。在倾向性地向弱势类别股股东提供保护的同时，同样应当兼顾控制类别股股东的合法利益。在类别股法律制度领域内，体现该条理念最为经典的例证即为允洽确定类别股股东会表决事项范围。

若不设置类别股股东会或其决议事项范围过窄，则类别股股东合法权益罹于损害。然而，过分宽泛的类别表决权，又将置公司于不利境地：其一，烦琐的类别表决程序有悖于市场需求的灵活性，将直接减损公司决议效率、增加公司决议成本，从而贻误商机。同时也损及公司自治的品格，破坏公司既有的治理秩序。其二，增加专注于私益的类别股股东滥用否决权的可能，有损普通股股东及其彰显的公司整体利益。故而需探求类别股股东保护与公司行为自由之间的平衡点。遇两者对立不兼容时，经由类别表决适用的比较法考察，以及两害相权取其轻的一般法理，笔者赞同应优先保护公司行为自由及公司整体利益。

合理确定类别表决权的适用范围，首要面临的问题是：启动类别股东会的事项范围，究竟应使用"类别股之类别权的变更"，抑或定为"类别股股东利益的变更"？若以类别股股东利益为准，实则意味着在类别股股东利益与公司整体利益的相争中倾向前者，有悖于上文确立的利益冲突治理理念。故类别股东（大）会对类别股的保护，应针对类别权发生变更的情形。

我国台湾地区企业并购法规相关规定第18条关于"公司合并事宜与启动类别表决程序之间关系"的规定，为厘定我国类别表决事宜的赋权文件，辨别其赋权事项的强制程度提供灵感："公司已发行特别股者，就公司合并事项，除本法规定无须经股东会决议或公司章程明定无须经特别股股东会决议者外，应另经该公司特别股股东会决议行之。"该规范带来两方面的启示：一为类别表决事项范围的确定，宜为公司立法及公司章程的合力之作。如此既顾及类别股的保护，又兼顾公司与类别股股东间的合同安排。二是公司立法确定的类别表决事宜应有强制类别表决事宜，以及除外的可被公司章程排除的非强制类别表决事宜。

自然应将关乎类别股股东根本性利益的事项，确立为强制表决事宜。那么，哪些事宜应归属于强制表决事项？借鉴2010年美国《标准公司法》及2005年日本《公司法》的规定，仅要求就变更公司章程中类别股股东之类别权的情形进行强制表决，因其对类别股股东影响最为重大。至于公司合并、分立、解散或变更公司形式等导致公司根本性结构变化的情形，美国《标准公司法》并未以强制性规范要求于普通股东会决议之外，另须经类别表决通过。实际上，如果公司进行此类根本性结构变化的初衷，在于适应市场环境变化、以期获得更佳商业机会，而并未直接导致类别股股东之类别权更易，即不应当将其归于强制类别表决事项。

反思我国《优先股试点管理办法》中对类别表决事宜的设计，对公司合并、分立、解散或变更公司形式等事宜未作区分，一并纳入"强制性类别表决"的事项范围，实有不妥。如此以牺牲公司行为自由及整体利益，换取对类别股股东的保护，有悖于上述确立的"公司整体利益原则优于特定类别股东利益保护"之理念。

吸取优先股试点于类别表决事宜的探索经验，将来，在更为宽泛的类别股法理制度体系中设计类别表决事宜的范围，应以类别股股东保护及公司自由、整体利益的衡平理念为纲，依循如下思路结合发挥公司立法及公司章程的作用：一则，仅就影响类别股股东根本利益的类别表决事项，以立法层面的强制性法律规范涵盖之，如此可收"限制强制类别表决事项以维护公司行为自由"之附属功效。二来，以公司法上的示范性、任意性条款为载体，涵摄影响类别股保护的诸项事宜，但允许公司章程对其排除适用。三是在启动类别表决事宜的范围上，尊重公司的自治安排。具体可通过细化的公司章程规定，实现类别股发行公司治理的多样性及适应性。

最后，类别股的发行及后续权益变更，不仅影响持有该特定种类的类别股股东利益，同样关涉包含其他类别股股东、公司债权人在内的多方利益相关者权益。因此，对类别股运用的利益平衡，应强调基于优化公司治理结构及运行状态的"全局观"，而非针对类别股权利内容本身强势或弱势的平衡。详言之，当对特定类别股股东的保护与公司整体利益、行为自由的选择发生冲突时，立法更倾向选择后者。[①] 即于公司内部，以牺牲特定主体的利益，而成全更大的其他主体的利益。只要公司整体利益得到维护，这样的公司法规则即为可取。[②] 下述择要列举彰显该规则的实例：

其一，将公司整体及股东全体价值最大化置于价值优先顺位。在特别股股东与普通股股东发生利益冲突时，对两者进行平等保护，体现了正义价值。偏重于普通股股东，蕴含着追求公司整体财富最大化的效率价值，也即公司所有参与者的共同利益。于此正义要求与效率价值发生冲突的情境，笔者赞同选择公司整体利益，即将表彰股东全体价值最大化的普通股股东利益置于优先顺位，如此也符合商法领域效率优先的理念。当然，基于"衡平的全局观"类别股制度设计理念，"效率优于正义"的价值排序理念也非绝对化，应当存在一定的适用边界。

其二，限制类别股股东信义义务的适用范围。股东信义义务常将股东是否允洽行使表决权纳入考察范围。实际上，法律原则并未禁止股东为己方利益而投票。若仅因股东行使投票权而课其以法律责任，将置股东于承担损害赔偿责任之危险中。于类别股发行场景，不仅悖于类别股股权内容中控制类子权利的设置初衷，更将降低潜在投资方投资类别股的热情，对资本市场推行类别股产生阻滞。根据美国联邦最高法院就小股东违反忠诚义务而应承担相应赔偿责任的裁判要旨，该院为小股东承担赔偿责任规定了较为严格的前提条件。概因小股东参与股东（大）会热情本来并不高涨，若其于股东（大）会行权，还可能遭遇承担赔偿责任之祸患，小股东更无参与动力。因此，唯于小

[①] 王月、刘倚源：《冲突与衡平》，人民出版社 2013 年版，第 76 页。
[②] 王永强：《公司司法干预机理研究——以法经济学为视角》，北京大学出版社 2012 年版，第 44 页。

股东故意违反忠诚义务进行投票表决时，始需承担损害赔偿责任。[①] 宜借鉴这一小股东承担责任的前提条件，限缩少数类别股股东承担信义义务的情形。

其三，限制特定类别股的发行比例。支持该做法的原因主要有两方面，一则防止公司控制权的过度集中。诚然，控制类子权利参与组合的类别股，正系控制权强化机制的有效实现方式之一。然虑及含控制类子权利的类别股的过多发行，致表决权与现金流权过度分离，使持股比例极低的优级表决权类别股股东轻而易举控制公司而伴生的严重代理问题，故宜将该种类别股锁定于公司发行总股本的一定比例内。二来保障公司的偿债能力，实现与公司法资本制度体系的一致性。典型存在两类于权利性质上偏向债权一极，在财务上仍记入公司资本的类别股：可回赎优先股及利润分配优先股。公司发行可回赎优先股，特别是赎回"可回赎累积优先股"，将弱化公司资本对债权人的担保作用。至于大量发行利润分配优先股，特别是累积优先股，于公司经营状况不景气时，高额股利支付可能给公司带来沉重的财务负担，进而损害于公司经营中承担更大风险的普通股股东，尤其是中小普通股股东的利益。且特定种类类别股可能伪装成公司资本，美化资产负债率等财务指标，用之不慎，或成股东减资甚至撤资的变相途径。以天目药业发行优先股的前车之鉴为例。1993年8月上市的天目药业至2005年已累计发行1890万股股息率7.65%的可累积优先股，占公司总发行1.2亿股份的15.52%。这些优先股分红占该公司2005年净利润近四成，极大压缩了普通股可获分配利益的空间。由此可证，当经济发展不景气致分红延滞，伴随累计未予支付的分红愈多，发行优先股公司的股本结构功能失调。优先股融资的边际效益降低，阻碍了公司的发展。

从比较法上来看，大陆法系国家多对公司发行无表决权优先股的

[①] 高旭军编著：《德国公司法典型判例15则评析》，南京大学出版社2011年版，第103页。

比例设置了上限，虽然具体占公司股本总额的特定比例于各国间存在殊异标准。[1] 比利时《公司法》第 240 条第 1 款规定，已发行的无表决权股权所代表的资本，不得超过私人公司资本金的 1/3。法国《商法典》第 L228-11 条规定，公司发行的无表决权优先股不得超过已发行资本的 1/2，而上市公司的限额比例更紧缩至 1/4。德国《股份公司法》第 139 条第 2 款及日本《公司法》第 115 条同样规定，发行无表决权优先股的价值总和，不得超过公司已发行股本的 1/2。此外，日本《公司法》在该条中进一步明确，在公开公司中，一旦公司发行限制表决权类别股份逾上述 1/2 的比例，公司即有义务采取"注销此限制表决权类别股或发行表决权受限类别股之外股份"等必要措施。我国试点推行的优先股制度，同样采取了类似做法。[2]

其四，慎为影响类别股股东合理期待的公司章程修改。对于公司及各类别股股东，修改公司章程不仅为其固有权利，于公司发展致其境遇产生改变时，更助力其顺应新变化、解决新问题。然而，公司章程修改，常触及类别股股东基于股权持有而生的"合理期待"。类别股股东的合理期待，即类别股股东对己方可得投资回报的正当预期，是类别股股东投资公司的根本目的及前提条件。对于各类别股股东的合理期待，法律应予以平衡关注，以提振奠基公司资本结构的类别股股东的投资信心。不可应特定类别股股东的"势力微小"，即漠视其权利存在。

不可为维护类别股股东的可期待利益，而僵化禁止公司章程修改的可能，此为平衡公司章程修改与类别股股东合理期待之间关系的底线。在公司章程的动态变更中，积极寻求对类别股股东利益的保护，意味着游弋于既定类别股股东权利与实现类别股变更的"合理期待原

---

[1] 汪青松：《优先股的市场实践与制度构建》，《证券市场导报》2014 年第 3 期，第 16 页。
[2] 参见《优先股试点管理办法》（2014 年 3 月 21 日）第 23 条：上市公司已发行的优先股不得超过公司普通股股份总数的 50%，且筹资金额不得超过发行前净资产的 50%，已回购、转换的优先股不纳入计算。

则"，在不断平衡公司本体、各类别股股东乃至社会的利益基础上，尽力保护类别股股东在订立公司契约之初希冀的利益。具言之，遇修改公司章程时，既要以尊重的态度谨慎对待股东既得利益，禁止剥夺其财产、损及其权利。同时，也应注意公司章程修改对公司整体的裨益，在遵循特定条件与严格程序的前提下，应允许修改公司章程以处分少数股东权益的行为。

须明了的是，于此变动不居的社会之中，法律仅能对部分而非全部预期提供保护。于是，从股东预期中框定"合理期待的范围"，兼用于判断公司控制方压制行为是否存在的"合理期待"标准，殊为关键。关于合理期待原则的经典判例"In re Topper"案及"In re Kemp & Beatley Inc."案，抽象出衡量"合理期待"的"合理"及"重大"两项关键性判断因素。两案的裁判文书均赞同"单纯的失望不能必然等同于压制"。换言之，类别股股东所称"预期的落空"，唯有在客观上被认定为合理，且此种预期确对该股东加入公司存在重大影响，才会被作为判断"压制行为"的存在标准。仅因该特定类别股股东加入企业的主观愿望或理想未得满足，无法认定公司控制方存在挫伤其"合理期待"的压制行为。[①] 特别是对少数股东而言，当其难以实现的预期满足"合理"及"重大"的条件，同时不存在有效撤资的路径，公司控制方对该种"预期"所为阻挠或挫败，即可能被判定构成"侵害该类别股股东合理期待的压制行为"。

二、设计步骤：立法划界与契约选定

类别股的应然种类，伴随着人们对类别股类型化建构的认知深化

[①] 刘胜军：《类别股法律制度研究——以类别股利益冲突为中心》，清华大学博士学位论文，2015年，第230—232页。

而不断扩展。特定公司类别股的具体设置，则客观不准广罗一众类别股之衍生形态，其既非公司法的单独创造物，也不属发行公司与类别股股东之间完全无约束地自由缔约的结果。在推进我国类别股法律制度的背景下，如何通过设置附有相异权利、义务及责任的类别股权，以周全投融资双方的特定需求、实现公司运作中的利益平衡、促进公司整体的持续增长？国务院发布《关于开展优先股试点的指导意见》后，证监会赓续拟定《优先股试点管理办法》。基于我国优先股试点实践所获取的经验，后续转向《公司法》及《证券法》立法层面构建类别股法律制度时，明晰构造公司股权结构的类别股之决定步骤，便成公司股权融资及后续公司治理中的重要问题。

宏观上类别股制度之允洽设计，以及微观上股权结构多元之优化设置，需三个步骤的衔接配合：

第一步，盘点类别股种类资源。对纷繁衍生的类别股进行周全梳理，为类别股种类的立法筛选提供素材至关重要。这可借由对股权各项子权利的灵活性分离、创造性重组而获得。

第二步，立法对类别股资源的一次筛选。类别股立法，在类别股创设中发挥着划清类别股契约自治边界之重任。依据本国国情，各国类别股立法框定的类别股契约自治边界各异，并不存在通用的优化"划界方案"。类别股法律制度的立法新构，绝非将特定域外类别股制度直接地加以移植援用，而是一个吸收、解构、再设计的创造过程。我国类别股法律制度从类别股应然种类资源中本土筛选的过程，若纳入不契合本土需要的类别股种类，将侵害公众利益，损害资本市场的发展。因此，立法有必要划定类别股契约自治的创设空间。但是，若过度限制公司自治下的类别股设置自由，致可供选择的类别股种类偏少，将极大地抑制公司的融资效率。因此，类别股立法恰当设置章程自治的范围殊为关键。

在中国类别股制度构建之初，框定类别股的设置空间，应当遵循如下三项原则：第一，区分公司形态的思路。对封闭公司宽泛授权，对公众公司谨慎干预。第二，科学性。对类别股的类型、权利内容等方面设置应科学合理，满足公司效率化融资及灵活运营的需要。第三，适应性。类别股的设置应当立足于我国公司运作的实际需要，力争为公司和股东提供多样化、可供选择的"制度产品"。

第三步，公司参与方就类别股立法圈定范围内类别股种类的二次选定。公司情况差别多样，尤其在运用类别股融资的背景下，并不存在通用于所有公司的最优股权结构模式。特定公司需根据外部资本市场及公司内部情况，在股权设计上"量体裁衣"，能动、创造性地设计类别股权利配置及配套制度，始能在满足公司实践需求同时，充分激活市场主体的生命力。此步骤个性化设定公司股权的构成，着重于私法自治的作用，宜遵循三条原则：第一，效率及效益最大化原则。第二，股东平等对待原则。第三，合法性原则。即类别股份的内容设计不得与现行法律法规的强制性规范相抵触。譬如就可赎回类别股，法律应明确限定赎回资金的来源。除法律明确规定的例外情形，原则上禁止以公司资本赎回股份，避免侵害公司债权人的利益。[①]

三步骤的环环相扣，彰显了合同法及公司法两大私法对类别股制度的协力构建。从表面看，类别股的立法干预，特别是采用法定主义式类别股立法路径，与公司自治的类别股契约安排是冲突的。前者意味着立法对公司的类别股安排实施引导甚至强制，后者则意味着公司按照自身的意愿安排设定类别股种类。尽管两者逻辑上相左，在现实图景中，两者却和谐共存，共同构建类别股制度。深层次地看，这缘于无论类别股的立法干涉或公司当事人的章程自治安排，均旨在创设符合资本市场需求的类别股。两者的高效协同，关键在于配置不同性质的类别股法律规范，通过立法恰当地划定类别股章程自治的界域，

---

① 王东光：《类别股份法理研究》，《科学经济社会》2013年第3期，第122页。

促进资本市场的蓬勃发展,推动中国公司法的现代化。

三、设计载体:循序渐进的法律规范

2013年,国务院发布《关于开展优先股试点的指导意见》。2014年,证监会尾随出台《优先股试点管理办法》。由此,在部门规章层面,已然确立了优先股的法律地位,为类别股于我国的全面推行起到先行探索的试点推动作用。将来,国家普通法位阶的《公司法》,如何将国家意志及章程自治允洽糅合注入类别股法律制度,从而平衡配置各方的权利与义务,防止或化解类别股制度运行中的利益冲突?其核心在于运用清晰、完整、逻辑严密的法律规范架构类别股法律制度。故而,抽象探讨类别股法律制度规则的初始配置及其演进趋势,殊为关键。

(一)强制性规范与任意性规范的结合运用

立法对标准普通股的规制,毋庸置疑地采用纯粹的法定主义模式,即依赖于强制性规范的适用。至于全面调整公司股权融资活动,框定类别股契约自治范围的类别股法律规则,从类别股应然可能的种类衍生中所为筛选,微观关涉公司及股东等利益相关体,宏观影响资本市场的发展态势。故应秉持慎重斟酌的原则,在强制性规范与任意性规范的搭配运用上设置一道恰当的界限,以合理汲取契合中国融资市场需求的类别股种类资源。

将强制性规范与任意性规范各种混合搭配而成的类别股法律规则,可能演绎出各类别股群落共生的相异格局。从有利公司灵活融资,创新公司资本结构,优化公司治理机制,激发公司制度活力的角度,应当强调任意性规范的适用。而类别股权本身的特质,又决定了强制性规范无可替代的规范地位。标准普通股的权利内容为众熟谙,即将股东的表决权及经济利益等比绑定。这促使股东为获取收益尽力行使表

决权,从而约束公司正常运行。而类别股有别于标准普通股的核心之处,即在于突破传统普通股中财产权与表决权等比配置的格局,组合构成类别股权利内容的子权利。在类别股权的"设计过程"中,常见公司内部人以微小的现金流权掌控公司。表决权与剩余索取权的高度剥离,意味着公司的收购市场及委托书征集制度难以发挥监督功效,公司管理层的控制权由此得到锁定,同时,公众股东实际上承担了更多的公司经营风险及成本。此外,表决权与经济利益挂钩的激励机制失去基础,表现为少数控制类别股股东没有对应份额的利益驱动及风险压力制约其行为。进而引发的道德风险,将增加少数控制类别股股东对非控制类别股股东的代理成本。类别股的强制性法律规范,正担纲了防范或补救此种风险及其损害后果。有的学者主张,在公司章程、公司细则或发行文件中记载的类别股发行程序,规定不可予以剥夺或限制股东权利的权利配置规则及权利变更规则等皆应由法律作出强制性规定。① 笔者部分赞同该种观点。多元的类别股作为股权融资工具,在我国公司资本制度领域尚属"新秀"。在新生类别股权进入的背景下,为确保公司作为融资体本质的平稳存续及新拓发展,宜出于谨慎态度偏重于强制性规范的运用。但是,强制性规范集中适用的领域非僵化一成不变,应顾及时代及发展的需求,故而上述笼统将类别股权变更等诸项领域笼统划拨为强制性规范统辖的领域,有失偏颇。

在我国类别股法律制度构建之初,可根据"一般规则与个性设计"的内容区分,分归强制性规范与任意性规范的配置。对适用于各种类别股的基本要求,反映各种类别股运作规范及类别股权利义务的共性的一般规则,宜由公司法设置统一的强制性规范②,以保障相应规范的稳定性、确定性及可预见性。就不同类别股权内容及运作差异、革新

---

① 王东光:《类别股份法理研究》,《科学经济社会》2013年第3期,第121—122页。
② 曹立:《权利的平衡:优先股与公司制度创新》,中国财政经济出版社2014年版,第163页。

的个性设计之处，适用包容灵活变通可能的任意性规范，授权公司章程具体化更佳。

良好的类别股法律规则，乃强调公司运行效率、市场主体灵动投融资需求的制度创新，同时并重类别股股东权利保护的平衡产物。在选择强制性规范或任意性规范时，不仅应考察类别股"共性与个性"两方面，更应留意封闭公司与公众公司的划分维度。根据两种公司形态的殊异特质，对封闭公司的类别股规范援用更高比例的任意性规范，就须在立法干涉之处辅以强制性规范。对公众公司的类别股规范，在类别股运用初期采纳严格约束的态度，即以强制性规范的适用为主，任意性规范的适用为辅的立法思路。待类别股法律制度运作经验积累成熟，再逐步模糊化各种公司形态间割裂的"强制性规范与任意性规范"不同配置的格局，总体趋向降低强制性规范的适用比例，强化任意性规范的运用，从而助力提高我国公司及证券市场的全球竞争力。

（二）从法定强制转向灵活自治的发展趋势

在我国类别股法律制度构建之初，对于公众利益保护的强调及立法出于新制度引入时"家父式"善意的引导作用，使得类别股立法应更偏重于法定强制的一极。具体而言，宜由公司法在慎重取舍斟酌后，对类别股权的种类、发行、保护作出富有操作性的明确规定。

这种高度定型化的类别股法律制度模式，高效且强劲地推动在中国资本市场上初露头角的类别股，使其宏观上迅速融入公司资本制度体系，微观上稳固扎根公司股权结构。但如此固化地配置类别股权利义务，难以安保类别股法律制度的持续繁荣：其一，市场的需要透过投资者的需求体现出来，良好的公司制度须能顾及作为不同利益主体的相异需求。[①] 类别股投资者对市场经济的需求反应最为敏感，乃公

---

① 罗培新：《公司法的合同解释》，北京大学出版社 2004 年版，第 36 页。

股权结构革新的推动者。类别股法律制度为当事人契约自治提供充分的选择范围,始能实现类别股权内容的自治性配置,从而有效满足作为理性经济人的不同利益。其二,类别股乃公司股权结构创新的产物,多元化是其发挥优势的重要起点。类别股的多样化既便于拓宽公司融资渠道,又丰富了投资者的选择品种。故而,原则上应保持类别股制度设计的灵活性。其三,公司融资面临层出不穷的压力、挑战与机会,意味着该领域的法律也应极具活力、持续制度创新的品格,以应对灵活多变的商业发展形势,契合日益开放、国际化的实践变革进程。[1]

类别股立法应有与时俱进的时代精神。随着时间的推移,含纳类别股股东保护机制的类别股制度构建逐渐完善,长期实践运用经验积累下公众对类别股认知度逐步提高,类别股种类由传统成熟的基础形态向创新复杂的衍生类别过度,资本市场对类别股资源的需求与既定的类别股法律规则势必产生断层。新生需求催生更新的类别股规范模式。届时,在维系"公众—封闭"公司形态区分下的类别股分别立法路径的基础上,类别股契约自治将以一种自下而上的持续回应力量,推动类别股立法向趋于公司自治的方向循序演进。这种趋势从类别股法律规则来看,呈现出从法定强制属性的一极逐渐转向灵活自治的另一端。彼时,可借鉴支撑美国类别股制度的基本理念:尊重公司自由设置类别股合同的契约自治理念。具言之,在自由理念的指引下,凭借开放的类别股设置模式,将类别股权利义务等内容交由公司确定,成就公司股权结构的多样化。

域外类别股立法的历史变迁,已然见证了类别股法律规则由法定强制转向自治扩张的发展趋势。即使是在贯承公司法法定主义特质的大陆法系国家,亦赋予公司章程就类别股事宜愈来愈多的自治性。同属大陆法系的邻国日本及韩国,就类别股立法皆采用法定主义式立法

---

[1] 艾利斯·费伦:《公司金融法律原理》,罗培新译,北京大学出版社2012年版,第2页。

模式，通过对传统公司融资法律规则的不断修正，逐步扩展准予发行的类别股种类，给予公司创设及发行类别股权的更大自治空间。

梳理日本类别股立法的轨迹。早在1899年，日本的《商法典》即已规定公司可设置优先股及劣后股。至1938年日本《公司法》修订时，又增加无表决权股及可转换股份，以助力企业筹资。2001年，为促进创业企业的发展，日本就类别股制度进行深度修改，大幅扩充了类别股的多样化。此后，上市公司中出现"子公司业绩联动股"（tracking stock），即指其股价与公司特定事业部门或子公司的业绩联动而进行利润分配的股份。发行此类股份，不需分拆公司即可针对特定事业进行资金募集，由此可维持对公司事业部门或子公司的支配。科技创新型封闭公司对于"董事选任股"需求的增加，以及公司对于作为反敌意收购措施的"否决权股"的关注增加，推动了日本在2005年《公司法》修订时，进一步追加了新的类别股类型至九种，促进公司能更方便、广泛地筹集资金。[①] 韩国公司法对类别股的相关规制，同样表现出日渐宽松的立法趋势。以2012年韩国修订《商法典》为界，修法之前，无表决权股仅限用于利益分配优先股。修法之后，发行附着限制表决权子权利或无表决权子权利的特别股再无限制。即便韩国《商法典》的此次修改扩大了类别股种类，但是也仅限于利润分配权、剩余财产分配权、表决权、转换权、回赎权方面的类别股。这也意味着，韩国公司法上的类别股自由化空间，在将来有进一步深拓的可能。至于我国台湾地区，新近2015年公司法规相关规定修订时，亦新引入复数表决权股与黄金股。

为了使对于我国资本市场尚属"新生"的类别股权，不至于在既有公司资本制度中产生明显不适应的"初始排异反应"，并将对现有金

[①] 刘小勇：《日本公司法上股份的类别及我国的引入》，载王保树主编：《商事法论集》第21卷，法律出版社2012年版，第321页。

融环境的波动影响降至最低，我国应与上述各国一样，在运用类别股法律制度之初采用限制的谨慎态度，使类别股的种类与我国资本市场的发展相得益彰。在类别股适用更为广泛的基础上，再逐步淡化约束性的规则属性，提供新的股权融资方式。

第二节　类别股法律制度的适用推进

一、我国类别股设置的种类扩展

中国证监会一纸《优先股试点管理办法》，其规章法律位阶略低之瑕疵，难掩予公众公司优先股以正当"名分"并成就其"落地实践"之霞光。该规章的功勋卓著之处，更在于落下中国类别股法律制度雏形构建的第一笔雕琢。

根据《优先股试点管理办法》的规定，此处"优先股"系指与标准普通股相较，在利润分配权或剩余财产分配权合并表征的常规财产利益方面优先，但于表决权处劣后的"传统优先股"。将该文件中对利润分配权的进一步细分及其他条款上的不同设置，纳入本书对类别股类型化建构的体系，抽象出为官方首肯的优先股结构：其一，构成类别股权内容的三项常规子权利，呈现传统优先股的常态特质。于此整体"常态"之外，除明确现阶段不可发行利润给付顺位不同的优先股，经由利润分配权子权利的各类细化，即可累积、部分累积或不可累积，固定利率或浮动可调利率，全部、部分或非参与剩余利润分配，强制或非强制分红，股息发放条件及股息支付方式自定义，可将优先股大类深化为不同系列类别股。其二，在常规子权利之外，该办法中明确提及了归于财产类子权利阵营的转换权及回赎权，因此，可在传统优先股的既有结构之外，选择性地附加作为特殊类别股权子权利的转换权或回赎权。其三，附加其他特殊子权利。当然，虽于理论上可在上述两部分子权利构成之外，另附转换权及回赎权两项之外的各式特殊子权利，然该附增是否可构成为我国公司法所认可的类别股之类别权，存在效力上的不确定性。

至于该"优先股"所及种类范围，尚有两点须明确。第一，从运用股权子权利进行类别股类型化建构的方法论角度，对上述"优先股"内容构造进行剖析。虽然在常规子权利之外，预留了对利润分配子权利细化方案的选择空间，更明确有转换权、回赎权等特殊子权利。若将上述子权利作任意组合搭配，可获得样态丰富的类别股权，将远逾"优先股"的种类。实则，该办法中的"优先股"，已大致限定了常规子权利优先劣后的状态，再辅以有限的特殊子权利搭配。因此，相对于理论上类别股种类的衍生可能，该办法中的"优先股"实属冰山一角。第二，就上市公司而言，可予发行"优先股"的限定条件更多。具体而言，其利润分配子权利明确有固定股息率和强制分红，具有可累积和非参与的属性。在特殊子权利运用方面，转换权子权利亦属排除之列。换而言之，当下准予上市公司运用"优先股"的分支种类更为限缩。

再从控制类类别股的角度审视我国公众公司发行类别股的空间。即便理论界对于我国公众公司，尤其是上市公司中引入双层股权结构的呼声颇高，但目前为止，我国公众公司仍不能发行具有控制权强化机制功能的控制类类别股。在官方层面，相比香港最近就开放公众公司采行双层股权议案表达的否定态度，中国政府传达了对"双层股权结构"适用更为包容的讯息。国务院及上海交易所均表达了对双层股权的中国背景海外上市公司回归中国上市的期待，并考虑放开双层股权结构以鼓励创新企业和强化中国证券交易所的全球竞争力。[①] 然而，不仅在公司法层面尚未就类别股事宜作正面回应，低层级的法规规章亦未有涉及控制类类别股。因此，在类别股初级逻辑归类的九种衍生可能中，公众公司"名正言顺"可予发行的类别股仅有归属于财产类类别股的"优先股"一类。

在当下中国公司中，"办法"调整的"优先股"，不仅是公众公司可发类别股的"一枝独秀"，实则也是所有公司形态中，除构成公司基石的标准普通股之外唯一可发行的类别股种类。根据《公司法》第34条[②] 及第71条[③]，优先分红权、优先认购权及优先购买权在有限责任公司中皆无合法性障碍。因此，或许存在于封闭公司发行上述优先分红权等三类子权利的类别股应无疑义，由此反驳"优先股系目前中国公司唯一特别股样态"的论断。然而，依循公司法授权设置的上述几类优先权条款，其性质为以合同条款形态出现的准类别股契约安排，有别于类别股：其一，支持该论断的形式原因，在于两者的性质迥异。本书引言已述及准类别股契约安排，在"模拟"类别权效果时伴生的弊端，如此皆因公司法及下位法律法规层级体系尚未将此种契约安排明确定性为股权内容的构成。其二，更重要的实质原因，不在于公司法简单地从文本上将该种"准类别股契约安排"赋权为类别股，而在于平衡公司内部利益基础上的类别股法律制度构建，做好了将各式准类别股契约条款纳入类别股子权利体系的准备。尽管，从文义解释看，"准类别股契约安排"与"类别股权"的内容或相同，但是在现有框架

[①] 《国务院关于大力推进大众创业万众创新若干政策措施的意见》，http://www.gov.cn/zhengce/content/2015-06/16/content_9855.htm；上海交易所：《承认双层股权结构适用新型公司治理实践》，http://www.sse.com.cn/researchpublications/research/c/c_20150902_3975141.pdf。

[②] 《公司法》第三十四条："股东按照实缴的出资比例分取红利；公司新增资本时，股东有权优先按照实缴的出资比例认缴出资。但是，全体股东约定不按照出资比例分取红利或者不按照出资比例优先认缴出资的除外。"

[③] 《公司法》第七十一条第三款："经股东同意转让的股权，在同等条件下，其他股东有优先购买权。两个以上股东主张行使优先购买权的，协商确定各自的购买比例；协商不成的，按照转让时各自的出资比例行使优先购买权。"

中，准类别股契约安排只能通过合同法的途径获得保护。如若将其认定为构成类别股上附着的类别权，则遇到章程修缮等更易类别权的情形，可受到公司法上周全的类别股法律保护，如类别表决程序、信义义务约束、异议股东回购请求权与表决权复活制度等。因权利属性由前者向后者的"升级"，使私法上的保护力度提升，也意味着公司运行效率的相应折损，影响公司整体利益及作为公司根基的标准普通股股东的权益。换言之，在公司法正面授权封闭公司可予发行各种类别股之前，不宜将现行公司法许可有限责任公司在优先分红权等方面作出有别于传统普通股的合同条款约定，"揠苗助长"定性为类别股权。

中国构建类别股制度雏形的重点之一，在于立法框定允洽的类别股种类范围。赓续本书提出的区分公司形态分别设计类别股立法路径的思路，以及类别股体系构建所用类别股子权利的"财产权—控制权"划分标准，对类别股制度运用初期的类别股种类设置进行梳理。秉持谨慎的态度，该时期对公众公司财产类类别股的种类适用，宜延续当前《优先股试点管理办法》中划定优先股的衍生种类，或在维持类型构成格局的基础上稍加扩张。对于公众公司控制类类别股的种类设置，具体可类比《优先股试点管理办法》的试点措施，由点及面逐步逐期引入当前理论界呼声较高、资本市场需求较强的双层股权结构、否决权股和董事选任股。随着该时期公众公司类别股试点经验的积累，待条件成熟时，可将试点范围扩大，甚至全面推向资本市场。

至于类别股制度构建初期封闭公司的类别股运用，原则上应涵盖较同时期公众公司可发行类别股范围更宽泛的种类。沿袭笔者主张的封闭公司采纳章程自治的类别股立法路径，或许存在全线放开对类别股子权利设置限制的建议。然而，在我国类别股尚处于摸索调整的适应期，过度精致灵活的类别股类型化建构体系，海量纳入所有股权子权利的衍生可能，或令"初级版本类别股制度"中的利益调节功能不堪重负而失衡。因此，须精心筛选适宜纳入类别股构建初期封闭公司适用的股权子权利范围，可将施行法定类别股制度的公众公司可发行类别股进行子权利解构，再行增补实践反馈封闭公司常用的类别股子权利，由此构成类别股制度推行之初，特为封闭公司类别股种类创设而形成的"子权利库"。从此"子权利库"中选取类别权素材，重组搭配可得类别股建构初期封闭公司的类别股。

展望未来成熟阶段的中国类别股法律制度，其制度完善重要而基础的一项考量标准，即与资本市场发展相匹配的丰富衍生的类别股种类设置。而这种类别股丰富衍生并呈持续种类扩展的状态，继而将推动资本市场的持续发展。

二、我国类别股适用的主体扩张

作为公司资本制度革新下灵动的融资工具，类别股权连接着两端的相关主体：于发行公司，类别股权系客体的融资工具；于类别股股东，类别股权乃投资换取经济或控制权益的载体。类别股法律制度的构建，发轫于就类别股权本体的研析，夯实于对类别股权的周全保护，落定于类别股股东主体的践行运用，三方重心不可偏废。上文着重于类别股的类型化建构及其适用，也提供了对类别股股东法律保护的诸项路径，但尚缺对我国类别股适用主体的脉络梳理。鉴于为众熟谙的传统普通股，一般并不存在对发行公司及潜在投资者范围的限制，故下述对于我国类别股适用主体范围的研讨，原则上剔除传统普通股。更精准地描述，应为就特别股适用范围扩张的分析。

在严格意义上，当下因我国官方许可而得享"正统名分"的类别股权，除却传统普通股，仅有"优先股"一大类。证监会于2014年发布的《优先股试点管理办法》（以下简称《办法》），就优先股的发行主体及持有者范围作了明确规定。根据该《办法》的规定，上市公司可公开或非公开发行优先股。

上市公司公开发行优先股时，发行公司的主体范围叠加适用三个层次的限制。第一层，从公司类别股权的角度看，根据既有普通股或待发优先股的三种具体情形，反推具体适用的上市公司范围。① 第二层，在第一层次框选的基础上，附加"三个会计年度连续盈利"②的正面经济条件要求，进一步缩小了可公开发行优先股的上市公司范围。第三层，在第二层次限缩的范围内，继而就特定上市公司出现的三种负面情形，将对应的上市公司剔除出"可予发行优先股的上市公司"之列。这三种情形分别涉及：违反法律、行政法规或规章③，或严重损害投资者合法权益及社会公共利益的负面情形④，或公司、控制股东、实际控制人存在特定不当行为。

《办法》在对有权公开发行优先股的上市公司范围的层层筛选间，已然将对公众优先股股东的利益保护及权益平衡周全考虑于内。对于几经筛选的上市公司发行的"稳妥的优先股"，无须再行限定类别股投

---

① 参见《优先股试点管理办法》第二十六条 上市公司公开发行优先股，应当符合以下情形之一：
（一）其普通股为上证50指数成分股；
（二）以公开发行优先股作为支付手段收购或吸收合并其他上市公司；
（三）以减少注册资本为目的回购普通股的，可以公开发行优先股作为支付手段，或者在回购方案实施完毕后，可公开发行不超过回购减资总额的优先股。

② 参见《优先股试点管理办法》第二十七条 上市公司最近三个会计年度应当连续盈利。

③ 参见《优先股试点管理办法》第三十条 除本办法第二十五条的规定外，上市公司最近三十六个月内因违反工商、税收、土地、环保、海关法律、行政法规或规章，受到行政处罚且情节严重的，不得公开发行优先股。

④ 参见《优先股试点管理办法》第二十五条 上市公司存在下列情形之一的，不得发行优先股：
（一）本次发行申请文件有虚假记载、误导性陈述或重大遗漏；
（二）最近十二个月内受到过中国证监会的行政处罚；
（三）因涉嫌犯罪正被司法机关立案侦查或涉嫌违法违规正被中国证监会立案调查；
（四）上市公司的权益被控股股东或实际控制人严重损害且尚未消除；
（五）上市公司及其附属公司违规对外提供担保且尚未解除；
（六）存在可能严重影响公司持续经营的担保、诉讼、仲裁、市场重大质疑或其他重大事项；
（七）其董事和高级管理人员不符合法律、行政法规和规章规定的任职资格；
（八）严重损害投资者合法权益和社会公共利益的其他情形。

资者的主体范围，以达保护弱势公众投资者的目的。

由上可知，得以"公开发行优先股"的上市公司在现阶段相当有限。对于不满足"公开发行优先股"条件的上市公司，仍有机会通过"非公开"的方式发行优先股。上市公司以"非公开"发行优先股的方式，涉及公众利益的程度，不及"公开"发行类别股的方式。因此，原则上对"以非公开方式"发行优先股的上市公司的主体范围不做限制。

在上市公司非公开发行优先股的情形，对比《办法》未就类别股发行主体进行限定的宽松态度，该情境下对成为"优先股股东"却设有清晰门槛，即仅限于《办法》规定的"合格投资者"。[1] 并且，若境外投资者欲持有上市公司非公开发行的优先股，需进一步符合国务院相关部门的规定。[2]

根据《办法》的规定，也基于非上市公众公司本身公司形态的特质，该类公司仅能以"非公开"方式发行优先股。《办法》对于上市公司及非上市公众公司，以非公开方式发行优先股的两种情形，在类别股适用主体范围的框选方式上极其类似：对可予"非公开发行优先股"

---

[1] 参见《优先股试点管理办法》第六十五条 本办法所称合格投资者包括：

（一）经有关金融监管部门批准设立的金融机构，包括商业银行、证券公司、基金管理公司、信托公司和保险公司等；

（二）上述金融机构面向投资者发行的理财产品，包括但不限于银行理财产品、信托产品、投连险产品、基金产品、证券公司资产管理产品等；

（三）实收资本或实收股本总额不低于人民币五百万元的企业法人；

（四）实缴出资总额不低于人民币五百万元的合伙企业；

（五）合格境外机构投资者（QFII）、人民币合格境外机构投资者(RQFII)、符合国务院相关部门规定的境外战略投资者；

（六）除发行人董事、高级管理人员及其配偶以外的，名下各类证券账户、资金账户、资产管理账户的资产总额不低于人民币五百万元的个人投资者；

（七）经中国证监会认可的其他合格投资者。

[2] 参见《优先股试点管理办法》第三十四条 上市公司非公开发行优先股仅向本办法规定的合格投资者发行，每次发行对象不得超过二百人，且相同条款优先股的发行对象累计不得超过二百人。发行对象为境外战略投资者的，还应当符合国务院相关部门的规定。

的非上市公众公司，原则上不对作为类别股发行主体的非上市公众公司范围进行限缩①，但将优先股投资者的范围限制为"合格投资者"。

综上所述，可提炼出当下公众公司（包含上市公司及非上市公众公司两种公司形态）发行优先股时，其类别股适用主体范围呈现的规律：当公众公司以"公开"方式发行优先股，对类别股发行公司的主体范围予以限制，对欲成为类别股股东的潜在投资者范围未设束缚；当公众公司以"非公开"方式发行优先股则反之，对类别股发行公司的主体范围不予限制，却将欲成为类别股股东的潜在投资者范围限缩至"合格投资者"。梗概之，客体类别股权连接着两端的主体，发行公司或类别股股东，总有一端主体处于范围受限状态。探求该规律背后的法理原因，莫过于"对公众利益进行保护和平衡"的诉求，折射于当下优先股适用的主体范围限定的需要。当优先股的发行方式适用涉及公众更广的"公开"发行方式，则采更为严格的前端发行主体限定方式；若优先股的发行运用相对更为私密的"非公开"发行方式，虽无须对前端发行主体予以限制，但虑及类别股建构之初对公众利益周全保护的必要，宜对后端的类别股投资者范围予以框定。

顺承本书对封闭公司类别股法律制度设定的"自治性"基调，笔者建议在我国类别股制度构建初期，就封闭公司可予发行范围内的客体类别股，不应对作为发行主体的封闭公司范围及作为投资主体的类别股股东范围作出限制。对于公众公司类别股适用主体的探讨，细分为财产类类别股及控制类类别股两项分支。对于前者，我国类别股制度建构初期的财产类类别股只宜供给《办法》所规定的"优先股"。对于该类优先股适用关涉的两类主体，上文已作详细分析。对于该阶段公众公司可予发行的控制类类别股，宜限制性地提供三类：由不同表

---

① 尽管《优先股试点管理办法》第四十一条明确了非上市公众公司非公开发行优先股应符合的条件，但根据该条款内容，不可视为就"可予非公开发行优先股"的非上市公众公司的范围限定。

决权类别股形成的双层股权结构、否决权股及董事选任股。秉持谨慎的态度，将试点时期双层股权结构的适用范围隔离于主板市场之外，限制于创业板及"新三板"之中。原因在于，创业板针对的是上市公司中的成长型或创新型公司，而"新三板"正是对应非上市公众公司，总体而言，两者乃创业型或成长型企业活跃的主要市场。为满足创新型企业公开融资同时维持既有公司控制格局的公司治理需求，应为其在多层次的资本市场上特辟区域，允许特殊的双层股权结构模式助力公司融资，驱动公司发展。也可出于对公众利益保护力度更强的角度，考虑将双层股权结构的适用限制为创业板和"新三板"中的部分企业，确保将双层股权结构适用调试阶段尤其凸显的消极影响缩减至可控范围。根据双层股权结构适用划定的范围，类别股的适用主体相应确定。具体而言，发行公司为创业板中的上市公司及"新三板"中的非上市公众公司，可成为类别股股东的主体为进入"新三板"或创业板的投资者。其实，进入"新三板"、创业板的投资者本身意味着对适格主体的一层筛选。以"新三板"实行投资者适当性管理制度为例，"新三板"将参与者限定为机构投资者或大额投资者。与个人中小投资者相比，"新三板"的投资者具有更佳的风险平衡及承受能力，且与创新型企业的创始人及核心管理者的博弈能力更强。此外，普遍认为投资创业板的风险高于投资主板市场上的股票，因此，进入创业板的投资者本身即有面临更大风险的心理准备，这些投资者从集合整体观之，呈现抵御风险更强的能力，从客观上限缩了类别股构建初期双层股权结构中特别股持有主体的范围。

在类别股制度构建初期，笔者建议公众公司可予发行的控制类类别股，除双层股权结构中的非标准表决权股之外，还有否决权股及董事选任股。其中，董事选任股的两类适用主体范围，可设定为同于双层股权结构适用主体的范围，因此不再赘述。至于否决权股，此处可具体化为"金股"，其发行主体应限制为混合所有制改革中的国有企业，而其持有主体则仅可为国家。

从理论上说，所有形态的公司均得以发行各种类别股，一般投资者均可成为类别股股东。换言之，各种公司及投资者应当具有成为类别股适用主体的"权利能力"。然而，将上述梳理的类别股构建初期的类别股适用主体范围，与各种公司及投资者进行比对，可直观得到，众多理论上具有成为类别股适用主体"权利能力"的公司或投资者，却不具有实际成为类别股适用主体的"行为能力"，即存在类别股适用主体的"权利能力"与"行为能力"分野的客观事实。如此，实际上出于类别股构建初期对公众股东利益的强化保护，以及新制度运行亟需的调整适应期，而生对类别股适用主体的限定需求。

待我国类别股法律制度运行推进至成熟时期，各类公司及一般投资者成为类别股适用主体的"行为能力"范围必将持续扩张，持续趋近于理论上成为类别股适用主体"权利能力"的范围。无论对于公众公司抑或封闭公司，区分财产类类别股或者控制类类别股，该种类别股适用主体扩张的趋势概莫能外。当然，鉴于国有企业混合所有制改革的推进，既有国企数量将在市场化的过程中逐渐消减，因此，否决权股中的金股适用主体范围，无论就发行公司国有企业而言，抑或就持有者政府而言，其适用主体范围将呈现日渐收缩的例外趋势。

三、我国类别股适用的组合实例

理论上对类别股类型化建构的完善，并不意味着收获我国公司资本制度革新的实效。从类别股实践运用的视角看，借由奠基公司股权结构的传统普通股之外的单项特定类别股，即便其权利构造精致创新，亦难以独自撑起微观层面普遍性地优化公司股权结构，以及宏观层面运用类别股回应本土改革社会需要的目标。置于国情背景、遵照适用个案而优化调整的类别股组合运用，始能发挥调节资源配置的最大效益。如此，典型地呈现于区分情形、划分阶段搭配类别股运用的不同方案，用于国有企业股权结构的混合所有制改革。以下着重剖析类别股用于国有企业混合所有制改革的组合运用实例，以期体悟类别股搭配组合实例之践行过程及运用功效。

在我国的经济社会发展中，国有控股公司占据重要地位。早在1997年，党的十五大即首次提出"混合所有制经济"的概念，随即开启了国有企业的公司化改造。二十余年过去，经济改革早已突破公有制经济一统天下的格局。然而，即便历经股权分置改革，仍未能根本撼动国有普通股高度集中的股权结构常态。国有企业中高密度的国有资本占比境况，乃国有资产监督管理机构以股东身份处理与所出资企业关系中折射的职能定位模糊、紊乱等问题之背景原因。[①] 国有资本出资人作为政府特设的出资机构，应按资本运作规则，而非行政规则运行国有资本。然而在实践中，历年来各级国资委始终处于履行出资人职责的"推力"，与行使行政监管职能"张力"的挤压之中，在两种角色之间摇摆不定。[②] 浓郁行政色彩下的政企不分及产权主体虚置下的内部人控制，剥夺了其他资本对企业的可能影响力，阻遏了市场制衡机制之发挥，限缩了国企股份流动的空间，导致公司治理效率偏低，国有企业在经营中迷失方向。

改革进入深水区，为充分激发市场参与的活力，积极引入非国有资本，助力国有企业成为真正独立的市场主体，同时切实保护混合所有制企业各类出资人的产权权益。2013年11月，党的十八届三中全会释放了新一轮国有企业市场化改革的强烈信号，重启国有企业二次混合所有制改革的序幕。积极发展混合所有制经济，尤其是突破国有

[①] 刘震伟主编：《挑战 责任 途径：深化国资国企改革的创新与战略》，上海远东出版社2010年版，第38页。

[②] 黄来纪、陈学军主编：《中德进一步完善公司法比较研究》，中国民主法制出版社2013年版，第203页。

股独享公司控制权的格局，从而有效抑制政府在资源配置中的决定性作用势在必行。[①]

2015年8月24日，中共中央、国务院印发了新时期指导并推进我国国有企业改革的纲领性文件《关于深化国有企业改革的指导意见》。该文件第五部分"发展混合所有制经济"中明确提出"推进国有企业混合所有制改革"的政策要求。旋即于次月，国务院出台《关于国有企业发展混合所有制经济的意见》。两份重量级文件同样强调"允许将部分国有资本转化为优先股，在少数特定领域探索建立国家特殊管理股制度"。至此，将类别股用于推动国有企业混合所有制改革的纵深发展颇受关注。

综观世界各资本市场，国有独资企业呈渐少之势，国有参股企业则愈多。而在国有参股企业之中，通过股份回购、股权转让、转换为优先股和定向增发股份等方式，国有资本的比例逐降。换而言之，在各资本市场，国有股正在发生或已经完成普遍地减持。那么，我国的类别股制度实践究竟如何安排，始能优化公司股权结构、实现国有股在资本市场的逐步减持，从而在提升国有企业竞争力并改善公司治理的同时提高国有资本的运行效率呢？

（一）国有企业股权结构改造路径一：运用优先股

就国企股权结构改造而言，学界的一种主流观点是施行优先股制度，以实现现代企业制度的完善。国务院于2013年底出台了《关于开展优先股试点的指导意见》，证监会随之于次年3月颁布《优先股试点管理办法》，为国企混合所有制改革中运用优先股引入民间资本提供了制度支持。

[①] 顾功耘：《论国资国企深化改革的政策目标与法治走向》，《政治与法律》2014年第11期，第83页。

区分优先股的股份来源，可分为"存量"和"增量"两种基本路径。一为将现有存量股份的一部分转化为优先股，二为新发行增量的优先股。如何调整存量股权、布局增量股权？在我国当前的资本市场环境下，适用方式二，势必因扩大的股份规模而对市场产生流动性压力，不利于资本市场的稳定运行。故宜优选方式一，充分盘活存量国有资产以优化资源配置，令民间资本得以参与改革国企的市场化配置，切实分享本轮国企改革所释放的红利。当然，于国有股东需稳固控制权的情形，也可考虑于上市首发、增发和配股中，对公众股东发行一定量的优先股。根据优先股持股主体的不同，又可形成两套相异方案。方案一力主将国有股部分或全部转换为优先股[1]，方案二则由公众持有优先股。发行无表决权优先股无论对于国有股东或后续投资股东而言，总体利处诸多。

将一定比例的国有普通股置换为优先股，尤其适用于国有资本对公司控制权不存在强烈需求，而更倾向于实现国有资产保值增值的经济利益，同时释放企业自治活力的情形。首先，国有投资方限制甚而放弃其经营管理决策权，减少国家对公司日常经营之不当干预。此举可激励非国有资本参与公司治理，将公司的经营自主权落到实处，助力原国有企业成为真正独立的市场主体，而非政府机构的附属物。优先股将表决权与股份分离，调整公司控制结构，使国家从不擅长且无力顾及的公司经营决策中抽离，实现政企分离，提升国有企业的竞争力。

其次，提高国有资本保值增值的能力。国有股转为优先股，利用其剩余财产优先分配权以确保国有资产的保值，有效扩大国家实现宏观经济目标时的可用资源。[2] 此外，国有资本由原先持有普通股获得

---

[1] 郭富青：《股份公司设置特别股的法律透视》，《河北法学》2002 年第 5 期，第 64 页。
[2] 初玉岗、夏振坤：《论国家所有权优先股权化的创新价值》，《经济评论》2002 年第 5 期，第 54 页。

的不确定收益，变为在盈余分配方面具有优先性和稳定性的股息收益，在保障国有资产投资回报的基础上不断实现价值创造。再次，优先股较普通股具有稳定收益与优先偿还的特点，因此可防范国企失去垄断地位后股价下跌、公司破产等风险，从而降低国家在企业中承担的风险。渐次，从证券市场整体来看，发行优先股可以市场化的方式，为亟待强化分红氛围的中国企业做出范例标杆，尤其可缓解国有控股上市公司分红率偏低的问题。

实践中，将国有普通股转变为优先股，面临转换比例何如的技术问题。理论上可将国有普通股悉数转为优先股。但是，首先应当遵循相关法律中关于优先股发行比例的限定。譬如，日本《商法典》第242条第（3）项规定，优先股的股份总数，不得超过已发行股份总数的三分之一。我国证监会颁布的《优先股管理》第23条亦有"上市公司已发行的优先股不得超过公司普通股股份总数的百分之五十，且筹资金额不得超过发行前净资产的百分之五十"的限制。其次，建议根据具体个案中国有股东对控制地位的不同需求，如绝对控股、相对控股和放弃控股等，来决定原有国有股转换为优先股的力度。

向社会资本发行优先股以践行混合所有制经济，在拓宽国有企业融资渠道的同时，不对既有公司控制权格局产生影响。并且，国企资本的社会化，意味着将有利的投资与盈利机会分配给公众投资者。此外，鉴于常见优先股不含表决权和无以参与公司经营管理的特质，对外国资本发行优先股，在国有企业混合所有制改革初期尤为适合：既可为外资进入中国市场提供良好渠道，也可防止国内企业被外资垄断。

运用优先股对国有企业股权结构进行改革的法律设计，涉及优先股细分种类的抉择。如何选择合适的优先股种类？尽管由于公司个案情形迥异，国有企业股权结构改造过程中适用的优先股种类不宜由法律统一规定，但仍应有其基本倾向。应将原处于控股地位的国有股原则界定为在股东大会上无表决权、但在公司利润和剩余财产分配上享有累积优先权的股份。① 此外，鉴于非固定股息、参与性、可转换的优先股将给政府干涉企业经营留有余地，有违国有股转换为优先股的制度设计初衷，因此，宜将国有优先股设定为不可转换、非参与、固定股息的类别股份。而向民间资本发行的优先股，则可设定为固定股息、累积、不可转换的优先股。

至于国有企业混合所有制改革中优先股的最高限额和比例设置，则无论是国有股新置换的优先股，抑或向民间资本新发的优先股，甚或两者发行之总和，应通用将来《公司法》层面对特定类别股发行比例的限制。目前，对于国有上市公司，适用证监会发布的《优先股试点管理办法》第二十三条中两项"百分之五十"的约束。②

（二）国有企业股权结构改造路径二：运用金股

改变国资垄断的局面是一项系统性设计，单纯依仗优先股无法为问题提供终极解决方案。金股制度作为国有企业股权改造的另一积极举措，受众力推。在谈及国有企业改革措施时，王保树教授早已倡议，在那些涉及国计民生的少数企业中保留国家股少数股份，并以法律的形式赋予国家股以特别股的绝对表决权股的地位，即所谓黄金股的地位。③

金股赋予政府对新近私有化的公司以特别控制权，最早起源于20世纪80年代英国国有企业的私有化改革实践。英国政府为防止对一些关系国家命脉和重要行业的企业，在改革后对企业失去控制而启用金股。金股在英国的成功运行，使得世界范围内的国企改革进程广泛仿

---

① 刘俊海：《全面推进国有企业公司治理体系和治理能力现代化的思考与建议》，《法学论坛》2014年第2期，第55页。
② 《优先股试点管理办法》第二十三条：上市公司已发行的优先股不得超过公司普通股股份总数的百分之五十，且筹资金额不得超过发行前净资产的百分之五十，已回购、转换的优先股不纳入计算。
③ 王保树：《完善国有企业改革措施的法理念》，《中国法学》2000年第2期，第26页。

效该项机制，譬如在亚洲、拉丁美洲及欧洲其他国家。法国私有化过程运用金股达到保护国防、能源、公共运输、媒体等领域国家利益的目的。意大利法要求在国防、运输、电信、能源及其他公共服务领域运行公司的公司章程中包含金股条款，授予财政部特殊权力。由于金股的重大策略意义，它同样被土耳其、以色列、马来西亚、巴西、新西兰等国家用于航空公司、船舶公司、石油公司等企业的私有化过程。俄罗斯自 1994 年始，亦在 125 家混合所有制公司中向政府发行金股。[①]

持有金股的政府仅用极少量股份即控制了公司的重大经营决策，但并不参与公司的日常经营决策。投资者事前表决权的比例增加，提升了对企业重大决策的影响力，这使得该阶段对控制力仍有需求的政府，找到了维持控制力同时，将对企业市场化运作的干涉降到最低点的方式。尽管金股的权利设置并无固定模式，因国而异且因个案企业情形具体确定，但仍可抽象出一定共性。1993 年法国私有化法中关于金股的规定可供借鉴：其一，任何个人或一致行为团体持有某一私有化公司超过特定界限的股票或表决权，应获财政部长的批准。其二，持有金股的政府有权安排两位无投票权的代表进入董事会。其三，若某项交易负面地影响了国家利益，政府有权反对任何售卖或处置公司资产的行为。如果某人购买了违反上述任何一条限制的股票，则将失去超过设定门槛的投票权，并被迫在三个月内出售股票。[②] 还可参酌欧洲法院（European Court of Justice，ECJ）裁决批准的比利时金股模式，即金股权利有严格的时间限制，其事后否决权限于特定决策事项，最

[①] Andrei A. Baev, "Is there a Niche for the State in Corporate Governance? Securitization of State-owned Enterprises and New Forms of State Ownership," *Houston Journal of International Law*, 1995, vol. 18, pp. 20-22.

[②] James A. Fanto, "The Transformation of French Corporate Governance and United States Institutional Investors," *Brooklyn Journal of International Law*, vol. 21, 1995, p. 57.

大程度限制了政府干预公司的决策自主权。并结合我国对金股制度已有探索,江西萍乡钢铁有限责任公司在改制后省政府持一股金股,广东增城市政府在原国有港口公司向民间出让产权时保留了1%的国有股权,景德镇华意电气总公司、哈尔滨中庆燃气有限责任公司等运用"国有金股"的实践,由此提炼出"比例原则"在金股制定中的标杆作用。此系欧洲法院就金股之效力判定运用的核心准则,包括必要性、相称性及适宜性三项要件,同样可用于我国在设计金股权利运作界线时所用。

探索设计我国国有股东运用"金股"的机制,首先,就适用领域,金股比较适合混合所有制改革过程中,关系国家安全、公共服务及经济命脉行业的国有企业。其次,金股的持有主体常为政府或其授权部门,通常只有象征性的一股。其权利内容赋予政府对改革后企业特定关键事项的"一票否决权",以保证政府对该阶段国企的控制力。这种赋权同时具有极强的权力约束效果,由于不享有普通股份的表决权,政府无权干预企业的日常经营活动,企业享有足够的决策自主权。再次,金股的特殊权利行使的不确定性,一定程度上削弱了普通股股东的权利,或产生普通股股价折损的效果。如果未对金股的权利设置精心考量,占比极微的金股就可能给予政府无边无际、不受限制的权力,阻碍企业正常运作,这将会严重打击投资者的热情,影响市场的信心。因此,为制约政府权力以保障正常经营决策权不受干预,应对金股可予行使否决权范围内的特定事项作出明确限定,通常限于公司管理层变更、资产处置或导致控制权变更的股权转让等。渐次,至于持有期限,设置金股多为临时性过渡措施,到期或随形势变化,政府可灵活撤销金股。

金股的运用,对国企"松绑"意义非凡。金股附着的事后否决权,既使得国家保留对关键事项的战略控制权,得以监督国企私有化后既定方针的执行,又不影响企业的日常经营决策。对于日常行政管理,国家股东也无须再事事躬亲，促进国有控股公司经营活动的市场化。

（三）区分国有企业种类的股权结构优化

运用类别股组合实例对国有企业股权结构的优化设计，以清晰解决两项问题为前置条件：一为关乎混合所有制改革目标实现的国有企业控制权分配是否需要国家控股？若答案肯定，则为达到控股地位的合理持股比例如何？二是国有资本对应的国家股权配置行使何如？中共中央、国务院于 2015 年 8 月 24 日发布的《关于深化国有企业改革的指导意见》，提供了"根据不同企业的功能定位，逐步调整国有股权比例"的改革思路。由此，宜根据当前国有企业所处行业差异及功能定位，来界分国家股东对控制权的青睐及掌控程度。

其实，党的十五届四中全会即已提出：对关系国民经济命脉的重要行业及关键领域，国有经济须占据支配地位。对于充分竞争的领域，国有经济则宜逐步退出。顺延这种调整国有经济战略布局的设想，借鉴国际上将企业区分为公共企业与商事企业的通行做法，根据企业承载功能的殊异，将国有企业分为提供公共服务或产品的公共企业，以及在市场上参与竞争、提供私人服务或商品的商事企业。[1] 前者在本质上就是政府职能的延伸，国家出于该类国有企业于维护公共利益方面的特殊作用，如关系国家稳定安全、环境保护等具有公共性和政策性的特殊目标，须由国有资本对企业的重大经营决策享有一定的主导、控制或影响权限。后者主要在市场竞争性领域进行投资经营，政府不干预企业的日常经营管理。[2] 梳理这种国企类型区分下的控制权分配状态：公共性国有企业具有由国有资本绝对或相对控制的重要需求，以

---

[1] 顾功耘：《论国资国企深化改革的政策目标与法治走向》，《政治与法律》2014 年第 11 期，第 86 页。

[2] 顾功耘、胡改蓉：《国企改革的政府定位及制度重构》，《现代法学》2014 年第 3 期，第 83 页。

实现服务于国家战略性发展或大众福利提升等政策性、公共性职能。商事类国有企业则应以市场资源优化配置为主，控制权问题交由市场决定。国有资本的运用更重于在充分市场化条件下实现保值增值，而不强求国有资本的控制、主导作用，也无须特别关注国有股权的占有比例。总之，国有企业运用类别股权融资工具引入民间资本、实现混合所有制改革，应根据其产业功能、行业特征等作进一步细分，采取分类型、分步骤的方案。

1. 对公共性国有企业的股权结构优化

十八届三中全会作出的《中共中央关于全面深化改革若干重大问题的决定》指出，"国有资本加大对公益性企业的投入，在提供公共服务方面做出更大贡献"及"国有资本投资运营要服务于国家战略目标，更多投向关系国家安全、国民经济命脉的重要行业和关键领域"。因此，在关乎国计民生且非国有资本无力涉足，或因无利可图致民营资本涉入动力不足的领域，以及投资巨额但回收周期漫长的领域，关涉国家长远发展的特殊领域，社会经济的稳定发展客观上需要国有资本继续"驻守"，担起"保障经济安全，提供公共产品或服务，兼顾掌控经济命脉"的职责。这些领域的企业具体类型，主要包括关系国家安全和经济命脉，以及前瞻性、战略导向性的重点国有企业，其运行价值导向将公平与安全置于效率之前。在中短期的混合所有制改革实践中，国有资本应当保留对这些企业的控制权限，以把握企业的总体经营方向。那么，如何运用类别股对"国有公共企业"进行混合所有制改革，实现保障国有资本控制权的同时，亦维护其他资本所有者的权益？

国家对公共企业保持长久控制权的需求，不宜通过国家持有金股实现。尽管金股以小份额股权撬动不成比例的控制权，具有精简成本的优势，但是金股一般存在限定的使用期限，且其赋予政府的控制权，在控制力上远逊色于表决权累积而得的绝对控制权。在资本多数决原则下，国家掌控公司控制权的传统方式，系投入较多的国有资本，通过绝对控股或国有独资的方式获取足以掌控公司控制权的表决权。

实际上，由表决权控制以实现国家控制力的内核，可提炼出两条更为直观的路径，以优化国有企业的股权结构：

其一，社会资本可以认购优先股的股权融资方式支持该类企业的发展。此时股本扩张却并不稀释国有股东的表决权，可确保国有控制力不变，同时确保外部投资的资产获得市场化的回报收益。譬如，针对大型基础设施建设宜由国家控制的特点来设计类别股融资方案。如果仅依赖普通股融资，由全体投资者共担风险且缺乏投资回报的保障，民间资本将鲜有参与热情。如果采用银行贷款或发行债券的方式融资，公司往往面临巨大的还本付息压力，甚至于深陷债务泥潭。若将不那么迫切注重投资回报的国有财政投资以普通股方式投入作先导，由国家掌控项目的控制权，同时先期承担投资风险，继而带动社会资本以优先股形态投资，则为更佳方式。

其二，采取两类表决权差异的类别股构成的双层股权结构，实现国家在改革国企中的特殊控制权。具体方式可将国有标准普通股改造为超级表决权股，社会资本则持有标准普通股。运用双层股权结构突破投票权与财产利益等比配置之格局，能够在减持国有股而调整公司股权结构的同时，维持国有资本对公司控制权的既有优势，兼顾"放大国有资本功能、扩增国家用于经济建设的可调配资源"的政策性目标，以及"增强国有经济活力、提升国有企业市场竞争力"的经营性目标。当然，若在新一轮的国有企业混合所有制改革中不当运用双层股权结构，将使国家对企业拥有杠杆放大的渗透力，非国有资本方将面临更新的国有股权"一股独大"隐患带来的更为严重的盘剥问题。故而，应对国企改革适用双层股权结构的情形进行一定程度的法律限制。首先，须严格划定其适用范围。鉴于公共利益乃国有股东享有复数表决权之正当性基础，那么定性为超级表决权股的国有股之创设，理应限于公共利益需要的范围之内。具体言之，应重点适用于肩负公共安全、公共利益，提供公共服务，政策性需求特别关注的公益性及功能性国有企业。其次，明确国有股改造为复数表决权股的具体时间，表决权上限限制，超级表决权股转让受到的限制，以及对表决权权利内容的限制等。

对公共企业股权优化的上述两条建议路径，可概括为国有普通股独占、绝对或相对控股与其他股东持有优先股的组合，以及持有超级表决权股的国有股东与非国有股东构成双层股权结构的组合。这两条路径均弱化了国家与企业间建立的资本联系程度作为判断国家控制力的僵化标准。只要国家能够凭借其拥有的投票权对企业的生产经营发挥支配性影响，国有股股东即实现了对该企业的控制。[1] 当然，国有股股东稳固控制权的另一面，应当强化对混合所有制企业各类出资人，尤其是公众类别股股东的多重法律保护机制，以防范设置初衷良性的优先股或双层股权运用，沦为控制方盘剥公众股东利益、肆意操纵市场的工具。

2. 对商事类国有企业的股权结构优化

在竞争性领域的国有企业改革进程中，政府应充分尊重企业的自治，而非国有经济成分特别是民营经济以其富有活力的经营机制和明晰的产权特征，极适合进入竞争性行业。[2] 随着改革的推进，除特殊情况之外，应当采取市场化的方式，令国有资本在竞争性领域逐步退出，从而调整国有资本的结构及布局，为各种经济成分的充分竞争提供平台。尤其应当强调国有资本从市场竞争劣势的企业中退出，以此整体提升国有资产的质量及国有经济的效益。解决国有企业持有比例过高的股份减持或转换，应兼顾股份流通性及国有资产保值增值的目标。

---

[1] 冯果、杨梦：《国企二次改革与双层股权结构的运用》，《法律科学》2014年第6期，第151—156页。

[2] 颜蕾、朱秋白：《国有股减持的制度经济问题探析》，《财经问题研究》2003年第8期，第41页。

是原则上将国家股权界定为无表决权的优先股，或仅将部分国有普通股置换为优先股①，抑或对国家发行金股？其他资本的股权参与形式又何如？允洽的对策要求精心设计积极稳妥的步骤，而非贸然施行国有企业的整体转让或国有股的全面减持，故应在各阶段适用合乎时宜的各种性质的股权。

　　平稳减持国有股的第一步，在国有普通股部分转化为国有优先股的同时，须引入作为普通股股东的新的资本所有者。同时，为避免突变式改革对资本市场带来的巨大冲击，宜保留部分国有普通股，待条件成熟再逐步继续减持国有股。将部分国有股转化为优先股，可在限制国有股表决权同时保障国有股东的收益。普通股转售新的投资者，使国有资产变现回笼政府手中，避免了国有资产的经营风险。在这种股权结构下，国家的股东管理权被弱化，其他股东对决策机制、人事遴选的表决权增加，有利于促进投资者认股的积极性。此阶段股权结构的优化目标为：国有普通股控股比例下降，结合部分转化的国有优先股，兼引入部分其他资本持有的普通股。

　　鉴于不少民营企业家担忧民间资本参入国有企业缺少足够的控股权和话语权，在国有控股股东"隧道行为"的侵蚀下，可能投资收益难保。因而，平稳减持国有股的第二步，须强调非公有资本入股后获取公司治理中的足够话语权并发挥积极作用。否则，混合所有制将实际上成为点缀，有其名而无其实。②然而，当非国有资本更新、掌控企业经营权，其经营目标存在与国有资本肩负的使命发生冲突的可能。此时，国企混合所有制改革将面临股份多元化与国家对特定企业实施必要控制权的抉择困境。那么，如何在国有股逐步减持的同时继续保有国有资本的必要控制力，在企业自由经营与国家控制间寻求平衡与

---

① 龚博：《以优先股制约国有股控权的制度设计》，《法学》2012年第10期，第72页。
② 王军、林莺：《混合所有制改革中控制股东法律规制研究》，《河北法学》2015年第5期，第29页。

协调？此时，为缓解政府对特定关系国计民生的企业失去基本控制权而损及公众利益的担忧，可启用为国有企业拟制的特别股东制度，即类似于金股的"特殊管理股制度"。

2013 年，十八届三中全会发布《关于全面深化改革若干重大问题的决定》（以下简称《决定》），首先提出了"特殊管理股制度"的概念。[①] 在《决定》的辅导读本中，官方对"特殊管理股制度"作出了明确阐释：设置特殊管理股是通过特殊股权结构设计，使创始人股东（原始股东）在股份制改造和融资过程中得以有效防止恶意收购，并始终保有最大决策权和控制权。具体是将公司股票分为 A 类股和 B 类股两种，二者拥有同等的经营收益权，但创始人股东股票（B 类股）具有特别投票权，包括董事选举和重大公司交易的表决等。该界定下的"特殊管理股"，因包含收益权，类似于双层股权结构中表决权增强的特殊普通股，但其控制类子权利加强部分又仅及于特定事项，因此本质与"针对公司特定事宜的否决权"更为类似，可视为"变式的金股"。

此阶段优先股、金股及普通股之混搭运用三者不可偏废，从而实现公司股权结构中表决权与财产利益合理配置，国有股逐步引退的目的。[②] 这种模式彰显了营利性与公益性的统一，在改活企业同时保障公众利益。投资者将在革新后的公司拥有最大范围的控制力，政府通过优先股获取收益但退出企业日常经营决策，仅在特殊情形下，代表国家就金股权利范围内的特定重大事项行使最终否决权。投资者事前主导、政府事后把关的良性制衡机制由此形成。此阶段混合所有制改革推进至新投资者更新公司控股权，而国有股基本以优先股形态存在，

[①] 《关于全面深化改革若干重大问题的决定》明确提出：对按规定转制的重要国有传媒企业探索实行特殊管理股制度。

[②] 史建平、刘艳妮：《对国有银行股改中的股权结构的缺陷分析及优化模式的探讨》，《中央财经大学学报》2005 年第 10 期，第 24 页。

由此形成保值增值的国有优先股、为保留控制权过渡性持有的国有金股，以及形成控制权的其他资本持有的普通股相组合的股权结构。

基于既往投资经验，若民间资本难以掌控稳固的控股权及发言权的主导地位，出于"羊入虎口"的担忧，民间投资方将对参与国有企业混合所有制改革有所犹豫。万达集团董事长王健林即表示，不取得控股权，不会参与国企改革。娃哈哈董事长宗庆后也表达，对于不能控股的国企，他不会把自己"混"进去。[①]为消解民间投资方的顾虑，激励其积极参与，进而发挥民间资本市场反应快、商业决策灵活、经营机制运行高效等优势，就政府为推动产权结构合理过渡而持有基础产业、资源能源等行业金股的情形，待转型期终结，即宜进入平稳减持国有股的第三步。具言之，政府应择机撤销金股，仅保留优先股，完全放开对国有企业的控制，加快其市场化进程。此外，对于市场化程度较高的竞争性企业，政府不宜持金股介入企业，可由第一步过渡到第三步。此时，国有资产完全退出普通股，至多为保值增值而持有优先股，结合引入持有普通股从而享有控制权的其他资本，彻底实现政企分离。

可视个案选择推进国有股减持的第四步，公司可从每年的税后利润中拿出部分积累逐步赎回优先股，调整股权机构使国有股彻底退出特定国有企业，最终将特定竞争领域的原商事国有企业彻底变为公众公司。

存在国有股减持引发风险的忧虑。有主张认为，国有股的转让，或导致国际垄断资本集团获取公司控制权，进而掌控我国的经济命脉，终而导致我国国有企业、国民经济的"外资化""殖民化"。[②]笔者认

[①] 田野：《混有多难——如何破解混合所有制经济的困境》，http://www.sme.gov.cn/web/assembly/action/browsePage.do?channelID=1217999346746&contentID=1395619910684。（2014-03-24）

[②] 木清：《国企改革：国有股转为优先股非常危险》，http://hlj.china.com/food/green/11156018/20150917/20410422.html。（2015-09-17）

为，引入非国有资本参与国有企业的混合所有制改革，以内资、外资的界分限定投资主体门槛，有悖于自由市场化的精神品格，亦有违"积极引入各类投资者实现股权多元化"的国企混合所有制改革目标之一，同时不利于充分发挥运用类别股进行公司资本结构升级的功效。加之外资作为社会资本的介入，对于优化我国经济的产业结构、规范并发展我国的资本市场、推进国有企业的重组改革具有重要意义，故而原则上应鼓励各类资本参与国有企业混合所有制改革，不应排除境外资本受让国有企业普通股。当然，从提高对外开放水平、实现中外资本对接的角度，对外国资本发行优先股的办法同样可取。此外，可援引外商投资产业指导目录和相关安全审查规定，进行外资安全的审查工作。对于存在渐序开放需求的特定领域，在改革初期，可暂将投资者身份限为"境内投资者"。

（四）结语

国有资本及非国有资本均在新一轮国有企业市场化改革的产权配置中寻求最允洽的位置。当前，应着重发展混合所有制经济，以撼动国有普通股高度集中的股权结构常态，实现国有资本与社会资本的融合。本轮国有经济战略性调整的精髓，在于明晰国有资本应当有进有退。就适宜、需要国有经济支持的行业部门，国有资本应当进入并扩张。对于不适宜国有经济发展的行业部门，国有经济应当主动退出。国家降低股权集中度、减少持股数量、推进股权多元化，始能继续深化政企分开、政资分开的改革，减少政府对企业的直接管控，为公司法人治理结构的规范运作创造基本条件。减少了行政干预，国有企业独立性增强，政府将转向"以管资本为主"的转变，有助于国有企业按市场规律自主进退。此外，利用回收部分国有股的资金，国家可借此进入新的需求领域，进而调整国有企业的布局结构。

存在两条国有企业股权结构革新的主流思路，助力国有资本对国企不同程度控制权需求的事项，并引入社会资本以达至国有资本淡出或国有股减持的目标：其一，利用优先股以实现国有资产的保值增值，可进一步细分为将国有普通股转化为优先股及向民间资本发行优先股两类。其二，运用黄金股以增强国家对经济命脉的控制力。国有企业金股制度改革，使政府利用"一股金股"掌控公司治理命脉，在实现国家对国企控制同时激发了国企的活力，效果颇佳而成本较低。

化解国有股占比过高现状的混合所有制深化改革，旨在通过国有股在资本市场的逐步减持，实现提高国有企业竞争力、国有资本保值增值及惠及社会资本参与方等多重目标。应贯彻因地施策、因业施策、因企施策的方针，区分国有企业的类型分而治之，而不宜锁定任何一种单一模式。对于需要国家持续控股的政策性出资、关系国计民生重要领域的公共性国有企业，在引进外部资本同时，应谨慎地捍卫国有股东的表决权优势，从而避免降低国有资产对重大经济生活的影响力。由此，政府可运用社会资本认购优先股的股权融资、国家股东持有双层股权结构中的超级表决权股两种方式，实现保持稳定控制权的目标。对于竞争性领域的国有企业，无须国有资本占据控股地位，可施行有步骤地平稳退出，在不同阶段混合搭配运用普通股、优先股及金股。从法律关系的调整角度看，运用类别股推进国有企业的混合所有制改革，制度设计本质在于处理数类资本方所持类别股之间的关系，体现利益衡平原则，并兼顾公平与效率价值。

产权结构改革作为国企改革的重点领域之一，股权多元化及市场化的方向不能改变。为妥善处理国有股的退出及流通问题，保障混合所有制企业的自主经营权而提出的区分国有企业种类的股权改革方案，提供了对应情形下预设的差别化混合所有制改革方案，但并不限制企业实际"因案而异"的自主发展优化变通操作，设计多元化的公司资本结构改革发展模式，以完成将由政府垄断的国有企业转向在市场上自由搏击的股份公司之重构。

参考文献

一、中文参考文献

（一）著作

1.《德国商事公司法》，胡晓静、杨代雄译，北京：法律出版社，2014年。

2. 阿道夫·A.伯利、加德纳·C.米恩斯：《现代公司与私有财产》，甘华鸣、罗锐韧、蔡如海译，北京：商务印书馆，2007年。

3. 艾利斯·费伦：《公司金融法律原理》，罗培新译，北京：北京大学出版社，2012年。

4. 薄守省主编：《美国公司法判例译评》，北京：对外经济贸易大学出版社，2008年。

5. 保罗·戴维斯：《英国公司法精要》，樊云慧译，北京：法律出版社，2007年。

6. 北京市大成律师事务所、北京市律师协会风险投资委员会编译：《美国风险投资示范合同》，北京：法律出版社，2006年。

7. 布莱恩·R.柴芬斯：《公司法：理论、结构和运作》，林华伟译，北京：法律出版社，2001年。

8. 蔡立东：《公司自治论》，北京：北京大学出版社，2006年。

9. 曹立：《权力的平衡——优先股与公司制度创新》，北京：中国财政经济出版社，2014 年。

10. 曹兴权：《公司法的现代化：方法与制度》，北京：法律出版社，2007 年。

11. 陈本寒：《商法新论》，武汉：武汉大学出版社，2014 年。

12. 崔文玉：《日本公司法精要》，北京：法律出版社，2014 年。

13. 大冢久雄：《股份公司发展史论》，胡企林等译，北京：人民大学出版社，2002 年。

14. 丹尼斯·吉南：《公司法》，朱羿锟译，北京：法律出版社，2005 年。

15. 邓峰：《普通公司法》，北京：中国人民大学出版社，2009 年。

16. 范建、王建文：《商法的价值、源流及本体》，北京：中国人民大学出版社，2007 年。

17. 范健、王建文：《公司法》，北京：法律出版社，2015 年。

18. 范世乾：《控制股东滥用控制权行为的法律规制：中国公司法相关制度的构建》，北京：法律出版社，2010 年。

19. 弗兰克·伊斯特布鲁克：《公司法的经济结构》，罗培新、张建伟译，北京：北京大学出版社，2014 年。

20. 甘培忠、王冬梅：《非上市股份公司运营与治理法律制度研究》，北京：法律出版社，2012 年。

21. 甘培忠：《企业与公司法学》，北京：北京大学出版社，2014 年。

22. 高桥英治：《企业集团与少数股东的保护》，崔文玉译，北京：北京大学出版社，2014 年。

23. 高旭军编著：《德国公司法典型判例 15 则评析》，南京：南京大学出版社，2011 年。

24. 格茨·怀克、克里斯蒂娜·温德比西勒等：《德国公司法》，殷盛译，北京：法律出版社，2010 年。

25. 葛伟军：《英国公司法要义》，北京：法律出版社，2014 年。

26. 葛伟军：《英国公司法原理与判例》，北京：中国法制出版社，2007年。

27. 顾功耘主编：《社会公众股股东权益保护》，北京：北京大学出版社，2009年。

28. 郭勤贵：《股权众筹：创业融资模式颠覆与重构》，北京：机械工业出版社，2015年。

29. 郭晓文、刘晓春主编：《中国股权投资与公司治理》，北京：对外经贸大学出版社，2014年。

30. 国家发展和改革委员会财政金融司：《中国创业投资行业发展报告2014》，北京：中国计划出版社，2014年。

31. 哈耶克：《自由秩序原理》，樊云慧译，北京：法律出版社，2007年。

32. 韩慧博：《上市公司股权融资：现状、问题与展望》，北京：经济日报出版社，2014年。

33. 何美欢：《公众公司及其股权证券》，北京：北京大学出版社，1999年。

34. 贺少锋：《公司法强制性规范研究》，厦门：厦门大学出版社，2010年。

35. 侯东德：《股东权的契约解释》，北京：中国检察出版社，2009年。

36. 胡田野：《公司法任意性与强行性规范研究》，北京：法律出版社，2012年。

37. 黄来纪、陈学军主编：《中德进一步完善公司法比较研究》，北京：中国民主法制出版社，2013年。

38. 黄铭杰：《公司治理与资本市场法制之落实与革新》，北京：清华大学出版社，2013年。

39. 蒋大兴：《公司法的观念与解释》，北京：法律出版社，2009年。

40. 蒋大兴：《公司法的展开与评判 —— 方法·判例·制度》，北京：法律出版社，2001年。

41. 卡纳里斯：《德国商法》，杨继译，北京：法律出版社，2006年。

42. 莱纳·克拉克曼，亨利·汉斯曼等：《公司法剖析：比较与功能的视角》，罗培新译，北京：北京大学出版社，2012年。

43. 劳伦斯·M.佛里德曼：《美国法律史》，苏彦新等译，北京：法律出版社，2007年。

44. 勒纳、利蒙、哈迪蒙：《风险投资、私募股权与创业融资》，路跃兵、刘晋译，北京：清华大学出版社，2015年。

45. 冷铁勋：《澳门公司法论》，北京：社会科学文献出版社，2012年。

46. 李建伟：《公司资本制度的新发展》，北京：中国政法大学出版社，2015年。

47. 李莘：《美国公司融资法案例选评》，北京：对外经济贸易大学出版社，2006年。

48. 李寿双：《中国式私募股权投资 —— 基于中国法的本土化路径》，北京：北京大学出版社，2008年。

49. 李维安：《公司治理学》，北京：高等教育出版社，2016年。

50. 李燕、杨淦：《比较民商法》，武汉：华中科技大学出版社，2014年。

51. 李雨龙、陈景云主编：《投资并购经典案例法律评析》，北京：法律出版社，2008年。

52. 梁上上：《利益冲突衡量论》，北京：法律出版社，2013年。

53. 廖大颖：《公司法原论》，台北：三民书局，2009年。

54. 刘俊海：《现代公司法》，北京：法律出版社，2015年。

55. 刘连煜：《现代公司法》，台北：新学林出版股份有限公司，2007年。

56. 罗伯特·C.克拉克：《公司法则》，胡平译，北京：中国工商出版社，1999年。

57. 罗伯特·W.汉密尔顿：《美国公司法》，齐东祥等译，北京：法律出版社，2008年。

58. 罗结珍：《法国公司法典》，北京：中国法制出版社，2007年。

59. 罗培新：《公司法的法律经济学研究》，北京：北京大学出版社，2008年。

60. 罗培新：《公司法的合同解释》，北京：北京大学出版社，2004年。

61. 马永斌：《公司治理之道：控制权争夺与股权激励》，北京：清华大学出版社，2013年。

62. 苗壮：《美国公司法：制度与判例》，北京：法律出版社，2007年。

63. 前田庸：《公司法入门》，王作全译，北京：北京大学出版社，2012年。

64. 乔迪·S.克劳斯、史蒂文·D.沃特主编：《公司法和商法的法理基础》，金海军译，北京：北京大学出版社，2005年。

65. 乔治·G.弗莱彻、史蒂夫·谢泼德：《美国法律基础解读》，李燕译，北京：法律出版社，2008年。

66. 森田章：《公开公司法论》，黄晓林编译，北京：中国政法大学出版社，2012年。

67. 沈四宝编译：《美国标准公司法》，北京：法律出版社，2006年。

68. 施天涛：《公司法论》，北京：法律出版社，2014年。

69. 石慧荣：《公司法》，武汉：华中科技大学出版社，2014年。

70. 石育斌：《中国私募股权融资与创业板上市实务操作指南》，北京：法律出版社，2009年。

71. 斯蒂文·G.米德玛编：《科斯经济学：法与经济学和新制度经

济学》，罗君丽、李井奎、茹玉骢译，北京：格致出版社，2010 年。

72. 宋智慧：《资本多数决：异化与回归》，北京：中国社会科学出版社，2011 年。

73. 汤欣：《公司治理与资本市场法制》，北京：法律出版社，2015 年。

74. 汤欣：《控制股东规制比较研究》，北京：法律出版社，2006 年。

75. 托马斯·莱赛尔、吕迪格·法伊尔：《德国资合公司法》，高旭军、单晓光、刘晓海译，北京：法律出版社，2005 年。

76. 汪世虎：《商法管见》，北京：法律出版社，2009 年。

77. 王保树主编：《最新日本公司法》，北京：法律出版社，2006 年。

78. 王毓莹：《公司章程自治研究》，北京：法律出版社，2013 年。

79. 王月、刘倚源：《冲突与衡平》，北京：人民出版社，2013 年。

80. 习龙生：《控制股东的义务和责任研究》，北京：法律出版社，2006 年。

81. 席尔瓦等：《股利政策与公司治理》，罗培新译，北京：北京大学出版社，2008 年。

82. 徐菁：《公司法的边界》，北京：对外经济贸易大学出版社，2006 年。

83. 杨署东：《中美股东权益救济制度比较研究》，北京：知识产权出版社，2011 年。

84. 虞政平编译：《美国公司法规精选》，北京：商务印书馆，2004 年。

85. 赵金龙：《股东民主论》，北京：人民出版社，2013 年。

86. 赵万一：《公司·商人·经济人》，北京：法律出版社，2013 年。

87. 赵旭东、宋晓明主编：《公司法评论》，北京：人民法院出版社，2013 年。

88. 赵旭东：《公司法》，北京：中国政法大学出版社，2013 年。

89. 郑燦亨：《韩国公司法》，崔文玉译，上海：上海大学出版社，2011年。

90. 朱慈蕴：《公司法原论》，北京：清华大学出版社，2011年。

91. 朱慈蕴：《全球化与本土化互动中的公司制度演进》，北京：法律出版社，2015年。

92. 卓泽渊：《法的价值论》，北京：法律出版社，2006年。

（二）论文

93. 爱森伯格：《公司法的结构》，张开平译，载王保树主编：《商事法论集》第18、19合卷，北京：法律出版社，2010年。

94. 布井千博、朱大明：《论日本法中的公司种类股与风险金融》，载王保树主编：《商事法论集》第18、19合卷，北京：法律出版社，2010年。

95. 蔡元庆：《对我国公司分类模式的思考——从法律适用的视角》，载王保树主编：《商事法论集》第21卷，北京：法律出版社，2012年。

96. 曹兴权：《论异议股东股份回购请求权》，《商业经济与管理》2008年第9期。

97. 曹兴权：《认真对待商法的强制性：多维视角的诠释》，《甘肃政法学院学报》2004年第10期。

98. 陈若英：《论双层股权结构的公司实践及制度配套——兼论我国的监管应对》，《证券市场导报》2014年第3期。

99. 陈孝兵：《论企业的经济自由及其限度》，《江淮论坛》2005年第5期。

100. 邓辉：《论公司法中的国家强制》，中国政法大学博士学位论文，2003年。

101. 董新义：《韩国新商法中的种类股制度及借鉴》，《证券市场导报》2014 年第 4 期。

102. 段宏磊、刘大洪：《混合所有制改革与市场经济法律体系的完善》，《学习与实践》2015 年第 5 期。

103. 方嘉麟、林郁馨：《CEM 之经济分析与管制模式——港台引进复数表决权股之介绍》，载清华大学商法研究中心编：《21 世纪商法论坛第十五届国际学术研讨会论文集》，2015 年。

104. 冯果、李安安：《金融创新视域下公司治理理论的法律重释》，《法制与社会发展》2013 年第 6 期。

105. 冯果、杨梦：《国企二次改革与双层股权结构的运用》，《法律科学》2014 年第 6 期。

106. 冯威：《优先股市场实践与理论定位的背离及其制度完善》，《清华法律评论》2015 年第 2 期。

107. 甘培忠：《国有股减持中的政府与市场——国有股减持困境的经济法分析》，《法学家》2002 年第 4 期。

108. 高菲、周林彬：《上市公司双层股权结构与投资者权利保护》，载清华大学商法研究中心编：《21 世纪商法论坛第十五届国际学术研讨会论文集》，2015 年。

109. 高永深：《论异议股东股份回购请求权》，《河北法学》2008 年第 4 期。

110. 葛伟军、白帆：《论异议股东股权回购请求权之行使障碍及对策——对我国〈公司法〉第 75 条的评析》，《证券法苑》2012 年第 6 期。

111. 葛伟军：《论类别股和类别权》，载王保树主编：《商事法论集》第 21 卷，北京：法律出版社，2012 年。

112. 龚博：《以优先股制约国有股控权的制度设计》，《法学》2012 年第 10 期。

113. 顾功耘：《论国资国企深化改革的政策目标与法治走向》，《政治与法律》2014 年第 11 期。

114. 关璐：《我国公司优先股的规则构建》，《甘肃社会科学》2014年第4期。

115. 官欣荣：《国企混改中引入优先股的"定制"思考：基于利益平衡的视角》，载清华大学商法研究中心编：《21世纪商法论坛第十五届国际学术研讨会论文集》，2015年。

116. 郭富青：《股份公司设置特别股的法律透视》，《河北法学》2002年第5期。

117. 郭富青：《论控制股东控制权的性质及其合理配置》，《南京大学学报》2011年第2期。

118. 郭青青：《规范视域下的中国上市公司控制权强化机制》，《西南政法大学学报》2016年第1期。

119. 郭青青：《优先股东与普通股东间的信义义务取舍》，《河北法学》2015年第11期。

120. 郭青青：《中国国有企业股权结构的混合所有制改革》，《改革与战略》2015年第11期。

121. 侯东德：《论中国股东权制度的立法完善——以公司契约理论为视角》，《现代法学》2009年第2期。

122. 胡晓珂：《风险投资领域"对赌协议"的可执行性研究》，《证券市场导报》2011年第9期。

123. 蒋大兴：《论公司治理的公共性——从私人契约向公共干预的进化》，《吉林大学社会科学学报》2013年第6期。

124. 蒋建湘：《我国国有公司股权结构及其法律改革——以公司治理效率为主要视角》，《法律科学》2012年第6期。

125. 蒋学跃：《公司双重股权结构问题研究》，《证券法苑》2014年第4期。

126. 蒋雪雁：《英国类别股份制度研究（上）》，《金融法苑》2006年第2期。

127. 蒋云蔚：《美国法上的异议股东股份评估权制度对我国的借鉴意义》，《西南政法大学学报》2008 年第 10 期。

128. 雷兴虎、薛波：《公司法现代化背景下我国类别股制度之建构》，载清华大学商法研究中心编：《21 世纪商法论坛第十五届国际学术研讨会论文集》，2015 年。

129. 雷兴虎、薛波：《公司资本制度改革：现实评价与未来走向》，《甘肃社会科学》2015 年第 2 期。

130. 李海燕：《种类股在日本公司实践中的运行》，《现代日本经济》2014 年第 2 期。

131. 李建伟：《公司组织形态重构与公司法结构性改革》，《财经法学》2015 年第 5 期。

132. 李金龙、费方域、谈毅：《创业资本的分阶段融资激励与控制权分配——基于信息不对称的视角》，《山西财经大学学报》2006 年第 1 期。

133. 李艳旻：《创业风险投资制度研究——以美国创业风险投资契约为中心》，复旦大学博士学位论文，2011 年。

134. 李燕、郭青青：《我国类别股立法的路径选择》，《现代法学》2016 年第 2 期。

135. 李有星、冯泽良：《对赌协议的中国制度环境思考》，《浙江大学学报（人文社会科学版）》2014 年第 1 期。

136. 梁上上：《表决权拘束协议：在双重结构中生成与展开》，《法商研究》2004 年第 6 期。

137. 梁上上：《股东表决权：公司所有与公司控制的连接点》，《中国法学》2005 年第 3 期。

138. 梁胜、易琦：《境外优先股法律制度比较研究》，《证券法苑》2013 年第 8 期。

139. 刘俊海：《全民股东权利与国企治理现代化》，《社会科学》

2015 年第 9 期。

140. 刘胜军：《类别表决权：类别股股东保护与公司行为自由的衡平——兼评〈优先股试点管理办法〉第 10 条》，《证券市场导报》2015 年第 1 期。

141. 刘胜军：《类别股法律制度研究——以类别股利益冲突为中心》，清华大学博士学位论文，2015 年。

142. 刘胜军：《论类别股东会》，载王保树主编：《商事法论集》第 24 卷，北京：法律出版社，2014 年。

143. 刘蔚：《上市公司股份回购制度研究》，中国政法大学博士学位论文，2008 年。

144. 刘小勇、周朴雄：《创业投资中类别股份的利用与公司法制的完善》，《证券市场导报》2011 年第 6 期。

145. 刘小勇：《日本公司法上股份的类别及我国的引入》，载王保树主编：《商事法论集》第 21 卷，北京：法律出版社，2012 年。

146. 罗培新：《公司法的合同路径与公司法规则的正当性》，《法学研究》2004 年第 2 期。

147. 罗培新：《公司法强制性与任意性边界之厘定：一个法理分析框架》，《中国法学》2007 年第 4 期。

148. 马一：《股权稀释过程中公司控制权保持：法律途径与边界——以双层股权结构和马云"中国合伙人制"为研究对象》，《中外法学》2014 年第 3 期。

149. 潘林：《美国风险投资合同与创业企业治理法律问题研究》，吉林大学博士论文，2012 年。

150. 彭冰：《"对赌协议"第一案分析》，《北京仲裁》2012 年第 3 期。

151. 平力群：《日本公司法修订及其对公司治理制度演化的影响——以种类股制度和股份回购制度为例》，《日本学刊》2010 年第

5 期。

152. 普丽芬：《从公司法规则的分类界定公司章程的边界》，《华东政法大学学报》2003 年第 3 期。

153. 齐萌：《公司优先股制度发展的反思与完善》，《现代管理科学》2014 年第 12 期。

154. 任尔昕：《关于我国设置公司种类股的思考》，《中国法学》2010 年第 6 期。

155. 任红：《优先股股东权保护的法律适用问题研究》，《理论与改革》2014 年第 3 期。

156. 沈朝晖：《公司类别股的立法规制及修法建议——以类别股股东权的法律保护机制为中心》，《证券法苑》2011 年第 2 期。

157. 宋伟、胡海洋：《优先股相关法律问题透析》，《法治研究》2009 年第 9 期。

158. 孙永和：《特殊股票与股东平等原则》，载清华大学商法研究中心编：《21 世纪商法论坛第十五届国际学术研讨会论文集》，2015 年。

159. 汪青松、赵万一：《股份公司内部权力配置的结构性变革——以股东"同质化"假定到"异质化"现实的演进为视角》，《现代法学》2011 年第 3 期。

160. 汪青松：《论股份公司股东权利的分离——以"一股一票"原则的历史兴衰为背景》，《清华法学》2014 年第 2 期。

161. 汪青松：《优先股的市场实践与制度构建》，《证券市场导报》2014 年第 3 期。

162. 王保树：《公司法律形态结构改革的走向》，《中国法学》2012 年第 1 期。

163. 王东光：《类别股份法理研究》，《科学经济社会》2013 年第 3 期。

164. 王怀勇:《公司自治限度研究》,西南政法大学博士学位论文,2008年。

165. 王健、朱宏文:《股份公司债化与公司债股份化研究》,《财经研究》1997年第1期。

166. 王欣新、魏现州:《在我国公司法中设置优先股制度初探》,《法律适用》2010年第10期。

167. 王延川、蒲娇茹:《优先股的制度风险与回赎权》,载清华大学商法研究中心编:《21世纪商法论坛第十五届国际学术研讨会论文集》,2015年。

168. 王延川:《公司类型:规范区分与司法适用》,《当代法学》2015年第3期。

169. 王志诚:《特别股股东权利之保障》,《法学教室》2011年第8期。

170. 王志诚:《中小企业之筹资困境及法制创新——兼论违法股权群众募资之法律责任》,载清华大学商法研究中心编:《21世纪商法论坛第十五届国际学术研讨会论文集》,2015年。

171. 吴建斌:《从"孟文公案"中的优先股争议看类别股权益的平衡路径》,载清华大学商法研究中心编:《21世纪商法论坛第十五届国际学术研讨会论文集》,2015年。

172. 吴志攀:《外资收购企业国有股的法律问题》,《法学研究》2003年第6期。

173. 习龙生:《论控制股东的私益交易及其公平交易义务》,《中外法学》2005年第4期。

174. 薛前强:《虚拟股的定性观察与规则探微——兼论虚拟股股东保护的碎片化修正》,载龙晶主编:《南开法律评论》第十辑,天津:南开大学出版社,2015年。

175. 尹红强:《我国类别股份制度现代化研究》,《证券法苑》2011

年第 5 期。

176. 于娟：《美国风险投资中的契约研究——兼论对我国风险投资相关法律制度的借鉴》，吉林大学博士论文，2010 年。

177. 于莹、潘林：《优先股制度与创业企业——以美国风险投资为背景的研究》，《当代法学》2011 年第 4 期。

178. 于莹、潘林：《司法视野下的风险投资合同领售权条款研究》，载王保树主编：《商事法论集》第 18、19 合卷，北京：法律出版社，2010 年。

179. 俞广君：《事实上的类别股与"同股同权"的理解偏差》，《金融法苑》2015 年第 2 期。

180. 张舫：《美国"一股一权"制度的兴衰及其启示》，《现代法学》2012 年第 2 期。

181. 张志坡：《优先股的立法、实践与启示》，《金陵法律评论》2012 年第 1 期。

182. 张志坡：《优先股之无表决权质疑》，《法学杂志》，2012 年第 12 期。

183. 赵廉慧：《财产权的概念——一种契约的视角》，中国政法大学博士学位论文，2003 年。

184. 赵万一、赵吟：《中国自治型公司法的理论证成及制度实现》，《中国社会科学》2015 年第 12 期。

185. 赵吟：《公司法律形态研究》，西南政法大学博士学位论文，2014 年。

186. 郑佩雯：《私募股权投资估值调整机制的法律风险防范》，《甘肃金融》2016 年第 1 期。

187. 朱慈蕴、沈朝晖：《类别股与中国公司法的演进》，《中国社会科学》2013 年第 9 期。

188. 朱慈蕴：《公司章程两分法论——公司章程自治与他治理念

的融合》,《当代法学》2006 年第 5 期。

189. 朱慈蕴:《资本多数决与控股股东的诚信义务》,《法学研究》2004 年第 4 期。

(三) 其他类

190. 上海证券交易所、清华大学联合课题组:《资本市场创新发展新格局与〈公司法〉的修订完善结题报告》,2011 年,见 http://www.sse.com.cn/aboutus/research/jointresearch/c/3986858.pdf。

191. 吴建斌:《从日本公司形态整合看中国统一公司法趋势》,2007 年, 见 http://article.chinalawinfo.com/ArticleHtml/Article_44446.shtml。

二、外文参考文献

(一) 著作

192. Alan Palmiter and Frank Partnoy, *Corporations*, Beijing: Citic Press, 2003.

193. Alan Palmiter and Frank R. Partnoy, *Corporations: A Contemporary Approach*, St. Paul, Minn: West, 2010.

194. C. H. E. Phlipin and T. H. Aston, *The Brenner Debate: Agrarian Class Structure and Economic Development in Pre-Industrial Europe*, Cambridge: Cambridge University Press, 1985.

195. Paul L. Davies, *Principles of Modern Company Law*, London: Sweet & Maxwell, 2012.

196. Rafael Chodos, *The Law of Fiduciary Duties*, Blackthorne Legal Press, 2000.

197. Rinklin A. Gevurtz, *Corporation Law*, 2nd ed., St. Paul, Minn:

West, 2010.

198. Robert W. Hamilton, *The Law of Corporations*, 7th ed., Thomson Reuters, 2011.

199. Tamar Frankel, *Fiduciary Law*, Oxford: Oxford University Press, 2011.

(二) 论文

200. Andrei A. Baev, "Is there a Niche for the State in Corporate Governance? Securitization of State—owned Enterprises and New Forms of State Ownership," *Houston Journal of International Law*, vol. 18, 1995.

201. Arman Khachaturyan, "The One-Share-One-Vote Controversy in the EU," *European Business Organization Law Review*, vol. 8, 2007.

202. Benjamin Means, "A Contractual Approach to Shareholder Oppression Law," *Fordham Law Review*, vol. 79, 2010.

203. Charles R. Korsmo, "Venture Capital and Preferred Stock," *Brooklyn Law Review*, vol. 78, 2013.

204. Charles R. T. O'Kelley, "Filling Gaps in the Close Corporation Contract: A Transaction Cost Analysis," *Northwestern University Law Review*, vol. 87, 1992.

205. Colleen A. Dunlavy, "Social Conceptions of the Corporation: Insights from the History of Shareholder Voting Rights," *Washington and Lee Law Review*, vol. 63, 2006.

206. Daniel R. Fischel, "Organized Exchanges and the Regulation of Dual Class Common Stock," *University of Chicago Law Review*, vol. 54, 1987.

207. David McBride, "General Corporatio," *Law and Contemporary Problems*, vol. 74, 2011.

208. Douglas C. Ashton, "Revisiting Dual-class Stock," *Saint John's Law Review*, vol. 68, 1994.

209. Frank H. Easterbrook, Daniel R. Fischel, "The Corporate Contract," *Columbia Law Review*, vol. 89, 1989.

210. Grant M. Hayden, Matthew T. Bodie, "One Share, One Vote and the False Promise of Shareholder Homogeneity," *Cardozo Law Review*, vol. 30, 2008.

211. Henry Hansmann, Mariana Pargendler, "The Evolution of Shareholder Voting Rights: Separation of Ownership and Consumption," *Yale Law Journal*, vol. 123, 2014.

212. Henry T. C. Hu and Bernard S. Black, "Equity and Debt Decoupling and Empty Voting II: Importance and Extensions," *University of Pennsylvania Law Review*, vol. 156, 2008.

213. Henry T. C. Hu and Bernard S. Black, "The New Vote Buying: Empty Voting and Hidden (morphable) Ownership," *Southern California Law Review*, vol. 79, 2006.

214. Ian Ayres, Robert Gertner, "Filling Gaps in Incomplete Contracts: An Economic Theory of Default Rules," *Yale Law Journal*, vol. 99, 1989.

215. Jeffrey N. Gordon, "The Mandatory Structure of Corporate Law," *Columbia Law Review*, vol. 89, 1989.

216. Jeffrey N. Gordon, "Ties That Bond: Dual Class Common Stock and the Problem of Shareholder Choice," *California Law Review*, vol. 76, 1988.

217. Jeffrey S. Stamler, "Arrearage Elimination and the Preferred Stock Contract: A Survey and a Proposal for Reform," *Cardozo Law Review*, vol. 9, 1988.

218. Joel Seligman, "Equal Protection in Shareholder Voting Rights:

the One Common Share, One Vote Controversy," *George Washington Law Review*, vol. 54, 1986.

219. Lawrence A. Hamermesh, "Consent in Corporate Law," *Business Lawyer*, vol. 70, 2014.

220. Lawrence E. Mitchell, "The Death of Fiduciary Duty in Close Corporations," *University of Pennsylvania Law Review*, vol. 138, 1990.

221. Lawrence E. Mitchell, "The Puzzling Paradox of Preferred Stock (and Why We Should Care about It)," Business Lawyer, vol. 51, 1996.

222. Leo E. Strine, "Poor Pitiful or Potently Powerful Preferred?" *University of Pennsylvania Law Review*, vol. 161, 2013.

223. Manning Gilbert Warren III, "One Share, One Vote: A Perception of Legitimacy," *Journal of Corporation Law*, vol. 14, 1988.

224. Marc Goergen, Miguel C. Manjonb and Luc Renneboog, "Recent Developments in German Corporate Governance," *International Review of Law & Economics*, vol. 28, 2008.

225. Mariana Pargendler, "State Ownership and Corporate Governance," *Fordham Law Review*, vol. 80, 2012.

226. Marilyn B. Cane, Joong-Sik Choi and Scott B. Gitterman, "Recent Developments Concerning Preferred Stockholder Rights Under Delaware Law," *Virginia Law & Business Review*, vol. 5, 2011.

227. Melissa M. McEllin, "Rethinking Jedwab: A Revised Approach to Preferred Shareholder Rights," *Columbia Business Law Review*, vol. 895, 2010.

228. Paul A. Gompers, Joy Ishii and Andrew Metrick, "Extreme Governance: An Analysis of Dual-Class Firms in the United States," *Review of Financial Studies*, vol. 23, 2010.

229. Paul H. Edelman, Randall S. Thomas and Robert B. Thompson,

"Shareholder Voting in an Age of Intermediary Capitalism," *Southern California Law Review*, vol. 87, 2014.

230. Robert B. Thompson, "The Law's Limits on Contracts in a Corporation," *Journal of Corporation Law*, vol. 15, 1990.

231. Robert B. Thompson, Paul H. Edelman, "Corporate Voting," *Vanderbilt Law Review*, vol. 62, 2009.

232. Robert B. Thompson, Paul H. Edelman, "Corporate Voting," *Vanderbilt Law Review*, vol. 62, 2009.

233. Ronald J. Gilson, "Evaluating Dual Class Common Stock: The Relevance of Substitutes," *Virginia Law Review*, vol. 73, 1987.

234. Ryan D. Franklin, "Memo to the Partner: Proposed Antidilution Provision for Series A Preferred Stock," *The Tennessee Journal of Business Law*, vol. 16, 2014.

235. Shaun Martin, Frank Partnoy, "Encumbered Shares," *University of Illinois Law Review*, 2004.

236. Shmuel Hauser, Beni Lauterbach, "The Value of Voting Rights to Majority Shareholders: Evidence From Dual-Class Stock Unifications," *Review of Financial Studies*, vol. 17, 2004.

237. Smith D. Gordon, "Team Production in Venture Capital Investing," *Journal of Corporation Law*, vol. 24, 1999.

238. Stephen M. Bainbridge, "The Short Life and Resurrection of SEC Rule 19c-4," *Washington University Law Quarterly: F. Hodge O'Neal Corporate and Securities Law Symposium*, vol. 69, 1991.

239. Stijn Claessens, Joseph P. H. Fan and Larry H. P. Lang, "The Benefits and Costs of Group Affiliation: Evidence from East Asia," *Emerging Markets Review*, vol. 7, 2006.

240. Tamás Szabados, "Recent Golden Share Cases in the Jurispru-

dence of the Court of Justice of the European Union," *German Law Journal*, vol. 16, 2015.

241. Tian Wen, "You Can't Sell Your Firm and Own It Too: Disallo-wing Dual-Class Stock Companies from Listing on the Securities Exchanges," *University of Pennsylvania Law Review*, vol. 162, 2014.

242. William W. Bratton, "Venture Capital on the Downside: Preferred Stock and Corporate Control," *Michigan Law Review*, vol. 100, 2002.

243. William W. Bratton, Michael L.Wachter, "A Theory of Preferred Stock," *University of Pennsylvania Law Review*, vol. 161, 2013.

244. Zohar Goshen, Assaf Hamdani, "Corporate Control and Idiosyncratic Vision," *Yale Law Journal*, vol. 125, 2016.

(三) 其他

245. Florencio Lopez de Silanes, Andrei Shleifer, Robert W. Vishny, "Standards of Fairness and the Limits of Preferred Stock Modifications: Harvard Institute of Economic Research Paper No. 1839," http://papers.ssrn.com/sol3/papers.cfm?abstract_id=52871. (1998-01-14)

246. Google, "Final Prospectus of Google," http://www.sec.gov/Archives/edgar/data/1288776/000119312504143377/d424b4.htm. (2004-08-18)

247. Guido A. Ferrarini, "One Share - One Vote: A European Rule? ECGI - Law Working Paper No. 58/2006," http://papers.ssrn.com/sol3/papers.cfm?abstract_id=875620. (2006-01-25)

248. Mike Burkart, Samuel Lee, "The One Share - One Vote Debate: A Theoretical Perspective: ECGI - Finance Working Paper No. 176/2007," http://papers.ssrn.com/sol3/papers.cfm?abstract_id=987486. (2007-06-01)

249. Renee B. Adams, Daniel Ferreira, "One Share, One Vote: The

Empirical Evidence: ECGI - Finance Working Paper No. 177/2007," http://papers.ssrn.com/sol3/papers.cfm?abstract_id=987488. (2012-07-23)

250. Reuters, "HKEx to consider listing rule change after Alibaba IPO loss," http://www.legalbusinessonline.com/news/hkex-consider-listing-rule-change-after-alibaba-ipo-loss/66748. (2014-09-01)

251. Shmuel Hauser, Beni Lauterbach, "The Value of Voting Rights to Majority Shareholders: Evidence From Dual Class Stock Unifications: EFA 2003 Annual Conference Paper No. 148," http://papers.ssrn.com/sol3/papers.cfm?abstract_id=424889. (2003-07-19)

252. Stefan Grundmann, Florian Möslein, "Golden Shares - State Control in Privatised Companies: Comparative Law, European Law and Policy Aspects," http://papers.ssrn.com/sol3/papers.cfm?abstract_id=410580. (2003-07-23)

253. Steven N. Kaplan, Per Strömberg, "Financial Contracting Theory Meets the Real World: An Empirical Analysis of Venture Capital Contracts: CRSP Working Paper No. 513," http://ssrn.com/abstract=218175. (2000-04-26)

254. Suman Banerjee, Ronald Masulis, Ownership, "Investment and Governance: The Costs and Benefits of Dual Class Shares: ECGI - Finance Working Paper No. 352/2013," http://ssrn.com/abstract=2182849. (2013-07-09)

255. Tom Vinaimont, Piet Sercu, "Deviations from 'One Share, One Vote' Can Be Optimal: An Entrepreneur's Point of View: AFA 2004 San Diego Meetings; KULeuven DTEW Working Paper," http://papers.ssrn.com/sol3/papers.cfm?abstract_id=302916. (2003-11-23)